Una historia diferente del mundo

Fernando Trías de Bes

Una historia diferente del mundo

CÓMO LAS EMOCIONES Y LOS INSTINTOS
DETERMINAN EL FUNCIONAMIENTO
Y EL DEVENIR DE LA HUMANIDAD

ESPASA

© Fernando Trías de Bes, 2021
Los derechos de la obra han sido cedidos mediante acuerdo con International Editors' Co. Agencia Literaria.

© Editorial Planeta, S. A., 2021
Espasa, sello editorial de Editorial Planeta, S. A.
Avda. Diagonal, 662-664, 08034 Barcelona
www.espasa.es
www.planetadelibros.com

ISBN: 978-84-670-6310-3
Depósito legal: B. 11.095-2021
Preimpresión: Safekat, S. L.
Impresión: Unigraf, S. L.

No se permite la reproducción total o parcial de este libro, ni su incorporación a un sistema informático, ni su transmisión en cualquier forma o por cualquier medio, sea este electrónico, mecánico, por fotocopia, por grabación u otros métodos, sin el permiso previo y por escrito del editor. La infracción de los derechos mencionados puede ser constitutiva de delito contra la propiedad intelectual (art. 270 y siguientes del Código Penal).

Diríjase a Cedro (Centro Español de Derechos Reprográficos) si necesita fotocopiar o escanear algún fragmento de esta obra. Puede contactar con Cedro a través de la web www.conlicencia.com o por teléfono en el 91 702 19 70 / 93 272 04 47.

El papel utilizado para la impresión de este libro está calificado como **papel ecológico** y procede de bosques gestionados de manera **sostenible.**

A mis hijos

ÍNDICE

Prefacio. Un mundo feliz 17
    Breve indicación para la lectura de este libro 20

1. Intercambiar para no matar 23
    Un inesperado motor de prosperidad
        Al principio fueron la envidia y el egoísmo 23
    Los genes del intercambio
        El afán de ser ricos 27
    El nacimiento del excedente
        La capacidad de previsión 28
    Un punto de acuerdo
        La eterna insatisfacción 30
    Conditio sine qua non de toda negociación
        Sin libertad humana no existiría pacto 31

2. El planeta Tierra tiene dueño 37
    Gorbachov discute con Aristóteles
        El afán de superación acaba con Marx 37
    La propiedad común, origen de la división de tareas
        La necesidad de seguridad acaba uniéndonos 42
    Fernando VII, presidente de la comunidad de vecinos
        Los conflictos por intereses cruzados 46
    De lo comunal a lo privado
        La corrupción y el desinterés deprecian lo común 48
    Hijo mío, hazte cura o traficante
        La respuesta a los incentivos 51

La propiedad privada la inventó ¡el Estado!
El ansia de poder jugó a favor del pueblo 52

3. EL ORO PROVINO DEL ESPACIO 57
   Dinero que compra cigarrillos o cigarrillos que son dinero
   Las convenciones no saben de barreras 57
   El dinero nace como una mercancía
   La limitación memorística 61
   Cuando comerse el dinero era posible
   La preferencia por la durabilidad 65
   Bueyes que pesan todos lo mismo
   La búsqueda de la simplicidad 67
   El oro provino del espacio
   La atracción por lo único 69
   El dinero es trabajo pasado
   El afán de apresar el tiempo 70
   Un cónsul en lugar de un cerdo
   La capacidad de comprometerse 72

4. EL MILAGRO DE LOS PANES Y LOS PECES 75
   Devaluación: falsificación legalizada de autoría gubernamental
   La posibilidad del engaño 75
   De la devaluación a la inflación y tiro porque me toca
   La sustracción invisible del valor creado 78
   El poder de crear dinero
   La fuerza de la confianza 80
   Por qué el pan no varió de precio durante tres siglos
   Los efectos de la desidia 86
   Un billete es un recibo
   La necesidad de pruebas 88
   Los billetes fueron privados antes que públicos
   La opción individual 92
   Los bancos centrales los crearon los propios bancos, no el Estado
   La unión hace la fuerza 94

5. La jugada antes de la tirada 99
   Una *baguette* a ochenta y ocho veces el PIB mundial
   La pérdida de control llega al bolsillo 99
   Este billete se autodestruirá en quince días
   La creación de la obsolescencia 104
   Los billetes son el espejo de la realidad
   La capacidad de dilapidar 106
   Un carrito de la compra para llevar el dinero de la compra
   La búsqueda de alternativas 109
   Reacciones que preceden a acciones
   La anticipación al futuro 112
   ¿Cómo se convence a millones de personas?
   La serenidad como argumento 113

6. Los ladrones más justos 115
   El falsificador gana, pero nadie pierde
   La capacidad de imitar 115
   Un falsificador es el ladrón más justo de todos
   La invisibilidad de las conductas 118
   Falsificar: una tentación con siglos de vida
   La ley del mínimo esfuerzo 119
   Las reglas del Monopoly
   Las convenciones humanas 122
   El arte de diseñar reglas de juego
   La unificación de conductas individuales 124

7. Las culpas tienen límite 129
   Las empresas surgieron de los monopolios
   Los favoritismos y la capacidad para asociarse 129
   Los mejores diseños son los que resisten los mayores embates
   El secretismo y el miedo al escarnio social 134
   La propia actividad vale más que los activos que la hacen posible
   La creación de intangibles 139
   Asociaciones que son personas de vida ilimitada
   La atribución de identidad 141

Los directores generales se creen los dueños
La necesidad de controlar 143
Para ser sociedad no necesito a un Gobierno
La conquista liberal en la emancipación de lo público 145

8. EL NEGOCIO DE LA PROBABILIDAD 149
Apostar contra la vida de alguien es legal
El cálculo de probabilidades 149
Democratizar los riesgos
Insolidaridad y compasión como raíz de los seguros 151
¿Por qué no hay seguros por si no te toca la lotería?
El instinto de querer tenerlo todo cubierto 154
Las compañías aseguradoras nacieron de un seguro imposible
El efecto disuasorio 159
A los grandes matemáticos les debemos dormir tranquilos
El cálculo como argumento 161

9. LA DICTADURA DE LA PRODUCTIVIDAD 165
Una inyección de aguja que se convirtió en inyección de demanda
La chispa de la inspiración 165
Malthus y el tremendismo
El miedo a la catástrofe como velo ante el error 168
El eterno deseo de dejar de cultivar
El rechazo al esfuerzo físico 169
Dividir es igual a multiplicar
El impulso del trabajo en equipo 171
Rebelión contra las máquinas
La violencia contra el cambio 176
Un instinto desestabilizador
El ímpetu emprendedor y la destrucción creativa 178

10. EL NACIMIENTO DE LA ESPECULACIÓN 183
Wall Street baila el charlestón
La contagiosa alegría 183
La especulación en tiempos de bonanza
La necedad de confundir valor y precio 184

La libertad como sistema de desfalco
El estupor y la duda del Homo economicus 189
Burbujas que no son de champán
La irracionalidad del Animal Spirit 192
Los milagros económicos suelen terminar en desastres financieros
El ansia del pelotazo precede al pánico 194
Apalancamiento: palanca y miento
La desmesura al traer el futuro al presente 198

11. EL DOCTOR ESTADO CURARÁ SUS MIEDOS 203
Marx, 1 – Smith, 0
La rigidez como traba para el desarrollo 203
A largo plazo, todos muertos
La clave de la inmediatez 204
El nacimiento de las expectativas
El pesimismo como freno 206
Lo que la economía de guerra enseña a la economía de paz
El instinto de destrucción 210
Estados Unidos ejerce de policía mundial
La búsqueda de limitaciones 211
El dinero se hace infinito
La fe tras el adiós del patrón oro 212
Bancos centrales: los emperadores del siglo XXI
La connivencia ante los excesos bancarios 214
Erradicando el término *sufrimiento* del diccionario
El hedonismo por bandera 216
Una ley para cada situación
La circunstancialidad manda 218

12. EL TIMO DEL SIGLO 221
Un sistema fallido puede enseñarnos mucho de nosotros mismos
El pensamiento utópico 221
La colectivización obliga a la centralización
La sed de igualdad 223
Ecuaciones sin solución
El afán de planificar 224

La obediencia como forma de medrar
La falsa lealtad 228
La Guerra Fría como maniobra competitiva
El desgaste como estrategia 231
Perestroika o el rompecabezas imposible
El silencio como comunicación 232
¿Socialismo utópico o empirismo marxista?
El ego del síndrome del salvador 235

13. LA RELIGIÓN DEL CONSUMO 239
Infinitas zanahorias
La obsesión por la posesión 239
Una casa que rellenar
La fuerza de la familia 240
Un grupo del que formar parte
El sentido de pertenencia y la construcción de la identidad 244
Capitalismo de emociones
La necesidad de sentir 249
El marketing es economía
La persuasión para endeudarse 254

14. DE FRONTERAS Y CONTRABANDISTAS 257
La manía de ponerle vallas al campo
La xenofobia también es económica 257
David Ricardo y la especialización de las naciones
La adaptación al medio 259
El trasfondo de la autarquía
De la insolidaridad a la pobreza 261
Aranceles cargados de pereza
La reticencia y la aversión a reaprender 263
La losa del proteccionismo
La defensa de la tribu 266
Las sociedades y la economía son vasos comunicantes
La equidad como valor 268
Proximidad psicológica antes que geográfica
La creencia en la semejanza 272
Ni Dios ni familia ni patria
La uniformidad del individuo 273

15. MILLONES DE CEROS Y UNOS 277
   Un hecho sin precedentes en la tecnología
      La búsqueda de la simplicidad revisitada siglos después .. 277
   La disrupción disruptiva
      La fe en lo mayoritario 280
   Las arquitecturas humanas de la tecnología digital
      La búsqueda de relaciones de poder equilibradas 284
   El fin de las distancias
      La impaciencia del aquí y el ahora 288
   Criptomonedas: el golpe de Estado del siglo XXI
      La rebeldía en un nuevo mundo 290

EPÍLOGO. ADIVINA, ADIVINANZA 295
   La célula que paralizó a la humanidad 295
   La bola de cristal de la vida 298
   La erosión de las riquezas 300

GUÍA DE INSTINTOS, CONDUCTAS Y EMOCIONES 303

BIBLIOGRAFÍA 309

Prefacio
Un mundo feliz

En el año 2014 visité una pequeña isla, al oeste de Francia. Es una isla bañada por las revueltas y frías aguas del Atlántico; llana, sin montañas ni colinas y rematada por bellos faros y caminos que la recorren de uno a otro extremo. Su arena es fina y brillante y, de vez en cuando, asoman matas de hierba, que al secarse se tornan ocres y, con el tiempo, se impregnan de un nácar blanco: el salitre del gran océano. Las nubes sobrevuelan la isla, y del mismo modo que la noche cubre el día, el viento la envuelve y la engalana de un aroma de esperanza y futuro mecido por las olas.

Se llama la isla de Ré.

Si el lector decide visitarla, puede acceder en coche desde el continente y cruzar una larga pasarela antes de aparcar en el puerto, pues la isla es virgen y apenas contiene cuatro carreteras mal asfaltadas. Una vez allí es posible alquilar una bicicleta y pedalear a lo largo de la misma, desde Sainte-Marie-de-Ré hasta el Phare des Baleines, en la otra punta, y disfrutar de su singular belleza y de su luz. Eso fue lo que yo hice, como tantos turistas.

En algunos puntos del recorrido, al margen del camino, fui descubriendo paradas al aire libre donde se vendían productos artesanales: desde sal de romero, mermelada, caramelos o mostaza hasta hierbas aromáticas.

Me detuve en una de ellas: los productos estaban expuestos a la intemperie, en muebles de madera de estilo colonial, incluso había bandejas con muestras para degustar antes de comprar. Cada producto llevaba el precio marcado, pero, aunque lo busqué, no encontré por ningún sitio al responsable de la tienda. Lo llamé. Lo esperé. No apareció nadie. En su lugar vi un rótulo que rezaba, tanto en inglés como en francés:

> *Escoja el producto que desee, deposite el dinero del precio en la cajita y tome usted mismo el cambio si es necesario.*

La cajita en cuestión era en realidad una cesta pequeña de mimbre, con una piedra que, a modo de pisapapeles, impedía que el viento se llevase volando los billetes de otros que habían pasado antes y ya realizaron sus compras.

No había absolutamente nadie para controlar o vigilar. Cualquiera podía llevarse todo el género, incluso las bonitas estanterías de madera. O podía robar el dinero de la cajita. O, haciendo gala de un sentido particular y subjetivo de la justicia, pagar solo una proporción del precio indicado en la etiqueta, abonando la cifra que uno considerase adecuada o ajustada a su propia economía.

Sin embargo, eso no ocurre en la isla de Ré.

Los visitantes dejan en la cesta el dinero de lo que se llevan y toman, si es menester, el cambio exacto. Lo que en otro lugar del mundo sería arrasado en cuestión de minutos, ahí es una forma de comercio normal y corriente, sostenible y duradera.

Recuerdo que adquirí unos sabrosos caramelos artesanales y sal de cocina, productos típicos de la isla. Pagué con un billete de veinte euros y tomé el cambio pertinente. En la cestita de mimbre conté cerca de trescientos euros. Asombrado por la experiencia, continué pedaleando con la caricia de la brisa del Atlántico en el rostro y sin poder dejar de pensar. Una mesa, un tarjetón escrito y unos cuantos productos artesanales; cero tecnología y, aun así, habían tenido que pasar siglos para que el ser humano pudiese sostener un planteamiento semejante. Poca innovación técnica pero una enorme innovación social.

La siguiente cuestión que me vino a la cabeza era consecuencia de la anterior. Esta innovación tan increíble, esta forma de comercio única en el mundo y de una confianza sin igual en el ser humano —confianza en su ética, en su responsabilidad, en su sentido de alteridad, equidad y empatía— era eso, fruto de una evolución en conductas, emociones e instintos. Y pensé que nunca nos habían explicado la historia de la humanidad desde esa perspectiva. Ahondamos en la historia a través de los hechos, las guerras, las victorias y derrotas, los descubrimientos... Pero somos resultado de mucho más que eso. Y, lo más importante, la evolución se ve espoleada por las emociones: detrás de cada hecho histórico hallamos compasión, violencia, justicia, perdón, solidaridad, miedo, seguridad, disfrute, sufrimiento, percepción del riesgo, expectativa y un largo etcétera de instintos profundamente humanos.

¿Podríamos revisar los principales hitos de la historia de la humanidad desde tal perspectiva? El reto es ambicioso: revisar la historia de las civilizaciones sobre la base de cómo los comportamientos y su evolución han condicionado y determinan el funcionamiento de las sociedades desarrolladas.

Esa es precisamente la razón de ser de este libro: la sociedad y la organización política y económica actual de los países, cada vez más uniformes, son resultado de la naturaleza humana. La política, la sociología o la economía no son nada en sí mismas. Absolutamente nada. Tomemos esta última como ejemplo: cualquiera de las teorías económicas, principios, reglas, leyes y descubrimientos carecen de fundamento intrínseco porque no se mantienen constantes de forma universal, como sí sucede con las leyes de la física. Las leyes sociales están sujetas a las leyes de la naturaleza humana. Y el ser humano muta *qual piuma al vento*, como cantó Verdi en su *Rigoletto*. Son leyes condicionadas a una cultura, a una civilización y a un momento de la historia. Al estadio evolutivo de la condición humana.

Y quien no entienda esto nunca comprenderá el mundo. Quien no entienda que un sistema de comercio como la isla de Ré no responde a un principio económico, legal ni político, sino a un principio de psicología y conductas humanas, nunca logrará abarcar en su totalidad el misterio de los asuntos sociales.

La esencia de este libro que el lector tiene en sus manos pertenece a dicha aproximación humanística: para comprender cómo funcionamos y nuestro devenir como especie, es necesario entender la conducta humana. Es la naturaleza humana la que amasa los principios y normas sociales. Como veremos a lo largo de los siguientes capítulos, el funcionamiento de las sociedades a través de la Historia y todo sistema económico que adoptaban emanan de un entramado de invenciones, de pactos implícitos, de juego entre las partes. Todo es una gran convención, unos pactos tácitos surgidos de la más descarnada naturaleza humana.

Con esto en mente, mi objetivo ha sido recorrer la historia de nuestras emociones, conductas e instintos, de sus contradicciones y paradojas, de sus locuras y razones, tomando como hilo conductor nuestras formas de organización y funcionamiento.

Hace siglos, la esclavitud era algo normal. En la Edad Media una barra de pan tuvo el mismo precio durante trescientos años. Nuestros ancestros preferían la guerra antes que el intercambio. Hoy todo esto nos parece imposible. ¡Han cambiado tantas cosas! ¿Por qué? ¿Cómo es posible?

La respuesta es la misma que a la pregunta de por qué en la isla de Ré se confía en que el cliente pague y no robe pese a no haber vigilancia. Se respetará la recaudación del comerciante por un simple motivo: ética, valores, principios de un lugar visitado por personas que aman la naturaleza, la paz. El respeto por los demás es su forma de vida y principal mandamiento. Un planeta Tierra impregnado de tales valores exhibiría sistemas sociales que hoy no existen más que en lugares recónditos, como nuestra pequeña isla francesa. Tal vez algún día sea posible que el mundo entero funcione así. Y tal vez entonces sí podríamos hablar de un mundo feliz.

BREVE INDICACIÓN PARA LA LECTURA DE ESTE LIBRO

He realizado un paseo por la historia de la humanidad con el objetivo de explicar e identificar los inventos, las convenciones que son la base y el motor de las sociedades modernas, las manijas que dan cuerda a los autómatas que somos los ciudadanos. Algunas convenciones nos oxidan, otras dan poca cuerda y otras nos dan tanta que nos revolucionan y crean grandes burbujas y otras debacles económicas o financieras. Y otras son las que sostienen el sistema, las que lo aguantan todo.

Lo increíble del caso es que los inventos y convenciones que lo sostienen todo no son tantos; las economías actuales se sustentan gracias a apenas un número limitado de inventos o convenciones. No pretendo abordar una historia exhaustiva del mundo —ya hay muchos libros de historia—, lo que quiero es centrarme única y exclusivamente en la historia de los pilares psicológicos básicos, en esas columnas sin las cuales la gran catedral de los sistemas de funcionamiento económico y social de los países desarrollados se derrumbaría como un castillo de naipes. Lo que haré es desgranar las conductas e instintos subyacentes y profundamente humanos que dieron pie o hacen posible cada invento, cada instrumento social y económico.

Así, ¿qué instintos subyacen y propiciaron la propiedad privada? ¿Y las sociedades anónimas? ¿Qué conducta humana hace posible un billete de cincuenta euros? ¿Debido a qué comportamientos surgieron los seguros?

Cuando sea preciso, identificaré también la consecuencia que tuvo para usted, para mí, para la sociedad, para la humanidad la adopción y conservación de tal invento. Si aceptamos en un momento de nuestra historia que una pieza de metal valía igual que un buey, ¿qué cambió en nuestras vidas? ¿Qué supuso para nosotros? ¿Cuál fue la consecuencia?

Dicen que las personas no cambiamos: la búsqueda de la felicidad, la codicia o la ambición, el miedo y el placer o la necesidad de seguridad están y estarán siempre ahí, son parte de nuestra naturaleza. Quizá sea cierto persona a persona. Pero la psicología social, aunque despacio, evoluciona y avanza. Si bien tenemos el vicio de regresar de vez en cuando a lo peor de nosotros, poco a poco la educación, la ética y la compasión van haciendo de este mundo un sitio mejor.

Y ahí se forman las verdaderas leyes universales de las ciencias sociales que nunca logramos desgranar en forma de ecuación. Es la conducta humana, la que no encontramos en los animales, la que explica la evolución del mundo. Ahí están los cimientos. Fundamentos humanos para una ciencia inexacta.

En resumen, las sociedades las conforman personas. Y las personas nos regimos por leyes extrañas y contradictorias, que contienen en su raíz emociones e instintos. Leyes, esta vez sí, universales, en tanto que humanas. De ellas emana el funcionamiento y el devenir de la humanidad.

1
INTERCAMBIAR PARA NO MATAR

UN INESPERADO MOTOR DE PROSPERIDAD
Al principio fueron la envidia y el egoísmo

Vamos a un restaurante, nos fijamos en el plato que devora el de la mesa vecina y preguntamos al camarero:
—¿Qué ha pedido ese señor?
—Son calamares rehogados en cebolla caramelizada.
—Pues yo quiero lo mismo —le indicamos.
Nos apetece más la aceituna ajena que la propia; escogemos una marca de ropa según sienta a aquellos cuyo atractivo anhelaríamos para nuestro físico; deseamos lo que el prójimo tiene porque, en el fondo, además de querer disfrutarlo, adquirirlo resuelve un sentimiento que nos hace profundamente desdichados y corroe por dentro, y que no nos permite conciliar el sueño. El sentimiento de envidia.

Una de mis preferidas y pocas verdades sobre el ser humano es la que el economista Adam Smith postuló en su gran obra del siglo XVIII *La riqueza de las naciones*. Dice así: «El ser humano tiene una tendencia natural al intercambio».

Con ello quería significar que en nuestra naturaleza está el intercambiar, comerciar, trocar unas cosas por otras. Sin embargo, Adam Smith no reparó en que la tendencia al intercambio tuvo, y tiene todavía hoy, su origen en la envidia, y no en una cualidad superior, de origen divino, que nos distingue de los animales.

Si Adam Smith, excelente observador, hubiese notado tal cuestión, habría rizado el rizo, y a su perspicaz hallazgo de que la economía alcanza el óptimo gracias al egoísmo, habría añadido que el intercambio en las sociedades humanas emana de la envidia.

Envidia y egoísmo, pecados según ciertas religiones, son los motores esenciales de la actividad social y económica.

Y esa es la auténtica verdad. Ya tenemos los dos primeros instintos de los muchos que veremos a lo largo de estas páginas: la envidia y el egoísmo.

Imagine una sociedad sin envidia y totalmente desprendida. Los hippies lo intentaron en los años sesenta y duró lo que duró, más que nada porque los financiaban sus padres, educados en una época victoriana que promovía el ahorro. No sabían que sus hijos iban a dilapidar sus pocas o muchas fortunas en forma de experimento social sin futuro, más allá de la música y una cierta moda, que es lo único que ha perdurado de este movimiento.

Los hippies vivieron del dinero de sus padres, y cuando este se terminó, el movimiento hippie dio paso al yuppie. En solo una generación, los veinteañeros occidentales pasaron de ansiar fumar hierba y el amor libre, a aspirar a ejecutivo de multinacional, urbano, profesional e independiente que invierte en bolsa y trata de llegar a consejero delegado de una multinacional.

Los hippies fueron un accidente de la historia, pues están a años luz de la verdadera esencia humana de las sociedades vigentes. A los yuppies me los creo más, aunque resulten menos atractivos. El motor de los yuppies es la ambición, y por eso promovieron más crecimiento que los hippies, quienes no contribuyeron a la economía de ninguna manera más que a través de la industria discográfica. Otra discusión es si, desde un punto de vista social o ético, el crecimiento económico de los yuppies es más justo o deseable que el de los hippies. O más sostenible. Pero ese es otro debate que iremos resolviendo más adelante.

Egoísmo y envidia son instintos humanos. Sin ellos, como ocurrió con los hippies, las sociedades apenas prosperan económicamente. Esos son los poco románticos motores del intercambio.

Pero no únicamente. Falta algo.

La sola existencia de envidia y egoísmo no habría bastado para que el ser humano se pusiera a intercambiar. Falta otro instinto humano: el de evitar ser vengado.

Cuando un homínido sintió envidia y codicia de lo que el otro tenía, no pensó en intercambiar con él, sino en quitárselo de en medio. Es más rápido, sencillo y cómodo dar un buen golpe en la cabeza a alguien antes que fabricar algo que interese intercambiar, lo cual lleva más tiempo, esfuerzo e incertidumbre. Producir algo supone trabajo y nadie te asegura que los demás lo vayan a adquirir para sí.

Robar lo ajeno se daba por igual entre tribus y entre miembros de una misma tribu. Alimentos, animales y mujeres fue lo primero en codiciarse y, por tanto, lo primero en robarse, saquearse o violar. Las primeras tribus y asentamientos no tenían una tendencia natural al intercambio, sino al saqueo, asesinato y destrucción.

Leí en cierta ocasión que todas las guerras de la historia más reciente de Europa tuvieron una última causa económica, antes que política, racial, religiosa o social. Y es cierto. Pero esa conclusión no se circunscribe a la historia moderna de los Estados europeos, sino que proviene ya de los antiguos homínidos. Los recursos eran la causa de las guerras entre tribus: matábamos para conseguir lo que considerábamos que merecíamos más que el otro, o sencillamente porque codiciábamos lo ajeno.

Si es más sencillo matar, ¿por qué nació entonces el trueque?

Pues porque donde las dan las toman.

No todo ataque personal o colectivo acababa en muerte o masacre total. Si das un golpe a uno de tu tribu para quedarte su gallina ponedora y no lo matas, el ultrajado te dará un golpe en cuanto tú te despistes, recuperará su gallina y, de paso, se llevará tu oveja. Si, del mismo modo, lanzamos un ataque sobre una tribu vecina para llevarnos sus reses y no logramos un holocausto total, los supervivientes contraatacarán cuando hayan recuperado fuerzas. Antes o después devolverán el golpe y lo harán con mayor crudeza. Las venganzas son así; si no, no son venganzas.

Guerrear tiene estas cosas: matas, pero a veces luego te matan a ti. La sangre vertida nunca se produce en uno solo de los bandos. En las guerras todos sufren pérdidas. Ojo por ojo, diente por diente. Y aquí es cuando uno se plantea si vale la pena matar.

Así que el ser humano descubrió muy pronto que la codicia satisfecha a través de la violencia engendra violencia en sentido contrario, y que era preferible intercambiar que matar, porque si no, se acabaría derramando también la propia sangre, y perder la vida por hacerse con una gallina, una oveja o un collar no valía la pena. Seamos francos: la paz no proviene de la caridad ni de la misericordia, sino de disipar la probabilidad de salir perdiendo.[1]

El intercambio es un seguro contra la venganza.

Apareció para evitar la sangre.

El trueque nace, por tanto, de una envidia resuelta de forma pacífica. Es el mecanismo que permite obtener lo del otro, beneficiándose al mismo tiempo de la envidia que el prójimo también siente hacia lo nuestro. Envidio tu buey y tú envidias mi trigo; en lugar de seguir haciéndonos daño, vamos a intercambiarnos la bestia y el cereal. La prosperidad que resulta del intercambio económico no provino de sentimientos pacíficos; fue una consecuencia imprevisible que emanó de la solución que el ser humano escogió para paliar el miedo a ser vengado.

Ahora bien, para intercambiar una gallina y una oveja sin perder ninguna de ellas solo hay dos posibilidades: o partimos a ambos animales por la mitad, lo que acarrea el problema de que una deja de poner huevos y la otra deja de dar lana, o bien hay que tener dos gallinas y dos ovejas. Y ahí nació un gran concepto, que se llama el excedente. Para intercambiar lo propio que el otro desea, sin experimentar una sensación de pérdida, hace falta que nos sobre.

Casi todos los historiadores consideran que el sistema de trueque ya no existe, pero no es así, continúa presente en nuestras vidas. De hecho, aprendemos antes a intercambiar que a comprar; sobre todo porque no accedemos al dinero hasta la adolescencia. Nada mejor que la infancia para explicar el concepto de utilidades decrecientes y excedente, esenciales para comprender cómo se organizan las sociedades para el comercio.

---

[1] La cooperación, que precedió al trueque y sin la cual este último no es posible, emana de la revolución neolítica. El *Homo sapiens* desarrolló el pensamiento abstracto y el lenguaje, los cuales favorecieron que los primates eminentemente asesinos se convirtiesen en seres cooperantes con fines económicos. (Ver *Historia económica mundial*, de Francisco Comín Comín, pág. 60, en base a las teorías de Seabright.) Por otro lado, el desarrollo del sistema límbico favoreció, según la psiquiatría, los sentimientos de compasión con el prójimo. La aparición del trueque habría sido imposible sin la cooperación ni el desarrollo psíquico de nuestros primeros homínidos. El trueque no tiene una única causa originaria, sino varias. Sin embargo, desde el punto de vista económico y social, su razón de ser es el mantenimiento de la paz a la par que se capturan excedentes de otras tribus o regiones.

Los genes del intercambio
El afán de ser ricos

A pesar del auge de lo digital, persiste entre los niños de hoy una actividad de nuestra infancia y también de la infancia de nuestros padres, e incluso de nuestros abuelos. Me refiero al intercambio de cromos, que es trueque en estado puro y contiene todos los elementos antropológicos, psicológicos y sociales que se precisan para comprender este fenómeno.

Todos sabemos cómo funciona. Una colección consta de un álbum y un número de cromos determinado, cada uno con una imagen concreta, que es única y distinta a las demás. Los cromos se adquieren en papelerías o quioscos, a través de una compra totalmente aleatoria: el niño compra un sobre sellado de la colección, lo abre, descubre qué cromos contiene y va pegando cada uno en el espacio asignado del álbum. Puesto que no hay modo de saber qué contiene cada sobre antes de abrirlo, en algunas de sus compras el niño obtiene cromos que ya posee. Esos cromos serán los «repes», que es la abreviatura de «repetido», y ese es el taco que llevará al colegio al día siguiente.

¿Tiene sentido que un niño intercambie un cromo que no tiene repetido? ¡No! Lo pegará corriendo en su álbum, pues el objetivo es acabar la colección. Si entregase un cromo que no tiene repetido, después deberá buscarlo e intercambiarlo por otros. Los niños no intercambian esos cromos, por el mismo motivo por el cual el ser humano no se lanzó a intercambiar hasta que no dispuso de productos «repes».

Algún lector estará pensando que esto no es del todo así, porque en ciertas ocasiones los niños sí pueden entregar un cromo que no tienen repetido. El motivo está identificado y se llama «utilidades decrecientes», cruzado con «coste de oportunidad». Pero ya llegaremos a eso.

Como decía, el niño va al centro escolar armado con su paquete de cromos «repes» y, a la hora del patio, empieza la cacería o, en términos sociales, la búsqueda de riqueza. Si profundizamos en sus auténticas motivaciones psicológicas, el niño no desea acabar la colección; lo que quiere es coleccionar. Atesorar. De hecho, cuando acabe la colección, probablemente comience otra. Lo que en realidad desea el niño es sentir cómo se hace rico. Y, lo más importante, divertirse mientras se enriquece. Y es el sentimiento universal de todo ser humano sentir que ganamos en riqueza material, que tenemos, que poseemos, que nuestras propiedades son plenas. Una colección completa es una obra terminada, una consecución de un objetivo, el primer edificio del futuro arquitecto, el primer puente del futuro ingeniero, el primer trasplante del futuro cirujano y el primer pleito del futuro abogado.

Los niños aprenden a querer hacerse ricos a través de los cromos, entre otras cosas. Y tal vez sean los cromos la más importante de todas, pues es la primera actividad de trueque organizada y continuada en el tiempo.

Los sistemas de trueque económico han variado a lo largo de la historia. El de los cromos consiste en un visionado, uno por uno, al compañero de los cromos repetidos. Quien los mira va recitando en voz alta: «Tengo, tengo, tengo». Cuando aparece uno que falta, el niño exclama: «¡Falta!». Se detiene el pase y será ahora él quien muestre sus repetidos al otro. Si, en sentido contrario, se encuentra también uno que le falta al otro, ambos han hallado lo que se llama en economía un «punto de equilibrio». Ambos tienen algo que al otro le falta y que quiere, e intercambian: un buen negocio.

Pues bien, en términos económicos, ese taco de cromos «repes» recibe el nombre de excedente, y fue esto lo que siglos atrás posibilitó el trueque: la oveja repetida por la gallina repetida. Es muy simple: no se suele intercambiar lo que uno necesita para sí mismo. Solo falta entender por qué tendría alguien algo que, en principio, le sobra.

EL NACIMIENTO DEL EXCEDENTE
La capacidad de previsión

Escribí un librito de microrrelatos, *Relatos absurdos*, y uno de ellos decía:

> Érase una vez la sociedad de consumo donde siempre se producía más de lo que hacía falta por miedo a que sobrase poco.

Lo traigo a colación para explicar por qué los seres humanos producimos más de lo que precisamos para vivir.

De hecho, como acabamos de ver, el excedente precedió al trueque. El motivo original de que, teniendo bastante con un puñado de bayas y un conejo, los primeros humanos cazaran varios conejos y recogieran más bayas de las necesarias no fue el intercambio, sino la cobertura de riesgos. Si mañana me encuentro mal, no podré ir a por bayas. Si mañana hay tormenta, los conejos estarán a resguardo en sus madrigueras. Si mi hijo tiene fiebre y no puedo dejarlo solo, no podré alimentarlo. En cambio, si genero un excedente, tendré alimentos en mi guarida cuando cualquiera de esas vicisitudes acontezca.

El ser humano posee una cualidad que no poseen los animales: la previsión. Prevé las eventualidades que puedan suceder y, sobre esta base, actúa. Es decir, trabajamos y dedicamos esfuerzos para solucionar cosas que todavía no han sucedido y que ni siquiera sabemos si van a suceder. Así funciona nuestro instinto de supervivencia. Somos seres previsores. Ningún otro animal tiene esta cualidad. Es cierto que hay insectos o mamíferos que durante el verano acopian alimentos y los llevan a sus escondrijos, pero no es para cubrir algo que *puede* pasar, sino algo que *va* a pasar. El invierno llegará seguro, las nieves también. El resto de los animales se van a dormir cada día sin saber qué comerán al siguiente y esto no les produce ningún tipo de inquietud. Para ellos, solo existe el presente de indicativo, la previsión del futuro precisa inteligencia porque emana de la capacidad de formular hipótesis o de pensar en forma condicional: si sucede A, entonces tendré el problema B, por lo que voy a hacer C.[2]

Sea como sea, los humanos creamos excedentes por lo que pueda pasar. Claro que eso nos obliga a producir más de lo que necesitamos hoy. La seguridad tiene un coste: esforzarnos más de lo que precisamos. Producimos la comida de hoy y la de mañana. Y eso supone trabajar más de lo que en realidad haría falta.

Los excedentes fueron los generadores de la envidia. Los saqueos y la violencia aparecieron cuando una tribu descubría todos los excedentes que acumulaba otra tribu con su trabajo. Así que, cuando en líneas anteriores he explicado cómo apareció el trueque, fueron estos tres elementos los que confluyeron al mismo tiempo:

---

[2] Dedicaremos todo el capítulo 8, «El negocio de la probabilidad», a cómo el ser humano ha creado valor a partir de lo que nunca pasará.

aminorar los riesgos de que nos falte aquello que precisamos, apaciguar la envidia y evitar las venganzas violentas.

La tendencia natural al intercambio, que es uno de los pilares de la vida en sociedad, surge de tres sentimientos tan miserables como humanos: el miedo al futuro, la envidia y la elusión de las venganzas.

UN PUNTO DE ACUERDO
La eterna insatisfacción

Introduzcamos ahora otro concepto que está en la base de los andamios sobre los que se erigió el intercambio, la causa número uno de prosperidad material.

Se trata de la llamada «utilidad marginal decreciente».

Dicho así, suena de lo más sofisticado, pero es algo bien simple.

La utilidad marginal decreciente podría resumirse así: tras comernos la primera patata frita de la bolsa, la segunda patata proporciona menos felicidad que la primera; la tercera menos que la segunda; la cuarta menos que la tercera; y a menudo tiramos la bolsa a la basura con las dos últimas patatas dentro porque más aceite y sal ya nos está produciendo dolor de barriga.

Fijémonos hasta qué punto la acumulación produce utilidades decrecientes, que por la primera patata frita hubiésemos pagado lo que fuera, mientras que pagaríamos para que otro se comiese las últimas.

El concepto de utilidad marginal decreciente es muy claro en el intercambio de cromos. A ojos del niño, el cromo repetido tiene un valor insulso en comparación con el valor que tenía ese mismo cromo cuando aún no lo había conseguido.

La única vez en que, de niño, logré acabar una colección de cromos fue con *La guerra de las galaxias*. Recuerdo ese día como si fuera ayer: andaba desesperado por el patio de mi colegio, armado con mi taco de casi un centenar de cromos repetidos, en busca del último que necesitaba para completar el álbum. De pronto, me crucé con un chaval de un curso mayor, me mostró sus cromos para cambiar y ahí estaba el que me faltaba. La utilidad de esa estampa era incalculable, era como estar ante una pepita de oro. Solo había un problema: el chico no lo quería intercambiar porque acababa de conseguirlo y no era un cromo repetido para él. Él andaba a mitad de álbum, tenía muchos aún por conseguir, pero para mí era el único cromo con el que podía intercambiar. En mi paquete de repetidos había bastantes que él no tenía, así que, ni corto ni perezoso, le dije:

—Si me das ese cromo, te doy todos los que tengo en la mano.

El otro chico no daba crédito. Un cromo a cambio de cien, ¿cómo era posible? Muy sencillo. ¿Qué utilidad tendrían todos mis cromos repetidos una vez hubiese acabado la colección? La respuesta es: ninguna. No me proporcionarían ninguna utilidad porque no los podría intercambiar por nada que no tuviese ya. Podía regalarle cien cromos si me entregaba el que me faltaba, porque su único cromo convertía mis cien cromos en inútiles para mí.

Lo interesante es que las utilidades varían entre personas, y también para una misma persona según el momento o circunstancia. Mi último cromo vale cien cromos; pero por ese mismo cromo, yo mismo, unos meses atrás, cuando estaba iniciando la colección, solo habría entregado un cromo repetido. Lo que intercambié por cien cromos un día determinado lo hubiese intercambiado por solo uno unos días atrás. La última patata frita remueve la barriga y por la primera daríamos lo que fuese.

En la base de este concepto económico de utilidad marginal decreciente subyace la eterna insatisfacción de la que hemos hablado antes. Esa característica de cansarnos de lo que tenemos, de no valorar algo hasta que lo perdemos, de desechar aquello por lo que nos volvimos locos una vez es nuestro. Especialmente si lo tenemos repetido.

Lo alucinante de este fenómeno es que, gracias a la insatisfacción que produce la repetición, la utilidad de los excedentes disminuye y, por tanto, nos es más fácil desprendernos de cosas. Mis cien cromos no tenían ya utilidad para mí, pero muchísima para aquel muchacho. Así que la insatisfacción favorece el intercambio.

Conditio sine qua non de toda negociación
Sin libertad humana no existiría pacto

Cabría pensar que esto de las utilidades decrecientes tiene poco peso, pero puedo asegurar que es la base de toda negociación. De hecho, en la era de los cartagineses existió un tipo de trueque que, curiosamente, se observó en 1945 entre tribus autóctonas en las costas del Brasil.

Se trata del trueque silencioso.

Será el historiador griego Heródoto quien nos lo explique con un texto del siglo V antes de Cristo.

> Otra historia nos refieren los cartagineses, que en la Libia, más allá de las Columnas de Hércules, hay cierto paraje poblado de gente donde suelen ellos aportar y sacar a tierra sus géneros, y luego dejarlos en el mismo borde del mar, embarcarse de nuevo, y desde sus barcos dan con humo la señal de su arribo. Apenas lo ve la gente del país, cuando llegados a la ribera dejan al lado de los géneros el oro, apartándose otra vez tierra adentro. Luego, saltando a tierra los cartagineses hacia el oro, si les parece que el expuesto es el precio justo de sus mercaderías, alzándose con él se retiran y marchan; pero si no les parece bastante, embarcados otra vez, se sientan en sus naves, lo cual visto por los naturales vuelven a añadir oro hasta tanto que, con sus aumentos, les llegan a contentar, pues sabido es que ni los unos tocan el oro hasta llegar al precio justo de sus cargas, ni los otros las tocan hasta que se les tome su oro.[3]

Este sistema de trueque recibe varios nombres: comercio silencioso o trueque mudo, trueque tonto o comercio de depósito. Lo de trueque mudo o silencioso es interesante. Proviene de que es una forma de intercambio de mercancías que no requiere conocer el idioma del otro. No hay palabrería posible. No hay seducción del buen vendedor que agasaja y enreda. Es comercio descarnado, desprovisto de relación. Esto a cambio de esto otro. Si no interesa, modificamos lo que dejamos sobre la playa, lejos del otro. Lo que vemos es lo que hay. Si nos gusta, lo tomamos y, si no, variamos los objetos depositados sobre la arena hasta que el intercambio satisface a ambas partes.

Comerciar sin hablar.

El trueque, denostado en favor del comercio con dinero, es más potente de lo que se piensa.

En la magnífica descripción de Heródoto hay, sin embargo, dos cuestiones importantes que el autor pasa por alto y que son esenciales.

---

[3] Heródoto. *Los nueve libros de la Historia* (trad. P. Bartolomé Pou), Editorial Edaf, Madrid, 1989.

La primera es: ¿qué sucedía si llega un momento en que los indígenas no estaban dispuestos a seguir aumentando la cantidad de oro? Lo que hacían era llevarse el oro dispuesto hasta ese instante y dejaban todas las mercancías en la playa. Era la forma silenciosa de decir: no voy a pagar más por esto que me ofreces. En tal caso, los cartagineses regresaban a la playa y veían toda su mercancía ahí, tal cual la habían dejado ellos, y en el lugar donde en el anterior desembarco había oro, ya no había nada. Tenían entonces dos opciones: o bien recogerlo todo, regresar al barco, levar anclas y navegar a otro sitio, o bien dejar las mercancías donde estaban.

La primera de las opciones significaba que no se había llegado a un acuerdo: tú no quieres pagar más y yo no quiero cobrar menos; si el oro que me ofreciste ya era el máximo que estabas dispuesto a ofrecer, a mí no me parece bien y se rompe la negociación. ¡Cuánto mensaje en un simple gesto!

Si, por el contrario, dejaban sus mercancías, el mensaje sería: venga, de acuerdo, hemos visto que os habéis llevado el oro, significa que era vuestra máxima oferta, lo aceptamos. Volved a depositarlo, llevaos las mercancías y venderemos a por el oro que desechamos en el anterior turno.

En esta primera cuestión, no descrita por Heródoto, subyace algo esencial para que exista una sociedad libre: la potestad del otro para aceptar o renunciar.

El intercambio podrá haber tenido su origen en la violencia y la envidia, pero una vez aceptado, asume la libertad del otro para trocar. Si no, volveríamos al principio: al pillaje y el saqueo. Si los cartagineses, molestos por el desacuerdo, decidiesen tomar las armas y arrasar el poblado indígena, ¿de qué trueque estaríamos hablando? El trueque implica libertad, y la libertad va a estar en la base del desarrollo social.

¿Sabe por qué, aun habiendo desacuerdos en el trueque silencioso, ambas partes decidían no ejercer la violencia?

Muy simple (y esta es la segunda cuestión que quiero añadir al texto de Heródoto): por la misma razón por la que a ninguna de las dos partes, en cualquiera de las visitas a la playa, se le ocurre llevarse todo el oro y todas las mercancías dejando con un palmo de narices al otro.

Y ese motivo es que si te llevas las dos cosas —el dinero y el producto; lo propio y lo ajeno—, nadie volverá a comerciar contigo.

Si engañas a tu cliente o a tu proveedor, ganarás una vez, pero perderás muchas: todas aquellas futuras oportunidades en que podrías haber comerciado con tus excedentes.

¿Recuerda la isla de Ré? El único argumento que los comerciantes daban en sus pequeños letreros a los turistas era: «Si se llevan el género sin pagar, no podremos mantener esta forma de vida que durante tantos años ha habido en la isla y nos hace únicos».

La envidia trajo la violencia; la violencia trajo la venganza; la venganza trajo el miedo a la represalia; el miedo a la represalia trajo el trueque; y el trueque trajo la libertad. Esos son nuestros andamios, los instintos que empezaron a determinar y condicionar el devenir de la humanidad.

El trueque silencioso era incluso posible sin oro: puro trueque de mercancías, ajustando con sucesivos añadidos o retiradas de material en uno y otro lado hasta que a ambas partes les satisfacía lo que había, y cada una se llevaba lo del otro.

Fijémonos que este acto de rebajar algo de lo que entrego y comprobar cuánto rebaja la otra parte de su montón es exacta y precisamente un juego en vivo de utilidades entre dos partes. El comercio es posible cuando las utilidades del excedente propio son menores a las utilidades que me proporcionan los excedentes ajenos. Es decir, para sorpresa de aquel chaval, su último cromo valía tanto como mis últimos cien cromos, que tenían utilidad cero para mí y una increíble utilidad para él, que andaba a mitad de colección.

Para aprender a negociar bien, debe ponerse siempre en el lugar de la otra parte y conocer sus utilidades. No examine las suyas, esas ya las conoce. Lo que debe hacer es saber qué es lo mínimo que ha de entregar y qué, en cambio, es suficiente para la otra parte, de acuerdo con sus propias utilidades.[4]

Para poder comer, los animales solo han de recurrir al eslabón inferior de la cadena alimenticia de la naturaleza. Los seres humanos, en cambio, hemos de destacar sobre nuestros semejantes para,

---

[4] Lo interesante de las utilidades marginales decrecientes es que también producen en el esfuerzo, y no solo en el placer. Lo veremos detenidamente en el capítulo 14 (dedicado a la globalización, la forma más avanzada de intercambio), a través de la teoría de la ventaja comparativa de David Ricardo, considerado el primer economista precursor del comercio internacional y la eliminación de aranceles.

así, resultar de interés para el intercambio. Más que nada porque ya no podemos matar a esos semejantes.

En otras palabras, el intercambio propicia la paz, y el precio de la paz es tener que trabajar toda la vida y, además, destacar en algo por delante de otros.

Y entramos así en una de las consecuencias más importantes de la Historia, y que va a estar presente en nuestras sociedades desde que decidimos intercambiar como seguro de vida hasta hoy, en nuestro mundo globalizado: la eterna obligación de estar siempre mejorando en el trabajo, de ser más eficientes, más competitivos.

En definitiva, serle útil a los demás.

2
EL PLANETA TIERRA TIENE DUEÑO

GORBACHOV DISCUTE CON ARISTÓTELES
El afán de superación acaba con Marx

2 de diciembre de 1990.

El último de los diputados parlamentarios rusos emite su voto, en breve va a empezar el recuento. Los políticos llevan cuatro días de encarnizadas discusiones y subidas de tono. Hay muchos nervios.

Gorbachov, presidente de la Unión Soviética, ha agotado sus reformas, pero aun así discute acaloradamente con el presidente de la Federación Rusa, Boris Yeltsin:

—Estoy en contra de la propiedad privada. Esto no es algo aceptable para nosotros.

—Rusia necesita avanzar —replica Yeltsin—. Los diferentes tipos de propiedad tendrán que luchar entre sí para afirmar su existencia bajo el amparo de la ley. El Sóviet Supremo debe aprobar una ley especial de privatización de la tierra.

Gorbachov frunce el ceño. La tensión entre los políticos casi puede palparse.

¿Por qué?

No es para menos. La gran Rusia lleva desde 1917, año de la Revolución rusa, sin reconocer el derecho a la propiedad privada de las tierras. Desde entonces, las tierras no pertenecen a nadie, sino que pertenecen a todos los rusos, al pueblo. Las tierras no tienen propietario porque son indivisibles y, a lo sumo, se asigna el derecho de su explotación, pero no su titularidad: «La tierra, para los campesinos».

Así es. El Decreto sobre la Tierra promulgado en noviembre de 1917, setenta y tres años antes de aquella discusión entre líderes rusos, estableció que la tierra era propiedad del pueblo. Es la lógica comunista y estalinista: los medios de producción y las tierras pertenecen al Estado, al Partido.

Los comunistas consideran este asunto una cuestión moral: la propiedad privada de los medios de producción conduce a la explotación del hombre por el hombre. La propiedad de fábricas y tierras convierte en privadas las plusvalías, y la multiplicación del capital en manos de unos pocos deviene en la explotación obrera, cuyo sometimiento los aboca a la miseria. Por el contrario, si se colectivizan los medios de producción, el Estado y el Partido garantizan la justicia social, la equidad y la igualdad de riqueza. A cada uno según sus necesidades y cada uno según sus posibilidades.

Esa es la teoría marxista.

Pero, por algún motivo, siete décadas después, esto está bajo duda. Algo no ha funcionado bien.

Año 360 a. C.

Dos griegos discuten en los mismos términos. No importa que sea dos mil trescientos cincuenta años antes: el debate es exactamente el mismo. Sin embargo, quienes debaten son... Platón y Aristóteles.

—La propiedad privada es una fuente de problemas —afirma Platón—. ¿Acaso no te das cuenta de que en aquellas regiones y lugares donde las personas quieren poseer elementos naturales como la tierra hay guerras, sangre y dolor?

—Confundes la ausencia de leyes con la conveniencia de las cosas en base a la naturaleza humana —responde Aristóteles—. Una cosa es que las personas disputen y otra distinta que sea más conveniente que cada elemento, cada bien, cada palmo de tierra, cada buey, cada asno y cada cosecha tenga un único responsable. Si nadie es responsable de algo, ese algo se pudre, se pervierte, se deja de lado. Y se deteriora.

—¿Crees en la justicia, buen Aristóteles?

—Creo en la justicia, maestro, pero también creo en que en el ser humano cohabitan dos fuerzas antagónicas: la de la superación y la de la comodidad. Tendemos a lo cómodo y, al mismo tiempo, procuramos el esfuerzo. En muchas personas gana la segunda fuerza. Pero en muchas otras o en determinadas situaciones, gana la primera: la comodidad. «Otro lo hará», así pensamos todos alguna vez. Ahora bien, si solo uno es responsable de algo, entonces la fuerza de la superación y el sentido de la obligación vence al impulso de la comodidad. Incluso el mayor de los holgazanes se ve obligado a trabajar.

—Nadie puede determinar en función de qué criterios una tierra ha de pertenecer a uno y no a otro. ¿Cómo pueden los humanos adjudicar lo que la Naturaleza ha puesto a disposición de todos? Puede que sea más productivo asignar propiedad a las cosas y las tierras, pero va contra la Naturaleza. Y al no haber una vara de medir, al no poder encontrar una forma de repartir la tierra que sea justa, sino arbitraria, el conflicto y la guerra están servidos —afirma Platón.

—Va contra la Naturaleza. Pero no contra la naturaleza del hombre, maestro, no contra la esencia del ser humano. Y es más importante que la Naturaleza se adapte al Hombre porque el destino del ser humano es dominar el mundo.

Como vemos, la discusión podía haber sido entre Gorbachov y Aristóteles. Solo el tiempo los separa.

¿Cómo es posible que, tras dos mil años, el ser humano no haya llegado a una conclusión? ¿Es la propiedad privada conveniente para la sociedad, o es una fuente de odio y conflictos, como argumenta Marx?

La mejor forma de responder es a través de los hechos, los datos, las frías cifras.

En el momento en que escribo estas líneas, año 2021, apenas quedan cinco regímenes comunistas en el mundo: Venezuela, Cuba, Vietnam, Laos y Corea del Norte. Y conviene aclarar que, de los cinco, en Cuba lleva un tiempo en marcha la apertura a ciertos mecanismos de mercado.

En Corea del Norte, por su parte, no existe el derecho a la propiedad privada. Bueno, corrijo: todas las tierras pertenecen a una sola familia. La de Kim Jong-un.

Platón tenía razón: desde que todo pertenece a los Kim, en Corea no hay peleas ni discusiones. Si no te parece bien y te rebelas, te condenan a muerte o a trabajos forzados de por vida. Fin de la discusión. Paz absoluta.

Ahora bien, Corea del Norte tiene una riqueza por habitante que la sitúa en el número 209 del mundo (para un total de 223 países), mientras que su vecina Corea del Sur, en la misma latitud y con los mismos recursos naturales, paradigma del liberalismo, ocupa el número 45 del mundo en dicho *ranking*.[5] El hecho irrefutable es que los ciudadanos de Corea del Sur son veinte veces más ricos que sus vecinos comunistas.

A pesar de lo demoledor de las cifras, quienes abogan por la supresión de la propiedad privada podrían decir que, si todo pertenece a todos, entonces todos tenemos lo mismo y la distribución de la riqueza es homogénea, no hay ganadores ni perdedores. Pero la cuestión no es únicamente si todos somos iguales, sino cuánta riqueza (o más bien cuánta pobreza) nos repartimos.

La historia demuestra que los sistemas comunistas son más justos en cuanto a distribución de la renta, pero también demuestra que lo único que se repartirán a la postre es la miseria. Todos los trabajadores seremos iguales, pero igual de pobres.[6]

Al abordar los motivos, entra en juego una de las pocas características universales de los seres humanos: que siempre respondemos a los incentivos.

Uno de los principales hallazgos de la psicología social y posiblemente el primer instrumento de movilización de las masas es la llamada «expectativa».[7]

Sin ánimo de faltar, la expectativa es al hombre lo que la zanahoria al burro: algo que interesa obtener, un beneficio futuro, una próxima comodidad, una situación ventajosa, una posibilidad de medrar, una riqueza al alcance de la mano. Algo que morder para sentirnos más ricos, poderosos, saciados o felices. La expectativa es, de hecho, la columna vertebral del incentivo.

Pues bien, ¿qué expectativa tiene un trabajador ruso?

Ninguna, porque al no tener derecho a la propiedad privada de los medios de producción no puede acceder a la titularidad que de sus beneficios se deriva. De esto se dieron cuenta en la

---

[5] Fuente: CIA World Factbook - Información hasta 1 de enero de 2020.

[6] Lo veremos en detalle en el capítulo 12, «El timo del siglo».

[7] De hecho, en 1995 se otorgó el premio Nobel de Economía a Robert Lucas por su trabajo dedicado a las expectativas humanas; se llamó la teoría de las expectativas racionales.

República Popular China: cuando hace varias décadas constataron que iban a perder posiciones en el liderazgo mundial, en lugar de privatizar lo comunal, como los rusos, decidieron que los medios de producción seguirían perteneciendo al Estado, pero que los beneficios empresariales y de los negocios podrían ser de quienes los explotasen.

Y, en efecto, China explotó.

Es y será potencia mundial sin necesidad de propiedad privada completa, pero sí de zanahorias. Así que lo importante no es solo la propiedad privada, sino la zanahoria que emana de una propiedad convenientemente explotada.

Esto es lo que advirtió Aristóteles. La propiedad colectiva es un desincentivo al esfuerzo y al interés por medrar y prosperar. Y fomenta el abandono y la dejadez, entre otras cosas porque no hay expectativa. Y porque se produce otro tipo de desigualdad que es tanto o más importante que la igualdad de la tenencia: la desigualdad en el premio por el esfuerzo realizado y por el rendimiento que extraemos de lo que nos pertenece.

Todo esto lo sabía el Parlamento ruso aquel 2 de diciembre de 1990. La economía soviética retrocedía y retrocedía. Antaño habían tratado de buscar soluciones a base de reformas y más reformas, pero las reformas no servían porque la ausencia de propiedad privada inhibe sistemáticamente el interés individual. El incentivo privado solo será posible si la propiedad de las tierras es legal. Toda política soviética era estéril porque la raíz del problema persistía: inexistencia de expectativas derivada de la falta de incentivos. No se estaba respetando algo intrínsecamente humano.

Aquel día de diciembre, los funcionarios rusos encargados del recuento regresaron tras un receso a la sala principal del Parlamento y el secretario se acercó al micrófono, mientras 993 diputados aguardaban en sus sillas.

El momento era histórico.

Setenta y tres años después, podía revocarse la decisión de que ninguna tierra pueda tener propietario e incluir ese nuevo derecho en la Constitución. Si la votación surgía favorable, estaríamos ante el reconocimiento de un error ideológico sin parangón en la historia. Equivaldría a decir: «Nos equivocamos, las tierras deben tener propietarios privados porque solo así podremos ver cómo crece de nuevo nuestra productividad agraria».

No se dirá explícitamente, pero eso es lo que se desprenderá. Reconocer el derecho a la propiedad privada de la tierra significa reemprender el camino hacia la privatización de los medios de producción y, por ende, también la privatización de las plusvalías. Marx puede morir en aquella votación, en aquel recuento, y todos lo saben. No se debate una ley, sino el reconocimiento de un error histórico.

El secretario ruso toma la palabra y desdobla el papel con la firma del resto de funcionarios que habían levantado acta del recuento. Alza la vista y lee con voz firme:

—El Parlamento ruso, por 863 votos a favor, 90 en contra y 40 abstenciones, aprueba la disposición para impulsar y fomentar el resurgimiento del campo ruso y el desarrollo del complejo agroindustrial.

Los eufemismos son el deporte favorito de los Estados totalitarios, pero la alambicada retórica del secretario tiene una traducción muy sencilla: Marx había muerto, y por aplastante mayoría.

El punto cuarto del texto aprobado contenía la expresión «propiedad privada» de la tierra, la cual, a partir de ese instante, quedaría protegida por la ley sin ninguno de los atajos semánticos que habitualmente se venían empleando para no llegar a reconocer sin tapujos la dolorosa verdad. La disposición aprobada aquel día contemplaba el pluralismo e igualdad en las diferentes formas de propiedad de la tierra. Esta podría ser estatal, cooperativa, colectiva y, desde entonces, también privada.

De eso hace ya tres décadas y hoy día quedan muy pocos lugares en el mundo donde la propiedad privada no es posible.

LA PROPIEDAD COMÚN, ORIGEN DE LA DIVISIÓN DE TAREAS
La necesidad de seguridad acaba uniéndonos

Los seres humanos hemos tenido propiedad sobre tierras, sobre estrellas, sobre trozos de cielo, sobre cotas de polución, sobre ideas e incluso sobre los nombres que ponemos a las cosas.

Sí, sí, podemos ser propietarios de palabras. Una marca comercial es, después de todo, una palabra, un nombre que alguien registra para que sea suyo. Paga dinero para asociar ese nombre a un producto o servicio, y así distinguir sus productos de los de la competencia. Por ejemplo, si creo que la palabra *manzana* puede tener «tirón comercial», la inscribo en el registro de la propiedad intelectual, pago las tasas correspondientes y es mía. Quizá ya sepa que los Beatles la habían registrado antes como nombre de su sello discográfico, Apple Records, y litigaron contra la compañía informática de Steve Jobs, Apple, quien hubo de pagar una gran cuantía para obtener el derecho de uso. No es de extrañar que se litigue por la posesión de palabras: en 2018 había 49,3 millones de palabras con propietario. 49 millones de palabras tienen en el mundo un dueño y ese dueño ha pagado por ella. Hay palabras cuya propiedad tiene más valor que la suma de muchos bienes materiales. Sin ir más lejos, el nombre Coca-Cola —apenas ocho fonemas, ocho sonidos emitidos por la gutural humana— tiene más valor que todas las fábricas, oficinas, ordenadores, equipamientos y activos materiales de la empresa envasadora y comercializadora de la bebida gaseosa en cuestión. La palabra Coca-Cola tiene un valor superior a la producción total de las Maldivas, la isla de Man o el Estado de Liechtenstein. Una palabra. De hecho, una palabra bastante ridícula.

Los seres humanos han establecido incluso propiedad privada sobre la contaminación. Con tal de sostener al planeta Tierra, los países se asignan cada año unas cuotas máximas de contaminación y, así, entre todos, ponemos un límite a las emisiones de carbono y otros gases contaminantes. Pues bien, si un país logra emitir menos de lo asignado, puede vender ese excedente de «no contaminación» a otro que, así, puede pasarse de su límite establecido sin ser sancionado. Esas compraventas, a medida que se generalizaron, se organizaron en forma de mercado y, de este modo, surgió el denominado Mercado de Emisiones de CO_2, las cuales cotizan en el mercado internacional como si de títulos de propiedad se tratase. Para que veamos hasta qué límite llega no solo la imaginación humana, sino la capacidad de inventar mercados de la nada siempre que haya una titularidad de propiedad detrás.

Recuerde: propiedad es igual a titularidad y titularidad es igual a mercado.

Luego nos dio por asignar propiedades de territorios extraplanetarios, hasta que, con tal de evitar que nos matásemos entre nosotros en la Tierra por la titularidad de trocitos de otros planetas o satélites, se llevó el asunto a Naciones Unidas, que dictaminó prohibir la propiedad privada de lugares que ni siquiera hemos pisado ni vamos a pisar jamás. Es decir, en la Tierra hemos acordado que no podemos ser propietarios de sitios que no estén en la Tierra. Parafraseando a Astérix, «están locos estos humanos».

Para acabar de rematarlo: de lo primero que se tuvo propiedad fue de personas, en forma de esclavos. Tremendo.

Así es también la naturaleza humana: cruel y despiadada, ansiosa de poder y sometimiento.

Sin embargo, los derechos de propiedad fueron posteriores a los de posesión. Durante milenios las personas podían ocupar un lugar, una choza o vivienda, pero eso no significaba que fuera de su propiedad. Las civilizaciones antiguas distinguían entre propiedad y posesión. La posesión otorga derecho a utilizar algo de forma exclusiva, a poseerlo, pero no a que te pertenezca. Fue así en Grecia, en Roma o en el Antiguo Egipto. Incluso durante la Edad Media. En muchas sociedades se combinaron distintas formas de propiedad.

¿Quién organizó e inventó todo eso?

Para responder, debemos viajar muy atrás en el tiempo. La propiedad privada no nace hasta que el ser humano decide dejar de ser cazador-recolector en forma de nómada, vagando según sus necesidades de abrigo y alimento. Cuando se asienta en un lugar concreto y decide cultivar la tierra es cuando se le plantea la cuestión de a quién pertenece el terreno que pisa. Básicamente porque ya no lo deja atrás. Hasta entonces, todo territorio era un lugar por el cual se transitaba, se iba de paso; no había sido necesaria su posesión.

En cuanto el ser humano se asentó, se convirtió en vulnerable para el enemigo. Había dónde localizarlo y no podía huir porque sus medios de subsistencia estaban vinculados a unas coordenadas específicas. Necesitaron protegerse e inventaron las murallas, que se construyeron entre todos los integrantes de las aldeas. A cualquier forma de propiedad compartida, como una muralla, se le llama sistema comunal. La muralla fue el primer bien comunal de la historia.

Amurallar un espacio tuvo unas consecuencias imprevistas. De entrada, determinó los límites de un asentamiento: por primera vez en la historia se delimita el espacio y se configura una unidad social, que será a su vez el detonante de la primera división de funciones. De pronto, se hace necesario el reparto de responsabilidades por el bien de todos: así, unos se dedicarán a proteger las murallas (guerreros) y otros a cultivar y criar ganado (agricultores). Pero alguien deberá organizarlo todo. Así que se crea una tercera función, la de mandar (políticos y sacerdotes). Las primeras castas o estamentos sociales aparecen a partir del amurallamiento de un asentamiento.

Este es un momento trascendental en la historia de la humanidad. Sin división de funciones, en una sociedad cada uno es responsable de su propia manutención. Todos seguiríamos arando el campo o criando bestias. Reparemos en que la división de funciones no es resultado de la búsqueda de una mayor eficiencia o productividad, sino que emanó de la lucha por la supervivencia.

La protección trajo la muralla; la muralla trajo la delimitación del terreno; la delimitación definió la ciudad; la ciudad hizo necesaria la defensa; la defensa hizo necesaria la organización; y eso dio lugar a la especialización por funciones. Una de esas funciones, administrar el poder, fue la que se encargó de decidir qué pertenecía a quién. Nace la propiedad.

Así, la primera potestad para administrar propiedad privada correspondió a los políticos, sacerdotes y militares. La propiedad privada emanaba de ese poder de organización y no era, como cabría suponer, un derecho adquirido a través de la explotación de la tierra o de sencillamente haberla ocupado primero.

Las formas de poder evolucionaron, pero ya nunca soltaron esa capacidad de administrar la propiedad o la posesión. Era una forma de lograr el control de la población.

Lo interesante y sorprendente es que la propiedad comunal antecedió a la privada, lo común fue anterior a lo individual. Y la explicación es profundamente instintiva. En la pirámide de necesidades humanas —la pirámide de Maslow—, tras la alimentación y el abrigo viene la seguridad. Pero la seguridad ya no podía ser individual, sino que debía ser grupal, era precisa la cooperación. Para protegernos, las personas necesitamos cooperar. Y la cooperación, como hemos descrito, precisa organización; esto es, jerarquías.

La propiedad comunal antecedió a la privada porque la defensa es de todos, mientras que la recolección o la caza, cuando el ser humano era nómada, era individual. Si bien se cazaba en grupo, todos cazaban; en cambio, cuando fueron necesarios soldados y sacerdotes, ya no todos recogían frutos, criaban bestias o cazaban. La propiedad comunal no solo antecedió a la privada, sino que fue el origen de la especialización de funciones. Y todo emanó en la necesidad de seguridad y protección, que es la segunda en importancia en la escala de necesidades humanas.

FERNANDO VII, PRESIDENTE DE LA COMUNIDAD DE VECINOS
Los conflictos por intereses cruzados

Los monarcas de los sistemas feudales utilizaron la gestión de la propiedad privada de una forma interesante. Hasta el siglo XVII lo más importante y valioso pertenecía a los monarcas, y ellos administraban usufructos y posesiones. ¿Por qué? Pues porque si hay un suficiente número de interesados en participar en las diversas formas de propiedad, posesión, explotación o uso de un bien, un animal o una tierra, entonces quien coordina a todos los participantes se asegura el poder. Es el *divide et vinces*, «divide y vencerás».

La complejidad de los intereses cruzados en tierras imposibilitaba que nadie se hiciera demasiado rico, que las interdependencias mantuviesen al pueblo y nobleza sometidos y hacían precisas la intervención y última palabra de alguien con autoridad sobre todos ellos: el rey. En la Edad Media, la ausencia de propiedad privada constituía una fuente de poder para la realeza.

La Edad Media es, probablemente, una de las etapas más oscuras de nuestra historia. Y muy aburrida, insulsa o desprovista de cambios desde un punto de vista de la economía práctica —no así de la economía teórica o política, como veremos luego—. Por ejemplo, no hubo apenas inflación —una hogaza de pan pudo costar lo mismo durante varios siglos— y uno de los motivos de que no la hubiese era que no había progreso.

La inflación es un impuesto encubierto que, entre otras cosas, hace que nuestro ahorro se erosione y nos obliga a trabajar a diario no solo para vivir, sino para conservar el poder adquisitivo. Si no tengo nada que poseer, tampoco tengo nada que pierda valor, así que no tengo de qué preocuparme. Si nada es mío, lo único que he de hacer es comer y protegerme del frío, entendiendo que el señor feudal o el monarca se encarga, diezmos mediante, de mi seguridad física. En la Edad Media, las personas se ocupaban de mantener su trabajo, pero no eran los responsables de mantener sus propiedades, sencillamente porque estas eran escasas y limitadas a herramientas, animales o enseres; no a tierras y, de hecho, tampoco a viviendas, cuyo derecho era de uso, pero no de propiedad plena. El monarca podía revocar derechos y titularidades en cualquier momento.

Durante siglos, la posesión era más importante que la propiedad. La propiedad quedaba circunscrita solo a nobles y poderosos. Y por eso la mayoría de las propiedades eran compartidas.

A menudo se piensa que los sistemas comunales desaparecieron hace tiempo. No es verdad. Hay millones de ellos vivos en el mundo. Cada edificio o cada urbanización es un sistema comunal: la famosa zona comunitaria de las reuniones de vecinos.

Fijémonos bien en cómo se reproduce el *divide et vinces*: la zona comunitaria es el lugar donde nadie puede imponer por completo las normas particulares porque es de todos; donde nadie puede hacerse rico porque no le pertenece por entero. Las zonas comunitarias tienen dos características que coinciden exactamente con la totalidad de tierras y propiedades propias de eras como la Edad Media.

La primera es que las zonas comunitarias son un nido de conflictos y discusiones. Las reuniones de vecinos para abordar cómo administrar y qué hacer con la vivienda del portero, con la piscina, con la zona de juegos, con el trastero de la entrada o con el ascensor acaban como el rosario de la aurora. ¿Por qué? Porque todo es de todos. Si un señor feudal de la Edad Media acudiese a una reunión de vecinos del siglo XXI, se movería como pez en el agua y lo votarían presidente de la comunidad en menos que canta un gallo. Los monarcas y nobles sabían lidiar con la multipropiedad, y la convertían, como hemos explicado, en una inagotable fuente de poder y perpetuación de su hegemonía. Si todo es de varios, para quitarle algo a alguien han de intervenir varias personas, con lo que el poder puede ser controlado.

Lo ilustraré con una breve anécdota personal. Paso los veranos en una pequeña urbanización del Maresme, a treinta minutos de Barcelona. Se trata de dos hileras de adosados, de dos calles sin salida, conectadas por uno de los extremos. Los vecinos las llamamos la calle de arriba y la calle de abajo. La cuestión es que, hace algunos años, los de la calle de arriba quisieron escindirse como zona comunitaria independiente, lo que era un problema porque había una serie de zonas comunes: piscina, sala de juegos, frontón y pista de tenis, básicamente. Hubo múltiples y acaloradas disputas y, aunque la calle de arriba obtuvo mayoría, no había forma de deshacer un indiviso comunal: no podíamos hacer que los de la calle de arriba se bañasen en una mitad de la piscina o jugasen en una mitad de la pista de tenis. Así que, aunque unos querían escindirse de la comunidad, no pudieron.

Eso sucede también en algunos procesos de escisión de Estados que buscan su independencia del Estado central y que, debido a las «zonas comunales» (ejército, ministerios, deuda pública, aeropuertos o trazado ferroviario) no pueden llevarla a cabo. Y por eso algunos acaban en guerra.

Todo esto no es muy distinto a lo que les sucedía a los monarcas con los nobles. Muchas guerras entre señores feudales tenían lugar para derrocar a reyes que, entre otras peleas, disputas e intereses, no transigían con la asignación de ciertas zonas comunales.

DE LO COMUNAL A LO PRIVADO
La corrupción y el desinterés deprecian lo común

La segunda característica de las zonas comunitarias es que, excepto en las zonas residenciales o de rentas altas, a menudo están hechas una birria. El porqué ya lo decía Aristóteles: porque no son de nadie y son de todos. Y como nadie recupera el dinero invertido en una zona comunitaria, en casi todas las votaciones gana la opción de posponer al año siguiente la mejora o reforma que cualquier vecino proponga. Suele imponerse el «no» a la derrama extraordinaria. Célebre es la frase del vecino desesperado en que sí se haga la reforma: «Si lo arreglamos, ganaremos más dinero el día que vendamos el piso». Reparemos en que el interesado en invertir en las zonas comunes ha de apelar a la ganancia de la eventual y futura venta de la propiedad privada de cada vecino para endulzar un desembolso comunitario. Pero incluso así se tiende a pensar que lo que el comprador de un inmueble valora es el estado del piso, y que la zona comunitaria es accesoria o secundaria en el precio de venta. Y por eso no solemos votar a favor de las derramas.

En definitiva, la respuesta a por qué las zonas comunitarias de los edificios acostumbran a estar desactualizadas es la misma por la cual la economía era casi inexistente hasta el siglo XVIII: porque una zona comunitaria no puede, por concepto, pertenecer a una sola persona.

Otros bienes comunales son las autopistas y carreteras. Estas tampoco pueden venderse ni formar parte de ningún mercado. Su mantenimiento se sufraga con impuestos y cuando se desea comerciar con estos bienes comunales, curiosamente se emplea también el sistema de los señores feudales: el usufructo.

Cuando los Estados quieren que alguien invierta dinero en una autopista y se ocupe del mantenimiento, lo que hacen es ceder los beneficios de su explotación. Se llama concesión administrativa, dura varias décadas y suele ser un nido de corrupción. Exactamente lo mismo que sucedía con la asignación de tierras a los señores feudales y la nobleza por parte de los reyes y monarcas. El esquema es muy parecido: muchos de los nobles de la Edad Media recibían tierras o propiedades por parte del monarca de turno; parecían asignaciones definitivas, pero en realidad el rey podía revocarlas y, de hecho, las revocaba en cualquier momento. A cambio del usufructo de las tierras, el noble usufructuario pagaba impuestos, una parte de la cosecha, crianza o beneficios, a la corte.

Los diezmos son a las tierras lo que los pontazgos a los puentes o lo que los peajes a las autopistas.

En los procesos de asignación de tierras de las monarquías absolutistas participaba toda una cohorte de ayudantes, secretarios y demás sanguijuelas que, corrupción mediante, tramaban y pactaban compensaciones bajo mano antes de convencer al rey de a quién favorecer.

Del mismo modo, es habitual en las socialdemocracias ver casos de corrupción a la hora de asignar contratos de explotación y concesiones, porque cuando hay bienes comunales cuya gestión asignamos a una sola persona o grupo reducido de personas, la tentación está servida.

Lo demostraré: imagine un mundo sin bienes comunales. Un mundo donde absolutamente todo, incluido un tramo de autopista, tuviera una propiedad privada. No habría corrupción posible. Si todo pertenece a alguien específico, ese alguien velaría por sus propios intereses y la corrupción sería mucho más difícil.

Otra prueba fehaciente de que lo común produce corrupción es que cuanto menor es el Estado, menor corrupción se registra, porque hay menos cantidad a robar. Es muy sencillo. Si un país es reducido y tiene una presión fiscal baja —pongamos el caso de Andorra, Mónaco o las islas Caimán—, no hay mucho que robar y no vale la pena jugársela. Así que, si alguna vez desea usted —ya sea en su casa, en su empresa o en su familia— asegurar unos niveles reducidos de corrupción o sustracciones o aprovechamientos del prójimo, aplique lo que ya sabemos: pocos bienes compartidos, responsabilidades bien definidas y asigne la titularidad de bienes y activos de forma clara e individual. Verá como no hay líos. Ahora bien, si lo que quiere es mantener su poder, haga como los monarcas: distribuya entre varios miembros la propiedad de las cosas y nadie podrá tomar ninguna decisión sin su aquiescencia. Eso sí, prepárese para todo tipo de confabulaciones y pactos entre esos beneficiarios.

Una última demostración de que los Estados o imperios grandes que aglutinan demasiados bienes públicos acaban por ser insostenibles es la caída del Imperio romano. Mucho se ha escrito y debatido sobre por qué se hunde Roma, y lo abordaremos en las próximas páginas, pero vaya por delante que tengo una teoría muy simple: Roma entró en barrena porque se hizo demasiado grande.

La aparición de la corrupción está directamente relacionada con el tamaño de la cosa, y el Imperio romano, sin informática ni ordenadores, era imposible de gestionar, era demasiado extenso, y el saqueo, el aprovechamiento y enriquecimiento de senadores, gobernadores de provincias romanas o incluso generales de ejércitos estaban a la orden del día. Comprar votos, amañar elecciones, cobro de comisiones, acumulación fraudulenta, estafas, extorsiones, sobornos y cohechos eran algunas de las prácticas más habituales.

En la esencia de la propiedad privada, con la cual empezamos a erigir la gran catedral de la sociedad moderna, subyace la inoperancia de las propiedades compartidas. Inoperancia por dos motivos: primero, porque sabemos que cuando todo es de todos, lo compartido se degenera; y segundo, porque las complejas y siempre crecientes necesidades de la humanidad hacen necesario aplicar el trabajo humano sobre los recursos naturales. Ese trabajo requiere esfuerzo y ese esfuerzo requiere una recompensa directa. La propiedad privada asegura ambas cosas.

Y por esos motivos la propiedad privada ha ido, poco a poco, imponiéndose en todas las sociedades modernas y por eso, en aquellos países donde se ha visto limitada o eliminada, la economía ha acabado estancándose, retrasándose o hundiéndose.

La propiedad privada no es solo un invento, es una consecuencia natural de cuatro características humanas: la dejadez en la conservación de los bienes comunes; la corrupción y el aprovechamiento personal de las cosas con titularidad no asignada; la insaciabilidad del ser humano; y la necesidad de incentivos que justifiquen un esfuerzo o trabajo individual.

Estas cuatro conductas o rasgos humanos son los que en realidad sostienen la propiedad privada.

Hijo mío, hazte cura o traficante
La respuesta a los incentivos

Volvamos al feudalismo y monarquía absoluta.

Este era el contrato social: protección a cambio de impuestos; impuestos a cambio de derechos de uso y explotación de tierras y bestias.

Resultado, cientos de años sin innovación, sin progreso, sin más evolución que la artística, filosófica o teológica. Una de las pocas fuentes de innovación fue la industria bélica: espadas, yelmos, catapultas, calderas de aceite, arcos, ballestas...

Los mejores inventores de armas recibían las atenciones de los reyes y nobles. Si en aquel entonces querías prosperar, no te hacías artesano, sino inventor de armas. O artista. Lo que hoy da menos dinero o prestigio social hacía entonces las delicias de los padres cuyos hijos optaban por tales profesiones. Si hoy tu hijo te dice que va a hacerse músico o pintor, te echas a temblar. Y si te dice que quiere dedicarse a la industria armamentística, automáticamente te pones en contacto con un psicólogo. Pues por entonces era la única forma de ganar algo de dinero y asegurarte un mínimo porvenir.

Sin embargo, las economías de los sistemas feudales no eran economías de mercado porque hay algo que conviene aclarar: sin propiedad, no hay mercado. Las sociedades libres precisan propiedades privadas porque si no las cosas no pueden incorporarse a ningún mercado. Si todo en el mundo se rigiera por las mismas normas que rigen las zonas comunes de una urbanización, nada podría venderse.

El mercado, base de las sociedades modernas, precisa de la propiedad privada. Por eso la ciencia económica es casi inexistente como disciplina hasta el Renacimiento.

La economía como disciplina nace entre los siglos XVII y XVIII. Hasta entonces, si hubiese habido una Facultad de Economía, se habría llamado Facultad de Tributos, porque los únicos que cuantificaban dinero y medían rendimientos eran los recaudadores de impuestos. Desde las antiguas civilizaciones de Egipto y Mesopotamia hasta el siglo XVII, la economía consiste básicamente en contabilizar para recaudar impuestos. Por eso la universalización de la propiedad privada es tan importante: con ella nacen los mercados, que son el fundamento de una oferta y demanda libres, dos fuerzas fundamentales de toda economía.

Quizá se esté preguntando: ¿y qué hay de los mercados de las plazas de las ciudades de la antigüedad, donde se vendía carne o verduras, pescado y herramientas? ¿Acaso no eran mercados? ¿No había ahí una oferta y una demanda?

Sí podemos hablar de una oferta y una demanda en tales mercados. Y los precios podían variar según las cosechas y las guerras, según la escasez o abundancia del momento. Pero todo lo que se comerciaba era perecedero; lo que se vendía y compraba para consumir, comer, beber o utilizar, desde ropa hasta utillaje. Había intercambio, pero era un mercado muy básico, una economía de subsistencia, donde se intercambiaba aquello que uno producía.

¿Y no había dinero?

Por supuesto, pero sin una democratización de la propiedad privada y sin organización industrial, el dinero, el oro o la plata no bastaban para lograr el crecimiento. Permitió la eficiencia en los intercambios y aceleró los mismos, los hizo más fáciles, pero la aparición del dinero en sí no produjo prosperidad. Cuando alguien le pregunte: «Pero si hay crisis, ¿por qué no fabrican más dinero?», dígale que el dinero por sí mismo no produce crecimiento.

Y sin propiedad privada, aun habiendo dinero, tampoco hay crecimiento por habitante. Hay intercambio, pero el desarrollo queda muy limitado porque no hay nada que poseer. Y sin nada que poseer, el incentivo para medrar es tremendamente limitado.

La propiedad privada la inventó ¡el Estado!
El ansia de poder jugó a favor del pueblo

¿En qué momento se generaliza la propiedad privada? ¿No convenía a los poderosos administrar posesiones y propiedades? ¿Quién «legalizó» entonces que las tierras o construcciones tuvieran un propietario a quien ya no se le pudiera expropiar sus derechos fácilmente? ¿Y por qué?

Antes de responder, quiero aclarar eso de «invento». Casi todo lo que contiene este libro —y de hecho casi todo lo que forma parte de nuestras formas y normas de convivencia— son puras convenciones. Ningún hombre de la Prehistoria entendería que un pedazo de tierra fuese propiedad de una persona; no es que no lo aceptara, sencillamente no le cabría en la cabeza. ¿Cómo que un trozo de este lugar es tuyo? ¡La tierra que pisamos no puede tener propietario!

La propiedad privada no existe *per se* en la naturaleza. Es una pura convención del ser humano, que tiene el único objeto de hacer que nos preocupemos por conservar algo, por hacer que aumente de valor, por comerciar con ello y, de este modo, contribuir a satisfacer nuestro siguiente capítulo de insaciabilidad. La propiedad privada es, nada más y nada menos, que el mejor de los incentivos.

El ser humano empezó poseyendo esclavos antes que tierra, y hoy en día no hay esclavos que pertenezcan a propietarios, sino propietarios que son más bien esclavos de sus tierras, de sus pertenencias. Somos esclavos de las cosas porque estamos obligados a mantenerlas y a invertir en las mismas para que no se deprecien. Las cosas nos poseen a nosotros. Es paradójico, pero es más justo. Y nos hace menos vulnerables. La equidad y justicia que resultan de ser los beneficiarios de nuestros propios esfuerzos han traído aparejados la dependencia de las cosas a través de la responsabilidad que nos entraña su titularidad.

La propiedad privada es una convención formidable: nos libera de ser poseídos por otros para ser esclavos de nuestras propiedades.

Pero regresemos a la pregunta: ¿por qué se diseminó en su momento el derecho a la propiedad privada, pasando de ser un privilegio de unos pocos a un derecho universal de cualquier persona?

La respuesta es demoledora: para que el Estado pudiese recaudar más. La universalidad de la propiedad privada es un invento de los Estados en su propio beneficio.

Al final de la Edad Media, los monarcas se percataron de que los nobles tenían una capacidad limitada de pagar impuestos. Su limitación provenía de su incapacidad para promover el crecimiento económico. De hecho, a los nobles de la Edad Media les sucedía lo mismo que a los rusos en 1990: su capacidad para aumentar la riqueza había tocado techo.

Como los monarcas no eran tontos, se dieron cuenta de que, si otorgaban favores a ciertas clases sociales —como por ejemplo los mercaderes, quienes a menudo eran dominados y aplastados por los nobles—, recaudarían más impuestos. En otras palabras: a los nobles y campesinos ya se les había sacado todo el dinero posible y para obtener más había que favorecer un nuevo tipo de estrato social. Los mercaderes. Que se enriquecieran y pudieran pagar también impuestos, en lugar de depender de una nobleza que jamás incentivaría el enriquecimiento personal de sus vasallos.

Muchas de las primeras grandes ciudades europeas fueron portuarias, cerca de un río o junto al mar. Recursos hídricos y navegabilidad. El comercio favoreció la aparición de ciudades no necesariamente dominadas por un señor feudal, y los mercaderes fueron los primeros súbditos y vasallos a los que se permitió atesorar riquezas, a cambio de convertirse en grandes contribuyentes.

Ese fue el motivo por el cual los monarcas decidieron, en un momento de la historia de Europa, favorecer la propiedad privada y el comercio y el mercantilismo: para proporcionar una mayor base fiscal a sus reinos.

La propiedad privada facilita la recaudación de impuestos porque cada cosa tiene un único propietario. A través de la propiedad privada se articulan tanto el trabajo asalariado como la monetización de las relaciones, y es así porque una propiedad privada no deja de ser una unidad de producción (un negocio o explotación, por ejemplo) o un bien objeto de eventual revalorización y reventa (un inmueble o terreno urbanizable). Si la titularidad de esa unidad de producción y revalorización la ostenta un único propietario, el establecimiento de un sistema recaudatorio es tremendamente sencillo porque se sabe a quién hay que pedirle el pago y puede establecerse un sistema de cálculo de la cuantía.

Así que podemos afirmar que, además de responder a motivaciones humanas, tales como la insaciabilidad, la dejadez o el incentivo por el esfuerzo, los poderosos universalizaron la propiedad privada en su propio beneficio.

Puede que alguien ponga esto en duda, pero es una verdad como un templo. De hecho, la prueba fehaciente de que la propiedad privada fue favorecida en interés de los propios poderes de los Estados o reinos está en que, precisamente, la mayoría de los países actuales incluye en su carta magna la posibilidad de revocar la propiedad privada en casos de emergencia nacional. El propio vicepresidente del Gobierno de España en el año 2020, Pablo Iglesias, nos recordó a todos los españoles este extremo al inicio de la pandemia de covid-19, a través de un mensaje de Twitter, donde reproducía textualmente el punto 1 del citado precepto constitucional: «Toda la riqueza del país en sus distintas formas y sea cual fuere su titularidad está subordinada al interés general (artículo 128 de la Constitución)». Así rezaba el tuit del líder de Podemos.

Del polvo vienes y al polvo volverás. La universalización de la propiedad privada fue un truco del Estado y, por si las moscas, quedó plasmado en leyes orgánicas superiores un artículo o disposición que nos lo recordase.

Resulta de lo más paradójico. Gracias a que los monarcas tenían unas ansias infinitas de poder, lo que los llevaba a múltiples campañas bélicas que vaciaban las arcas públicas, y gracias a que eran un desastre como gestores de recursos y territorios, accedieron a que todo el mundo, y no solo unos pocos, pudieran ser propietarios de activos y enriquecerse. De no haber sido así, quizá habrían mantenido el sistema feudal. Si no hubiesen sido ineficientes ni enfermizamente guerreros, habrían podido mantener más tiempo la estructura social feudal.

Nuestra libertad para ser propietarios y para enriquecernos emana de su avaricia y su incapacidad de gestión.

Dicho de otro modo: la universalización de la propiedad privada es la concesión que hace un rey para financiar su mediocridad.

Ahora bien, para ello, necesitará algo más que propiedades privadas.

Hará falta oro.

Mucho oro.

3
EL ORO PROVINO DEL ESPACIO

DINERO QUE COMPRA CIGARRILLOS O CIGARRILLOS QUE SON DINERO
Las convenciones no saben de barreras

Richard Radford fue un soldado norteamericano, superviviente de los campos de concentración nazis en la Segunda Guerra Mundial.

En 1945 publicó un célebre artículo en la revista *Economica*, que llevaba por título «La organización económica de un campo de concentración», y donde narró por vez primera, con trasfondo académico, la función alternativa que ejercieron los cigarrillos en los campos de concentración, cuando se convirtieron en la moneda aceptada entre los prisioneros para realizar todo tipo de transacciones.

Con los cigarrillos se compraba desde comida hasta un lavado de ropa. Desde entonces, multitud de historiadores han estudiado y analizado este fenómeno, y se ha incluido en casi todos los libros académicos de las facultades de ciencias sociales o económicas.

Lo incluyo aquí porque fue un experimento que refleja cómo en solo unos cuantos meses dentro de un campo de concentración aconteció lo mismo que requirió siglos en el mundo entero, y con toda la humanidad como protagonista. Y eso no hace sino demostrar que, pese a lo que pueda objetarse, el destino de la humanidad era, entre muchas otras cosas, el de «inventar» el dinero. Estábamos predestinados a crear el dinero. Era inevitable.

El dinero es un elemento dorsal de las sociedades modernas, y tanto su aparición como su desarrollo y posterior evolución están plagados de emociones e instintos eminentemente humanos.

Veamos lo que sucedió en los campos de concentración.

Entre los prisioneros había quien poseía marcos alemanes, pero apenas los utilizaban, entre otros motivos, porque no los aceptaban en la única cantina a la que los prisioneros tenían acceso. Primera lección: una moneda solo tiene valor si todo el mundo la acepta y, especialmente, si la aceptan quienes satisfacen nuestras necesidades más apremiantes. Poco importa que tengas muchos billetes si nadie los acepta.

Sin embargo, el principal motivo por el cual los marcos alemanes no se utilizaron como moneda fue que los prisioneros no podían regular la entrada de esa divisa en los barracones y, en cambio, sí que podían regular la entrada de cigarrillos. Lo normal es que, si aumenta la población, el dinero en circulación aumente proporcionalmente. Conforme llegaran nuevos prisioneros de guerra se habrían necesitado más marcos para que «población» y «masa monetaria» aumentasen a la par. Y los prisioneros no tenían de dónde sacar marcos adicionales.

En cambio, con los cigarrillos era distinto. Al igual que en la España del siglo XVI aumentaba el oro en circulación cuando se traía desde las Américas e igual que hoy en día un Banco Central puede imprimir billetes cuando se precisa, los prisioneros también veían aumentar el tabaco en circulación a medida que llegaban nuevos prisioneros a los campos. Ese tabaco venía de fuera, porque los alemanes autorizaban que familiares y otros seres queridos enviaran paquetes de tabaco desde el exterior, incluso desde los países enemigos. Esta función la realizaba la Cruz Roja, que, más allá de proveer de comida a partes iguales entre los prisioneros, también repartía los envíos privados, entre los que se hallaban, además de ropa o artículos de aseo, cigarrillos. Digamos que la Cruz Roja era el Banco Central de Cigarrillos de los campos de concentración nazis.

En cualquier sociedad, el dinero puede ser cualquier cosa, pero esa cosa ha de cumplir tres requisitos sociales y psicológicos, los mismos que cumplieron el oro, la plata o el bronce para erigirse como medio de intercambio durante siglos: ha de ser escasa, deseada y que nadie pueda crearla de la nada ni falsificarla. Y los cigarrillos cumplían todas esas cualidades: eran escasos, la gente los quería, no se podían fabricar dentro del campo, y tampoco se podían falsificar. Sencillamente, llegaban desde el exterior sin previo aviso e iban dirigidos a prisioneros concretos que no podía saberse quiénes iban a ser.

Durante la Segunda Guerra Mundial, en cuanto alguien era capturado prisionero por los nazis y llegaba a un campo de concentración, enseguida se daba cuenta de que era posible cambiar cigarrillos por chocolate, pan o latas de comida. Así que muy rápido aprendía que iba a ser fundamental tener cigarrillos para sobrevivir. Sin cigarrillos eras pobre.

En un abrir y cerrar de ojos los cigarrillos crearon todo un mercado, con su oferta, su demanda y su sistema de precios. Algo que a duras penas habría sucedido sin disponer, informalmente, de una forma de dinero.

Nos lo narra el propio Richard Radford:

> Hacia finales de mes, cuando llegamos a nuestro campo permanente, existía ya un mercado muy activo en todas las mercancías y sus precios relativos eran bien conocidos y expresados, no en términos unas de otras (no valoraban la carne en lata en términos de azúcar), sino en términos de cigarrillos. El cigarrillo se convirtió en patrón de valor. En el campo permanente la gente empezó pasando por los barracones pregonando sus ofertas: «Queso por siete» (cigarrillos), y las horas inmediatas a la entrega de paquetes eran la locura. Los inconvenientes de este sistema condujeron a su sustitución por un tablón de anuncios de intercambios en cada barracón donde, bajo los encabezamientos de «nombre», «número de barracón», «desea» y «ofrece», se daba publicidad a las ofertas y demandas. Cuando se cerraba un trato se tachaba del tablón.[8]

Es interesante remarcar que, si bien los cigarrillos se convirtieron en la moneda de pago, el trueque nunca desapareció del todo entre los prisioneros, aunque fueron los cigarrillos la forma en que se podía fijar el valor de todas las cosas a intercambiar en el campo, convirtiéndose estos, como narró Radford, en patrón de valor. Así, cada prenda de ropa, cada lata de comida, cada alimento tenía un precio en cigarrillos que todos los prisioneros conocían.

---

[8] R. A. Radford, «The Economic Organization of a P.O.W. Camp», *Economica*, noviembre de 1945, vol. 12, pp. 180-201. Traducción a partir de www.eumed.net.

Más adelante, cuando el cigarrillo ya desempeñaba a la perfección el papel de moneda, surgió entre algunos prisioneros la necesidad de pedir prestado. Y, así, se decidió que el propio puesto de la Cruz Roja pudiera conceder créditos de cigarrillos, los cuales debían devolverse poco a poco, añadiendo «una comisión», esto es, algún cigarrillo más que los recibidos. Bienvenidos a los tipos de interés. ¡Los intereses aparecieron también de forma natural entre prisioneros de guerra, y a todo el mundo le parecía bien! Como explica Radford, en el momento en que se normalizaron los préstamos, «el cigarrillo alcanzó plenamente su estatus de moneda, y el mercado se unificó casi por completo».

Así, la Cruz Roja se convirtió, al mismo tiempo, en Banco Central y banca comercial. Era el lugar por donde se creaba dinero (la llegada y reparto de cigarrillos provenientes de envíos privados a los prisioneros) y por donde se prestaba dinero (la entrega de créditos en cigarrillos a devolver). Por supuesto que hubo prisioneros que intentaron ganar dinero mediante la usura y convertirse en prestamistas, pero en cuanto la Cruz Roja estableció un sistema de crédito accesible a todo el mundo, desapareció la oportunidad para los usureros y personas de pocos escrúpulos. He aquí otra buena lección: una banca bien regulada evita la usura de los poderosos sobre los más débiles.

Pero no todo acaba aquí. También los propios soldados alemanes, que no estaban encerrados ni eran prisioneros, sino guardianes, aceptaban cobros o sobornos en cigarrillos para conceder favores o permisos e incluso intercambiar café u otros bienes con aquellos a quienes vigilaban. Fuera de los campos de concentración, los soldados alemanes cobraban su sueldo y vivían y pagaban en marcos alemanes, pero cuando se encontraban en un espacio cerrado cuya moneda de circulación era otra, desechaban el marco y adoptaban la moneda por todos aceptada: el cigarrillo.

Siguiente gran lección: la mejor moneda no es siempre la más sólida, sino la que todo el mundo emplea.

Si lo pensamos detenidamente, no reviste demasiado sentido que un cigarrillo sea una moneda. El valor o la utilidad intrínseca de un cigarrillo, en abstracto, no es equiparable al de una lata de comida. No importa. Lo que una sociedad escoge como dinero es una convención. Y esa convención es lo que lo convierte en dinero. No creo que el billete donde indica quinientos euros valga más de una centésima parte de céntimo. Es un simple papel impreso, pero lo que prevalece es la convención, es decir, que todos estemos de acuerdo en que esos papeles van a ser un medio de intercambio y, sobre todo, que todos coincidamos en que valen lo que cada uno cree que vale. Y es la convención no explícita, ni siquiera hablada, sino práctica o conductual, la que otorga el valor de cambio que tiene el dinero.

El dinero no es un invento económico. Es un invento psicológico.

Lo más paradójico de toda esta historia es que una de las muchas estrategias del partido nazi durante la Segunda Guerra Mundial fue la de falsificar billetes británicos. Los billetes falsos los produjeron prisioneros en campos de concentración, como el de Sachsenhausen, bajo amenaza de ejecución a quien se negase a colaborar. Paradoja de las paradojas: los prisioneros que pagaban con cigarrillos falsificaban billetes de su propio país, teniendo acceso a cuanto dinero hubiesen querido. Pero en el campo de concentración ese dinero no servía para nada. Era mejor tener doscientos cigarrillos que doscientas mil libras esterlinas... falsas.[9]

Ahora bien, ¿cómo se llegó a los cigarrillos como moneda en los campos de concentración? ¿Lo decidieron ciertos prisioneros? ¿Cómo se pusieron de acuerdo? La respuesta es exacta y precisamente la historia del dinero que abordaremos en este capítulo y el siguiente.

EL DINERO NACE COMO UNA MERCANCÍA
La limitación memorística

El sistema de trueque de cromos descrito en el capítulo 1 es un sistema simple de intercambio porque se intercambiaba un solo bien: los cromos. Por eso funciona. Además, la tasa de cambio es de un cromo por otro. Eso, de salida. Luego, según lo demandado de un cromo o lo crítico que es para uno de los dos niños, la tasa de intercambio puede oscilar. Recuerde mi último intercambio de uno por un centenar.

---

[9] En el capítulo 5, «La jugada antes de la tirada», dedicado a las falsificaciones, volveré sobre cómo los alemanes esperaban desestabilizar a Gran Bretaña falsificando billetes.

Ahora bien, imagine que en una escuela los niños decidieran coleccionar no solo cromos, sino también canicas, lápices, caramelos y juegos de Nintendo. Muy pronto se establecerían las primeras relaciones cruzadas. Por ejemplo, una canica se cambia por cuatro cromos; dos cromos se cambian por un lápiz. Cuatro caramelos son una canica. ¿Cuántos caramelos son un lápiz? A buen seguro que puede calcularlo rápidamente, pero ¿a que ya se está haciendo un lío? Trate de introducir los juegos de Nintendo y verá cuán complejo resulta.

Casi todos los textos de historia, cuando explican que apareció el dinero, nos cuentan que era muy complicado establecer la relación de intercambio entre varios productos, como, por ejemplo, animales, cereales, pieles o utensilios.

Veamos el problema que supone valorar relativamente los productos con los que se deseaba comerciar. Si hay cabras, vacas y cerdos, por ejemplo, necesitaríamos saber y recordar cuántas cabras vale un cerdo, cuántas una vaca y cuántos cerdos vale una vaca. Es decir, tres relaciones. Si añadiésemos caballos, deberíamos saber cuántas cabras es un caballo, cuántas vacas es un caballo y cuántos cerdos es un caballo. Pasamos de tres a seis relaciones con solo cuatro animales para intercambiar.

Existe una fórmula matemática que permite calcular en función del número de productos el número de relaciones de intercambio que debemos recordar. La fórmula es $n \times (n-1):2$, es decir, el número de productos totales del mercado multiplicado por sí mismo menos uno, y luego dividir el resultado entre dos. Así, para cuatro animales, sería: $4 \times 3 = 12 / 2 = 6$. Coincide.

Ahora imagine una tribu con cincuenta animales, alimentos o utensilios para intercambiar. La fórmula arroja 1.225 relaciones de intercambio. Es inviable que nadie pueda recordarlas todas. Y por eso, nos cuentan, se tuvo la idea de crear el dinero.

Pues bien, esto no sucedió así. El dinero no fue algo que se decidió.

Recuerde cómo Richard Radford narra en su artículo que el mercado surgió de forma espontánea, y los precios se fijaron por la fuerza de la oferta y la demanda. Del mismo modo, en las antiguas civilizaciones se llegó a las monedas de oro, plata y bronce por descarte. No fue: «Esto es un lío, escojamos alguna cosa porque nadie puede recordar todas las relaciones de intercambio, ¿qué podríamos escoger?».

No sucedió así. Lo que sucedió fue que espontáneamente, al igual que los cigarrillos en el campo de prisioneros, alguna mercancía muy demandada se imponía como medio de intercambio.

Se conocen muchos, pero no todos, los elementos que diversas civilizaciones emplearon como dinero y luego descartaron porque no cumplían los requisitos que hoy sabemos que ha de tener un material u objeto para su uso con tal fin.

Hasta llegar a las monedas se probaron muchas otras cosas. De hecho, antes de los metales en forma de monedas, distintas civilizaciones probaron todo un conjunto de formas de dinero que agrupamos bajo la denominación «dinero mercancía».

El dinero mercancía fue la primera forma de dinero. Una de las primeras mercancías utilizadas para pagar fue el buey. Sí, el buey fue una de las primeras monedas. Se utilizaba para pagos elevados por parte de las primeras sociedades agrícolas: para no tener que recordar todas las combinaciones de tasas de intercambio entre animales, se utilizaba uno de ellos para establecer el de todos. Pero fue algo espontáneo y no planificado. El dinero no habría surgido si hubiésemos tenido pocas cosas que intercambiar o si gozásemos de una memoria de elefante para recordar miles de tasas de intercambio. Fue una cuestión de simplicidad. Dijo alguien que: o algo es simple o, sencillamente, no es verdadero.

El dinero es algo tan simple que produce estupor pensarlo. Consiste en que recordar n precios es más fácil que recordar $n \times (n-1):2$ precios. Así que el dinero mercancía no solo apareció por falta de memoria, sino porque para intercambiar el máximo de cosas has de poseer lo que deseen el máximo de personas.

Como primer dinero mercancía podría haberse escogido una gallina o un asno, pero se escogió el buey. Seguramente era uno de los bienes más demandados, por su utilidad para el arado. Al igual que en el campo de concentración los cigarrillos, cuanto más intercambiado sea un producto, más nos permitirá acceder a otras cosas que necesitamos. Si posees lo que cualquiera puede querer, es más probable poder adquirir cualquier cosa. Si posees lo que pocos quieren, solo podrás comerciar con esos pocos. El ganado estaba presente en un gran número de transacciones, así que tener ganado era tener liquidez. Es como si posees monedas de un país que nadie quiere: cambiar esas monedas por euros va a ser más difícil o costoso que si tienes dólares. El ganado fue uno de los primeros dinero mercancía porque era líquido.

En latín, *pecunia* significa moneda, y proviene a su vez de *pecus*, que significa ganado (de ahí nuestros actuales *pecunia* o *pecuniario*). De hecho, algunas de las primeras monedas acuñadas no mostraban el perfil de un mandatario sino el de un animal. Esta pieza de metal vale por un cerdo; ese era simplemente el significado. También pusieron ovejas y otros animales, por cierto. Un aplauso para el valiente gobernante que ordenó poner su efigie en lugar de la de un animal.

Para los pagos de cosas pequeñas, como no podía trocearse un buey, las primeras sociedades utilizaban la sal, que tenía un elevado valor porque servía para conservar los alimentos, y era ampliamente intercambiada tanto en el Mediterráneo como en el norte de África. La sal la emplearon como dinero incluso los romanos, como forma de pago a los legionarios. De la sal proviene la palabra *salarium*, «salario».

Pero la sal y los bueyes no fueron los únicos dinero mercancía antes de llegar al metal. Se probaron muchísimas cosas más.

Como dinero se han empleado en diversos puntos del mundo y en distintas eras desde conchas marinas hasta pimienta, cerdos, gallinas, ovejas, pasando por grandes piedras, cinturones, dientes de ballena, té, palos de madera, semillas e incluso granos de arroz. Y buen número de cosas más que no están documentadas.

Todas ellas se emplearon como medio de pago porque todas ellas eran mercancía. Así, el dinero surgió de la propia mercancía dispuesta para el intercambio. Y por ello se llama dinero mercancía. Nadie imaginó o creó una cosa llamada dinero: fue la propia mercancía la que, por simplicidad, hizo de dinero. Surgió. Así apareció el dinero, del propio comercio, del propio intercambio, de aquello mismo que queríamos intercambiar.

El dinero surgió de sí mismo.

De lo mismo que queríamos comprar y vender, de la mercancía. Es una mercancía convertida en medio de cambio. Esto no debemos olvidarlo nunca si queremos entender el mundo. Verá como si piensa en el dinero como una mercancía cualquiera, entenderá y preverá mucho mejor los asuntos económicos.

¿Qué sucedió con las demás formas de dinero que hubo? ¿Por qué no perduraron?

Cuando comerse el dinero era posible
La preferencia por la durabilidad

La respuesta es muy sencilla.

Imagine que utiliza granos de arroz para pagar. Eso tiene varios problemas; el primero es que se come usted su propio dinero. Eso pasa con todas las mercancías dinero que son comestibles. Comerse el dinero era algo hasta cierto punto normal. Había bueyes que te comías y otros que utilizabas para comprar otras cosas. Así que tampoco es un grave problema comerse lo que hace las funciones de dinero.

Existe otro problema mayor, y es que si, por ejemplo, el dinero mercancía es el arroz, uno puede cultivar arrozales para hacerse tremendamente rico. Si el arroz lo compra todo, todos querríamos vender arroz. Por no hablar de los dientes de ballena. Imagínese decir: «Me voy a cazar una ballena, que ando corto de dinero».

Emplear una de las mercancías objeto de comercio como dinero para adquirir cualquier otra cosa promueve e incentiva que todo el mundo quiera producir esa mercancía, y origina problemas inflacionarios: se produce un exceso de dinero y se reduce la variedad de bienes que las personas producen o fabrican.

Otro problema si se paga con animales es que estos se mueren, como todos los seres vivos. Y si se te muere el dinero, te empobreces. Emplear como dinero cosas perecederas es una mala baza para aquel a quien se le muere la oveja, el cerdo o el buey.

Las conchas marinas tenían una cualidad interesante, esas no las puedes falsificar, es imposible fabricar una. Pero tienen un problema: puedes o puedes no encontrarlas en la arena o el fondo del mar. Si no se encuentran más, la tribu registrará problemas de liquidez. Y el segundo problema es que, si un hábil nadador se hace con cientos de conchas, se vuelve rico de la noche a la mañana gracias a un afortunado chapuzón o a unas buenas cualidades acuáticas, lo cual desmotivaría a quien cría gallinas, teje lana o fragua armas de continuar con sus oficios, cuyo trabajo la sociedad precisa.

Hace ya unos años escribí un librito muy divertido, ilustrado por el dibujante Toni Batllori, en el que varios mandatarios mundiales, deportistas y otros famosos naufragan en una isla desierta. Ahí dentro desarrollan todo un sistema económico de la nada. Y, para ello, escogen como dinero las cáscaras de mejillón. El libro se titula *Mil millones de mejillones* y se narra cómo empleando mejillones como dinero puede ponerse en marcha una economía en una isla donde hay cocos y piñas. La verdad es que cuando lo escribí no recordaba el uso de las conchas como dinero en las civilizaciones asiáticas.

Ese dinero mercancía, sean mejillones o animales, revestía, además, múltiples problemas: uno no los puede dividir en partes más pequeñas (no puedes negociar buey y medio) y, en mercancías de gran tamaño, puede resultar incómodo irse a otra región a comerciar. Imagine llevando catorce bueyes en lugar de unas monedas o billetes en el bolsillo. Aunque transportar bueyes no es nada comparado con las grandes piedras utilizadas como moneda en el Pacífico Sur, en la isla de Yap. Usaban como moneda discos de piedra gigantes, de hasta doce metros de diámetro y un peso descomunal. ¿Se imagina irse de compras con una piedra de doce metros de diámetro?

Así pues, las personas fueron descartando una cosa tras otra. Si el dinero mercancía era abundante —como el arroz, la sal o las semillas de cebada—, no servía porque cualquiera podía forrarse. Si no era duradero en el tiempo —como los animales—, no servía porque cualquiera podía arruinarse. Si no era homogéneo —como las conchas de mar—, tampoco servía porque una concha podía ser más apreciada que otra o sucedía que alguna concha de feo aspecto te la rechazaban como cuando hoy te rechazan un billete enganchado con celo. Si no era divisible en partes —como los animales— no permitía realizar pagos pequeños. Si no era transportable —como las piedras enormes de Yap—, no servía en otros lugares. Y si era fácilmente falsificable —como los dientes de ballena, parecidos a los de otros cetáceos—, no servía porque podían darte gato por liebre.

En resumen, estas son las características que ha de tener el dinero, la mayor parte de las cuales ya las identificó Aristóteles: ha de ser duradero, divisible, homogéneo, consistente, conveniente, con un valor intrínseco, difícil de falsificar, escaso, transportable y almacenable.

En los campos de concentración, los prisioneros no precisaron enumerar estas características o requisitos; intuitivamente y en la práctica confirmaron que los cigarrillos las cumplían. Las características de algo que pueda hacer las funciones de dinero son las mismas en un campo de concentración, en una tribu del Amazonas, en un país desarrollado o en cualquier parte del mundo.

BUEYES QUE PESAN TODOS LO MISMO
La búsqueda de la simplicidad

De acuerdo, el dinero mercancía no acababa de funcionar. ¿Surgieron entonces las monedas de oro y plata de pronto? ¿Así fue como sucedió?

Pues tampoco exactamente.

Vayamos paso a paso. Preguntémonos primero: ¿por qué de todas las formas posibles de dinero fue el oro la que al fin se impuso? Pensamos que el motivo es porque el oro es muy bello, brilla, sirve para fabricar joyas, es valioso.

No.

Nos da esa impresión porque hemos crecido viendo cómo el oro engalana a los poderosos o cómo lo exhiben. Pero no es esa la razón.

El oro y el resto de los metales, como la plata y el bronce, no se consideran hoy en día dinero mercancía. Se considera un metal precioso, simplemente. Se le reconoce un valor, aunque no es un medio de pago.

Pues bien, en sus orígenes empezó siendo un dinero mercancía al igual que una oveja, un buey o un puñado de sal. Del mismo modo que expliqué que nadie dijo, «oye, tú, vamos a contar lo que vale cada cosa en bueyes y sal», tampoco dijo nadie de pronto, «vamos a utilizar monedas de un determinado metal», por brillante o bello que fuera.

Los metales preciosos eran una mercancía más entre muchas otras, y tenían múltiples utilidades, no solo la de fabricar utensilios o armas. Tomemos un metal importante en nuestra historia, como el cobre. El cobre es un metal altamente maleable que puede doblarse y laminarse. Permite además ser afilado o fundido cuantas veces se desee. Lo mismo la plata, que los fenicios, por ejemplo, utilizaban para conservar los alimentos. La plata también puede laminarse. De hecho, la palabra *plata* proviene del latín, *plattus*, que significa «plano», «aplastado». El oro, por su parte, es el metal más dúctil y maleable que existe. Desde las más remotas civilizaciones y en distintos puntos del mundo que no habían entrado en contacto, el oro ha producido una increíble fascinación en el ser humano. Su color, su brillo y su capacidad ornamental han hecho que consideremos cercano a los dioses a aquel que lo posee o lo lleva puesto, en cualquier forma de ornamento.

En un principio la plata fue el metal que tuvo más aceptación, incluso más que el oro, para su uso como dinero mercancía, sustituyendo a ovejas, bueyes, cerdos, conchas o dientes. Tenía más aplicaciones, ese fue el motivo. El denario de plata se convirtió en la época de los romanos en el principal patrón moneda. Existían denarios de oro, pero los de plata eran más populares. Por cierto, de *denarius* proviene la palabra *dinero*.

Los metales preciosos eran muy necesarios. Tanto como los bueyes. Por eso pudieron ser dinero mercancía. Pero es que además fueron cumpliendo el resto de los requisitos conductuales que los seres humanos necesitamos para denominar a algo dinero. Por ejemplo, que cada mercancía sea equiparable a las demás.

Introducimos ahora el peso. Excepto en casos extremos, un buey valía igual que otro buey, al margen de lo que pesaba la bestia. Por tener un buey un poco más gordo no se consideraba que fueses más rico. La sal, para ser utilizada como moneda, en cambio, sí que debía ser pesada, así como los granos de arroz o las semillas de cebada.

Y lo mismo sucedía con los metales.

Como se sabe, una moneda es, después de todo, una pieza de metal que, cuanto más pese, más vale. Convenía darles el mismo peso a todas las piezas para que fuesen equiparables y sustituibles entre sí y para que no hiciese falta una balanza ni pesarlas en cada ocasión en que alguien iba a pagar con metales preciosos. Y por eso se aplanaron en forma de monedas, para darles a cada una el peso justo. Si la sal hubiese perdurado como moneda, quizá se habrían acabado inventando bolas de sal o unos cubitos para fraccionarla en unidades de peso equivalentes.

Así que no piense que las monedas de oro y plata eran dinero porque sí; eran simplemente mercancías que ganaron a todas las demás por cumplir todos los requisitos prácticos, sociales y psicológicos mencionados (duradero, divisible, homogéneo, consistente, conveniente, con un valor intrínseco, difícil de falsificar, escaso, transportable y almacenable) y se aplanaron para disponer de ella en cantidades equivalentes. Son piezas de una mercancía cualquiera. En este caso, metal precioso, pero podía haber sido cualquier otra cosa. Lo que prima es la búsqueda de la simplicidad.

En resumen, una moneda es un trozo de plata, bronce u oro, mercancía cualquiera, como era un cerdo, igualado en peso. Tal vez si los bueyes hubiesen sido chiquitines, inmortales y pesaran todos igual, se habrían erigido en moneda.

EL ORO PROVINO DEL ESPACIO
La atracción por lo único

¿Y por qué se impuso el oro como material definitivo de las monedas mercancía?

Una de las características que requiere aquello que se vaya a utilizar como dinero es que no sea fácilmente producible. Llega un momento en que la mercancía dinero se emancipa de sí misma, y adquiere valor *per se*. Si puedes fabricar oro, puedes fabricar bueyes o puedes fabricar horas de herrería. Y eso sería de lo más injusto.

El oro se impuso porque es uno de los pocos elementos naturales que hay en el planeta, que es limitado y que es imposible fabricar (los alquimistas se dejaron la vida en el intento). En efecto, la cantidad de oro que hay en la Tierra es limitado. Hay el que hay y no habrá más porque hoy sabemos que el oro provino del espacio. Sí, como lo oye: del cielo, de las estrellas, de otras galaxias.

El oro que hay en la corteza terrestre es el resultado de un bombardeo de asteroides que cayó sobre la Tierra hace unos 200 millones de años. Investigadores de la Universidad de Bristol en el Reino Unido lo descubrieron tras comparar rocas de casi 4.000 millones de años de antigüedad halladas en Groenlandia con rocas de mayor actualidad. El profesor Matthias Willbold, director del estudio, explicó que «la mayoría de los metales preciosos sobre los que se basan nuestras economías y muchos procesos industriales clave se añadieron a nuestro planeta por una feliz coincidencia cuando miles de millones de toneladas de asteroides alcanzaron la Tierra».

De modo que cuando el ser humano desembocó en las monedas de oro como forma de intercambio que acabaría extendiéndose por todo el planeta ya tenía totalmente delimitada la cantidad de dinero de la cual iba a disponer: el oro que había en la Tierra, que provino del espacio y del que nunca iba a haber más del que había incluso ya desde los dinosaurios. Digamos que, si utilizábamos el oro como respaldo del valor del dinero, la masa monetaria del mundo estaba limitada de antemano a la cantidad de asteroides que cayeron del espacio y de los cuales se acabaría formando el oro.

No fue una casualidad que el ser humano escogiera un material que vino del espacio. Ya lo habíamos probado todo: tantas y tantas cosas que luego desechamos porque alguien aprendía a fabricarlas o se podían imitar, falsificar o fabricar. Nuestros antepasados no sabían de la existencia de otras galaxias ni que el oro fuese producto de un asteroide y aun así lo escogieron. El oro se convirtió en el principal patrón de toda moneda porque no podía ser de otro modo: es lo mejor que podía utilizarse como moneda, al igual que el mejor material para construir casas es la piedra, el cristal para las ventanas o el aluminio para los aviones. Fue, sencillamente, una cuestión de tiempo desechar todo lo que era peor.

Lo que no sabíamos y aún teníamos que descubrir era que, a la larga, vincular la cantidad de dinero a la cantidad de oro del planeta iba a ser un verdadero problema. Un problema tan grande que acabó provocando una de las dos guerras mundiales de nuestra historia.

El dinero es trabajo pasado
El afán de apresar el tiempo

El dinero surgió no solo para reducir de $n·(n-1):2$ a n el número de tasas de intercambio, sino porque los seres humanos, además de comerciar, hemos tratado siempre de conservar las cosas: la vida, los alimentos, el calor, el frío, la energía Y, por supuesto, hemos buscado cómo conservar el valor de lo realizado, conservar las horas de trabajo, el sudor de nuestra frente.

Entramos en una conducta intrínsecamente humana: el afán por conservar el valor.

Los billetes y las monedas son como la energía acumulada en una batería. Igual que almacenar energía, que es algo que es fácil de entender y difícil de visualizar, también almacenamos el trabajo realizado en el pasado a través del dinero. El dinero es como un almacén chiquitín, en forma de moneda o billete, que contiene multitud de cosas elaboradas con trabajo y que intercambiamos con alguien en algún momento del pasado. Y por eso es un depósito de valor, aparte de medio de intercambio. Es como llevar con nosotros un vale por las horas que hemos trabajado.

La necesidad que hemos «resuelto» los seres humanos de acumular valor creado en el pasado a través del dinero se debe a que el ser humano tiene una noción que los animales no poseen: la noción de tiempo.

El dinero es al mismo tiempo pasado (el valor de las horas trabajadas entregadas en forma de intercambio pasado) y futuro (la convención entre seres humanos de que servirá para pagar y la expectativa de que todo el mundo lo aceptará). Los animales no manejan dinero no solo porque no intercambian y no tienen inteligencia, también porque para ellos solo existe el presente. La mente vive en el pasado y en el futuro. Y la mente inventó el dinero.

En el año 2005 escribí una sátira económica titulada *El vendedor de tiempo*, que se llevó incluso al teatro. Al protagonista se le ocurría envasar tiempo en frascos: es la historia de lo que le sucede a una sociedad cuando existe la posibilidad de comprar tiempo con dinero. Todo el argumento es un juego de espejos, pues como el dinero es tiempo acumulado, cuando la sociedad que describo en mi novela se lanzó en masa a comprar tiempo, el dinero prácticamente desapareció. De hecho, en la novela el país se colapsa y la única forma en que logran desenredar el entuerto es lanzando una nueva moneda denominada en tiempo: monedas de minutos.

Fue a través de la invención del dinero como la sociedad incorporó el tiempo dentro de su constructo, de su arquitectura. La prosperidad que ha experimentado la humanidad sin la variable tiempo incorporada al dinero habría sido una infinitésima parte de lo que efectivamente hemos logrado.

Esta cualidad temporal del dinero explica por qué muchas de las grandes teorías sociales y económicas surgen de comprender cómo los seres humanos nos comportamos y relacionamos con el tiempo: las expectativas, la esperanza de vida, el coste de oportunidad, el aumento de los precios...

Por ejemplo, la componente especulativa del ser humano está también intrínsecamente vinculada al tiempo. Sin futuro no hay especulación posible. Y esto es importante porque la única forma de acabar hoy en día con la especulación es acabar con el tiempo, esto es, regular los horizontes temporales en que se pueden vender cosas, sea una vivienda o sea una acción de Repsol.

Valor y tiempo. En eso se convirtió un simple metal.

De lo segundo, del tiempo, tardaríamos aún siglos en darnos cuenta. Pero de lo primero, del valor acumulado que representaba el dinero, sí nos percatamos.

Y muy rápido.

¿Por qué tan rápido?

Porque el valor es fuente de poder.

Y el tiempo, en cambio, tardó algo más en serlo.

Un cónsul en lugar de un cerdo
La capacidad de comprometerse

Como he explicado, en las primeras acuñaciones de moneda, lo que se hacía constar era el peso o el equivalente de lo que valía esa moneda. Si se representaba la efigie de un cerdo, era porque cuando se acuñó esa moneda, su valor de intercambio era el de dicho animal o bien porque la moneda mercancía «metal» estaba sustituyendo, en este caso, a la moneda mercancía «cerdo». Más adelante se dejaron solo los animales con sentido mitológico o religioso. Y se considera que los animales están en las monedas por estas razones elevadas. Y sí, es cierto, pero en origen era una forma de indicar un valor determinado en relación con las monedas mercancía que la gente utilizaba: los animales.

En un inicio, la potestad de acuñar monedas no quedaba circunscrita a quienes ostentaban el poder, sino que era algo que realizaban los llamados cambistas o comerciantes de dinero. Es decir, era un oficio. Recordemos que el dinero no era, como hoy, algo que tiene valor por ser dinero, sino que, para todo el mundo, comerciar con metales era como comerciar con ovejas. Pero su comercio no era dominio exclusivo de nadie.

No lo olvide, las monedas eran mercancía.

Los reyes, príncipes, emperadores o mandatarios de cualquier parte del mundo donde se acuñaban monedas se percataron de que los cambistas o comerciantes de dinero podían llegar a acumular mucho oro, plata y bronce. Y si acumulaban tanta riqueza, adquirirían un grandísimo poder. Cualquier enemigo podría convencerlos de financiar una revuelta, por ejemplo. Convenía limitar su creciente poder.

Quisieron entonces prohibir que los comerciantes de dinero acumulasen oro o plata y determinar que solo ellos tuviesen la potestad de acuñar monedas. Pero... ¿cómo permitir el comercio de metales preciosos y, al mismo tiempo, prohibir la fabricación de monedas?

La solución fue el dinero basado en una contrapartida en metal precioso y que quienes ostentasen el poder fuesen los únicos autorizados para emitir o acuñar monedas. Y lo harían en un primer momento en metales preciosos, y siglos más adelante en cualquier material o aleación que no fuese plenamente de oro o plata, sino añadiendo hierro o alguna otra aleación. En otras palabras, te pagarían con una moneda de aleación, pero valdría por su peso en oro.

¿Y por qué la gente lo aceptaría en el futuro? Porque hay un compromiso, una garantía. La simple posesión de esa moneda asegura a su tenedor que se le entregará el equivalente en oro o plata ahí indicado.

A este sistema lo llamamos hoy el «patrón oro».

Significa que, si bien lo que usamos como dinero no es de oro, la institución u organismo que lo emite responde por la cantidad de oro indicada en la moneda o billete.

Por eso la efigie de quien sale en una moneda no es aquel a quien se venera, ¡es quien nos debe el oro o plata que indica acuñado en la moneda! El gobernante es nuestro deudor y nosotros somos sus acreedores; el que sale en la moneda es aquel a quien fías, es quien tiene tu oro. Nos fiamos de que quien manda o gobierna nos reembolsará, si así lo solicitamos, nuestra moneda de un gramo de hierro por un gramo de oro.

Así, en el 48 a. C. Julio César retiró a los comerciantes de dinero la potestad de acuñar moneda en Roma. Y su rostro vino a sustituir el de los cerdos, los bueyes y otros animales en las monedas.

Este es un momento trascendental de la historia de la humanidad: el dinero era una mercancía y lo que se hizo fue sustituir paulatinamente la materia que justificaba que el dinero tuviera el valor, oro o plata, por otra materia de menor valor (aleaciones) y que solo podía emitir la autoridad pertinente. Con el paso de los siglos se acabaría eliminando toda cantidad de oro y plata de las monedas y se acuñarían al fin en hierro o aleaciones sin valor intrínseco alguno. Eso sí, el valor indicado en la moneda equivalía a su peso en oro. De ahí la célebre frase: «Vale su peso en oro».

¿Por qué se fue retirando el oro y la plata de las monedas?

Pues una vez más emanó de estos instintos profundamente humanos: el afán por conservar el valor, la incorporación del tiempo a las cosas y el afán de controlar la materia empleada como forma de dinero.

Ahora bien, la motivación real fue mucho más mundana y patética. Lo abordaremos en el capítulo próximo.

4
EL MILAGRO DE LOS PANES Y LOS PECES

DEVALUACIÓN: FALSIFICACIÓN LEGALIZADA DE AUTORÍA
GUBERNAMENTAL
La posibilidad del engaño

Cuando el emperador Caracalla, hijo de Septimio Severo, accedió al poder en el siglo III, hizo algo que muchos emperadores ya venían haciendo: sobornar a la guardia pretoriana. Muchos de los emperadores morían asesinados por sus propios guardias, fruto de complots y traiciones a veces orquestados por sus propios hijos. De tal modo que los emperadores recién ascendidos al poder solían irrigar de riqueza a los generales del ejército y a los guardias pretorianos para comprar su lealtad. Era la forma de corrupción del momento. Asegurar el poder, pagando a quienes te podían quitar de en medio.

Esa misma forma de corrupción se producía tanto en la Roma imperial, como entre los distintos gobernadores de las provincias y entre el resto de los mandamases repartidos por el vasto Imperio romano. A lo largo y ancho del imperio, comprar la lealtad de los soldados y guardias más próximos era algo común.

La historia del imperio de Roma es esencial para comprender las sociedades modernas, porque fue la primera forma de Estado y de organización política, social y económica que abarcó extensos territorios y distintas civilizaciones y culturas. La mayor parte de problemas que en la actualidad observamos acaecieron hace siglos en el

Imperio romano. De hecho, entre las muchas y variadas causas de la caída del Imperio romano está la progresiva devaluación de la moneda de curso legal a través de su contrapartida en oro. Faltan siglos para el primer pánico bancario, pero no para la primera devaluación. Veámoslo.

Caracalla subió los sueldos a los soldados y lo financió con mayores impuestos hasta que ya no pudo subirlos más. Fue entonces cuando tuvo una idea para emitir monedas con un metal precioso que no poseía. Claro, no había aún billetes, eso vendría más adelante, no podía imprimir papel moneda de la nada. Así que lo que hizo fue quitarles una pequeña proporción de plata a los denarios romanos. Algo que, pensó, no haría daño a nadie.

Esto es un timo en toda regla. Como veremos en el capítulo 6, quitarle parte de oro o plata a una moneda fue una de las primeras formas de falsificación de dinero que hubo en la historia.

Para que nos hagamos una idea de cómo evolucionó esta práctica del emperador Caracalla a lo largo de la historia de Roma, tengamos en cuenta que el primer denario romano estuvo inicialmente compuesto de un 95 % de plata y un 5 % de otros metales. Al cabo de un siglo, bajo el gobierno de Trajano, la plata ya solo representaba el 85 %. En tiempos de Marco Aurelio, otro siglo después, este porcentaje ya era del 75 %. Es decir, un 20 % de devaluación en un total de dos siglos. Pues toda esa devaluación fue poca comparado con lo que Caracalla acometió: dejó el denario al 50 % de contenido en plata... ¡en un solo año! Es decir, devaluó el denario en doce meses tanto como se había devaluado en dos siglos. Caracalla habría sido un presidente típico de Argentina o México en sus años más críticos.

Bien, ya tenemos una devaluación servida para comprender ahora sus mecanismos subyacentes, sus andamios. Una devaluación es, lisa y llanamente, un «timo legal» que un Gobierno o gobernante hace a sus ciudadanos para financiar su incapacidad de gestión o sus ansias de riqueza. Las devaluaciones son el recurso último de un Gobierno ineficaz o corrupto que ya no puede subir más los impuestos a sus ciudadanos porque estos han llegado a su límite.

Una devaluación es, por tanto, un impuesto encubierto y adicional. Como no te puedo pedir más monedas, te dice el gobernante, voy ahora a erosionar las monedas que poseemos a través de las nuevas que vamos a emitir. La devaluación es el estertor de un sistema impositivo depredador por parte de una administración incompetente. En los andamios de una devaluación hay, sistemáticamente, o bien un gobernante incompetente o bien uno ladrón.

En este punto, el lector se preguntará por qué los ciudadanos romanos no acudían en tropel, en circunstancias de duda y miedo, a retirar su plata o su oro del erario, como sucedió por ejemplo con el pánico del crac de 1929, o como sucede en la era moderna cada vez que aparece información en los medios acerca de la dudosa solvencia o problemas de liquidez de un banco comercial, como por ejemplo cuando la crisis financiera de 2008.

La respuesta es sencilla. Si por entonces lo hacías, te mataban.

Un emperador, un rey o un príncipe ostentaba una potestad que los presidentes de las democracias modernas no poseen: el poder absoluto. Tanto en la antigua China imperial como en Roma, era delito rechazar las monedas o billetes de curso legal. Así que, desde que el poder público descubrió la posibilidad de reducir la cantidad de metal precioso de la moneda, nació no solo el instrumento económico de crear dinero, sino también la acción encubierta de robarlo «legalmente».

La ausencia de miedo sostiene hoy nuestra fe en el dinero que hemos depositado en el banco, pero en el pasado era al revés. Era el miedo lo que sostenía la aceptación del dinero que los reyes y emperadores ponían en circulación.

Otro elemento que sostiene al dinero en la actualidad es que no tenemos más alternativa al medio de pago que los Gobiernos exigen para recaudar impuestos. Imagine que va usted a la Agencia Tributaria a liquidar sus impuestos y entrega cuatro vacas para abonar el IVA del trimestre. No se lo aceptarían, lo multarían y, a la postre, por no pagar los impuestos, sería usted juzgado y, según la cuantía, condenado por delito fiscal o impago. El ciudadano europeo de hoy no tiene ninguna alternativa a una moneda de curso legal, no podemos pagar impuestos en criptomonedas ni en especies. Al menos, por ahora.

Pues bien, esto que no se puede hacer era lo que los emperadores primero y los señores feudales después sí hacían. Había que entregarles oro, riquezas, animales, cosechas y ellos te entregaban las monedas que emitían y que servían para comerciar.

Lo interesante de este episodio de la historia es que la devaluación es física: está en la mezcla de aleaciones de la propia moneda. Los ciudadanos podían, literalmente, ver la devaluación.[10]

DE LA DEVALUACIÓN A LA INFLACIÓN Y TIRO PORQUE ME TOCA
La sustracción invisible del valor creado

Alguien podría pensar que una devaluación es inofensiva. ¿Qué problema hay, si la moneda en cuestión lleva un poco menos de plata? Si un carnero cuesta un denario, pues que siga costando un denario a pesar de que ese denario esté hecho de una aleación que contiene algo menos de plata, ¿no? Al fin y al cabo, ¿qué tiene que ver el carnero con la aleación de la moneda con la que lo adquirimos? Si con ese mismo denario me siguen vendiendo otro carnero, no debería haber mayor problema.

La respuesta es la siguiente: como hemos descrito, los ciudadanos romanos veían devaluarse físicamente su moneda. Podían experimentar cómo desaparecía plata del denario. Por lo tanto, si tu denario contiene la mitad de plata, lo siento, pero vale la mitad. Y por eso yo ahora te exigiré dos denarios por la misma oveja. La contrapartida inicial con la que nacieron las monedas está en la base de su valor. Con el tiempo, tendemos a olvidar lo que subyace en cada convención social.

En toda forma de dinero, que es una convención social, subyace un valor determinado. ¿Recuerda cuando había efigies de animales en las monedas? Esta moneda vale por un buey.

Una devaluación es un infructuoso y vano intento de convertir en infinito el dinero, olvidando que detrás de toda moneda hay un valor creado en el pasado, un valor que no puede soslayarse. El dinero no es nada sin lo que lo respalda. Detrás de toda forma de

---

[10] En cambio, las devaluaciones modernas se realizan de formas más sofisticadas. Dos principales: una, a través de la puesta en circulación de más billetes sin contrapartida de valor. Y, otra, a través de la fijación de un tipo de cambio. Abordaré ambas en el capítulo 5, dedicado a las hiperinflaciones, y en el capítulo 14, dedicado a los trucos del comercio internacional. Como veremos, incluso en las devaluaciones modernas, acaecidas la mayoría de ellas en los siglos XX y XXI, el trasfondo y el mecanismo subyacente es idéntico al de la Roma del emperador Caracalla.

dinero subyace un valor creado. Podemos inventar formas de dinero, pero lo que no podemos es creernos dioses que creamos riqueza o valor de la nada. El dinero no se fabrica, sino que emana del valor creado por una sociedad mediante el trabajo. Por eso dije, páginas atrás, que el truco de la creación de dinero trae crecimiento económico siempre que ese aumento de dinero se invierta bien y se convierta en más valor. Si no es así, esa creación de dinero es en realidad una devaluación.

Una devaluación empobrece a la población proporcionalmente al ahorro que cada uno posee. Un ganadero que posee cien ovejas seguirá poseyendo la misma riqueza, cien ovejas. Pero aquel que vendió las cien ovejas por cien monedas habrá perdido cincuenta ovejas una vez devaluadas un 50 % las monedas que guarda en su cajón.

Decimos que una casa cuyo valor baja, porque sitúan una autopista a dos metros de la fachada, se deprecia.[11] Dicen que un coche nuevo se deprecia alrededor de un 20 % en cuanto recorre los dos metros que separan al concesionario de la calle, y ya se halla en poder del propietario. A pesar de no llevar ningún kilómetro recorrido, simplemente por pasar de ser propiedad del fabricante a ser propiedad privada, ya ha perdido una parte importante de su valor. Las cosas se deprecian de manera irremediable. Sea como sea, una depreciación es la pérdida de valor intrínseco de un bien. Y una devaluación es la pérdida de valor de una moneda… en relación con otras monedas.

Lo que hicieron Caracalla y los anteriores emperadores romanos durante dos siglos fue depreciar la moneda romana, y no devaluarla.[12] Podríamos decir que el dinero mercancía contiene menos mercancía y, en consecuencia, es menos dinero.

---

[11] No tiene nada que ver una devaluación en un sistema económico cerrado con un sistema económico abierto al exterior.

[12] Lo digo porque, para ser totalmente precisos, lo que Caracalla hizo no fue tanto una devaluación como una depreciación. La diferencia es sutil, pero para ser académicamente correctos, prefiero no pasarla por alto. Una depreciación es la pérdida de valor de un bien determinado. Hago estas aclaraciones porque los mecanismos y vericuetos mediante los cuales la devaluación deriva en inflación son distintos en una economía internacional donde conviven varias divisas. Distintos mecanismos, aunque mismo destino: empobrecimiento del ahorrador e inflación.

La inflación romana es fácil de comprender. Un denario con la mitad de plata eleva los precios un 100 %. Lo que vale un denario ahora valdrá dos denarios. Tal cual. Y eso se llama hiperinflación, el aumento desbocado y descontrolado de los precios.

Y eso fue lo que le pasó a Caracalla: perdió de tal forma el control, que acabó asesinado a manos de sus propios guardias. ¡Estar untados con un dinero que se depreciaba llevó a la guardia pretoriana a sentirse traicionada! De poco sirve untar a alguien, si el soborno pierde en un año la mitad de su valor.

El denario fue devaluándose durante todo un siglo y acabó siendo una moneda de bronce ligeramente bañada en plata que quemaba en las manos. No disponemos de datos exactos, pero se estima que la inflación superó el 1.000 % en las postrimerías del imperio. Hay historiadores que atribuyen al desplome del denario la principal causa de la caída del Imperio romano.

EL PODER DE CREAR DINERO
La fuerza de la confianza

Entregar monedas que no son de oro a cambio de un valor en oro es el pacto social tácito más importante de la historia de la economía.

La disociación entre el material del que está hecho el dinero y el valor de respaldo en oro o plata que este tiene va a permitir introducir toda una serie de nuevas posibilidades inimaginables en la economía.

Aparece, así, en antiguas civilizaciones, de forma prematura, el patrón oro que, a finales del siglo XIX, los Estados europeos se impondrían a sí mismos tras la insistencia de Inglaterra.

El dinero se convierte en este momento en una convención de una convención, un acuerdo que emana de otro acuerdo, un doble pacto. Todos convenimos en que una cierta mercancía es la que todos vamos a utilizar para intercambiar bienes y servicios diferentes a tal mercancía y, además, todos convenimos en que esta mercancía está representada en forma de un disco de metal cuyo valor está respaldado por quien ostenta el poder: nos lo adeuda y nos lo atesora.

Estamos empezando el largo camino de convertir al dinero en nada, en aire, en un acuerdo tácito y permanente.

¿Cuál fue una de las ventajas de guardar todo el oro en un lugar público, y entregar su mismo peso en otras aleaciones a la ciudadanía?

Si había estabilidad política, la población no requería la devolución de su oro o plata, y así este permanecía en las arcas públicas. Eso permitía que un país o imperio dispusiera de metales preciosos para financiar su expansión a otros territorios, facilitándose así conquistas no necesariamente bélicas, sino comerciales.

En realidad, asistimos a un mecanismo muy similar a ese mediante el cual la banca comercial moderna crea dinero. No es exactamente lo mismo, pero se parece muchísimo.

Veamos.

Si en un país circulan monedas por valor de cien mil kilos de oro y sus ciudadanos entregan esas monedas a cambio de monedas de cualquier otra aleación, automáticamente el dinero se ha multiplicado por dos. O, para ser más exactos, se ha doblado la masa monetaria en apariencia disponible.

En saldos totales no ocurre así porque, si tenemos en cuenta activos y pasivos, está claro que el erario dispone de cien mil kilos de oro y también debe cien mil kilos de oro. Digamos que en su balance el saldo es cero. Por su parte, la población posee cien mil kilos de monedas de otro material o aleación, los cuales equivalen a los mismos cien mil kilos que atesora el erario público. El saldo total de la población es de cien mil kilos de oro. Ese es todo el oro que hay por mucho que funcionemos con monedas de cobre. Por eso decimos que en saldos totales el dinero no se ha multiplicado.

Sin embargo, en dinero disponible sí que se ha doblado.

En efecto, en el disponible, tenemos a un país con doscientos mil kilos de oro: los ciudadanos disponen de cien mil kilos de oro en monedas de alguna aleación y el Estado posee cien mil kilos de oro en monedas de oro. Mientras la población no exija el retorno de ese oro, podrá emplearlo en campañas o expansiones militares.

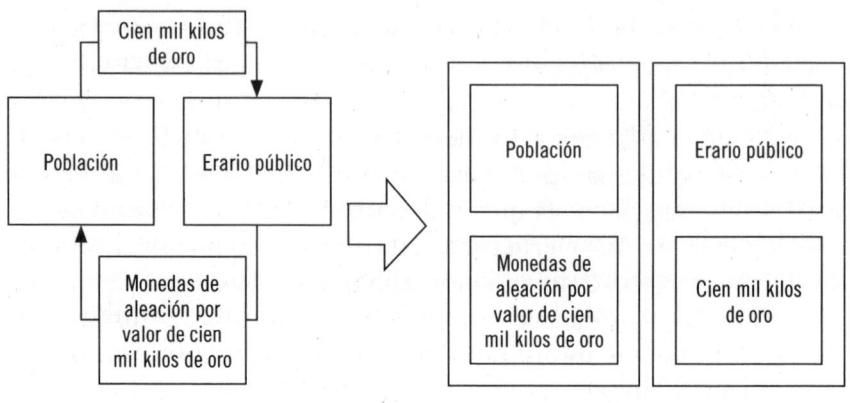

Saldo total = doscientos mil kilos de oro

Como por arte de magia, se ha doblado la cantidad de dinero disponible en el país. Y por eso la sustitución del oro por metales sin valor intrínseco es uno de los momentos más importantes de la historia. Porque convierte al dinero, ese mecanismo que surgió de forma natural para hacer más eficiente el intercambio, en un auténtico truco de magia. El milagro de los panes y los peces.

Se multiplica la riqueza teniendo exactamente la misma riqueza. Y este va a ser uno de los grandes mecanismos, de los pocos que en realidad hay, capaces de disparar el crecimiento en cualquier parte del mundo y en cualquier momento de la historia. El crecimiento se producirá siempre que ese aumento de dinero se traduzca en más valor y no en dispendios, claro está. Como Caracalla se lo gastó en guerras, corrupción e ineficacia, el efecto multiplicador de riqueza que genera este mecanismo no se produjo.

No podemos olvidar por qué aguanta este efecto de prestidigitación. Aguanta porque la gente está tranquila, porque hay confianza en que el oro está donde debe estar. Si la población sospechase que su oro no está seguro en las arcas públicas, automáticamente correría a la tesorería pública a devolver las monedas de aleación y reclamar de vuelta su metal precioso. Solo la confianza impide que eso suceda. Y por eso hoy día se dice que la economía está basada en la confianza.

Esto es cierto, pero me gustaría matizarlo. El dinero no está tan basado en la confianza como en la ausencia de miedo. La confianza, en economía, no existe como tal. La confianza es, lisa y llanamente, ausencia de miedo. Las personas confían cuando no temen. En economía, la confianza es ausencia de temor. Creer en un dinero cuya materia prima de la que está fabricado no tiene valor es, después de todo, ausencia de temor a que deje de valer lo que pensamos que vale.

Lo alucinante de esta parte de la historia, que el público en general conoce poco, es que el descubrimiento de crear monedas que representan una cierta cantidad de oro, pero no son de oro, no surgió de un genio o de un iluminado que se dio cuenta de que, de este modo, la cantidad de dinero se iba a multiplicar. Surgió de la necesidad que tenían una serie de gobernantes sin escrúpulos de robar a la ciudadanía. Las monedas se hicieron de cobre para que los gobernantes pudieran usar nuestro oro en sus guerras. La codicia de los mandatarios los llevó a la idea de quitarle oro y plata a las monedas para así, disponer de más oro y plata. Así fue como de un plumazo se descubrieron el apalancamiento financiero, el multiplicador monetario y el patrón oro. Pero entonces ni siquiera sabían que se llamaban así. Se probaron por vez primera por necesidad, ambición e incapacidad para administrar.

En síntesis, convenimos en un metal precioso como forma de dinero; luego convenimos en que las monedas de ese material precioso sean de hierro y, tanto por confianza como porque no hay más remedio, el oro lo guarde quien gobierna; eso dobla nuestra riqueza percibida y hace que nos pongamos en marcha como sociedad, nación o imperio; y luego las guerras, la corrupción o la ineficacia hacen que ese dinero pierda casi todo su valor. Las emociones y conductas que explican la relación de las civilizaciones con el dinero son, simplemente, un acuerdo tácito, un exceso de confianza y un expolio.

Naturalmente, como todos los inventos y avances de la ciencia, cada paso adelante acarrea sus contrapartidas, sus riesgos. Y la creación de las monedas de cobre, así como siglos después, los billetes de papel, produjeron auténticas tragedias en el mundo. Al Imperio romano se le fue de las manos el mecanismo.

Cuando se adoptaron las monedas de curso legal, nadie sabía (ni siquiera los poderes fácticos) que nacían tres nuevas enfermedades económicas: las devaluaciones, las inflaciones y los pánicos monetarios. Como apunté al final del capítulo anterior, esto ha acabado causando revueltas, guerras y muertes. Los asuntos del dinero pueden ser un truco, pero no son una broma.

Quiero hacer aquí un pequeño paréntesis.

Como también sucede en la actualidad, un Estado o un imperio demasiado grande precisa de muchos recursos públicos, lo cual se traduce en una gran presión fiscal: muchos impuestos. Y, como igualmente sucede hoy, un Estado o imperio grande y corrupto necesita no ya muchos impuestos, sino muchísimos, ingentes recursos públicos que hay que extraer del pueblo. Un Estado grande y corrupto necesita exprimir a base de impuestos a sus habitantes, y cuando se entra en estas espirales, se sigue y sigue hasta dejar seca a la población.

Hoy en día, los Estados modernos socialdemócratas, organizados a partir de la división de poderes y de la democracia como fuente última de poder político, han logrado la forma de redistribución de la renta que, hasta la fecha, mejor funciona. Pero no siempre fue así. Los primeros poderes públicos de la historia —a menudo ejercidos sobre una ciudadanía sometida, sin libertades, justicia y democracia— fueron la mayor fuente de desigualdad social y principal mecanismo de empobrecimiento de la población. La riqueza que el capitalismo ha concentrado en un porcentaje menor de población, que muchos consideran inaceptable, es irrisoria en comparación con las desigualdades que promovieron los poderes públicos de las antiguas civilizaciones.

Sí, lo sé. No eran repúblicas en el sentido estricto de la palabra, sino imperios, monarquías absolutistas encubiertas con Senados, cónsules o gobernadores. Pero eran ellos quienes cobraban impuestos. Lo que quiero aquí subrayar, y que muchas veces se olvida, es que los impuestos fueron en su origen una forma de concentración de riqueza en manos de unos pocos poderosos o corruptos, y una herramienta de expansión militar o imperial. Hoy en día, en un país serio y solvente, los impuestos son una forma de redistribución de renta y de asegurar la igualdad de oportunidades de la ciudadanía, así como la fuente de financiación de infraestructuras o bienes y servicios públicos. Anteriormente no era así. Hagamos un acto de humildad: la mejor forma de redistribución de la renta y de igualdad de oportunidades es la versión justa de un sistema inventado para ejercer el poder y el dominio, las ansias de conquista y la corrupción.

Por desgracia, con la salvedad de los países culturalmente avanzados, la corrupción sigue presente en muchas y variadas formas. La corrupción de un país serio no guarda parangón con lo que esta sustrae en países de pandereta. A pequeña escala produce dimisiones, procesos judiciales y relevos en el poder político, pero no inflaciones o devaluaciones, como sí sucedió en el Imperio romano por primera vez, y como siglos después sería la tónica en países latinos o africanos.

Y cuento esto porque resulta totalmente paradójico que la denostada acumulación del dinero en manos de una determinada parte de la población se produjo por vez primera no en el sector privado, sino en el poder público. El saqueo y empobrecimiento de la población que pueda haber creado en la historia la iniciativa privada, y no digo que no la haya habido, no es nada en comparación al saqueo, devaluación, robo y engaños que la ciudadanía sufrió en tiempos remotos, y aun hay en algunos países, por parte del sector público, que creaba dinero de la nada y lo dilapidaba en forma de caprichos, campañas militares u otros delirios de grandeza.

Marx tenía su cuota de razón en la denuncia de la explotación laboral y la concentración de las plusvalías en la burguesía, pero los mecanismos subyacentes del dinero con los que Marx condenó a determinadas capas sociales ya los habían creado antes los Estados reino y los poderes públicos totalitarios. Totalitarios como el más socialista de los Estados comunistas.

Los totalitarismos romanos, luego medievales y más tarde las monarquías del Renacimiento fomentarían el empobrecimiento social a través de la fiscalidad forzosa, combinada con los trucos del dinero. Variados y continuados episodios de depreciación de las monedas, de dispendios absolutos y confiscación del esfuerzo privado.

Cuatro siglos más tarde, los socialistas utópicos defenderían un Estado comunista y Partido único, esto es, totalitario, para administrar el dinero y la riqueza del pueblo. Iban a repetir el mismo tipo de expolio que en antiguos imperios y reinos, con la idea de que sería distinto porque lo administraba un Estado en lugar de una persona. Y no lo es. Lo sabemos desde Aristóteles, pero la lucha de clases es más importante que la sabiduría.

He hecho este paréntesis con una reflexión política porque tiene un importante trasfondo en el devenir de las sociedades modernas. Casi todas las inflaciones o devaluaciones de un país proceden de una mala o inadecuada gestión de los recursos públicos, sea por corrupción o por incapacidad. Déficit, inflación y devaluación van de la mano. Y en el origen del déficit está la ineficacia de un gobernante o la corrupción de quienes ostentan el poder. Corrupción o ineficiencia, a gran escala.

El lector podría preguntarse si eso mismo no sucedía también antes de Roma. Por supuesto. Los impuestos son más antiguos que la escritura. Y el empobrecimiento de la población a base de impuestos no fue una novedad en la Antigua Roma. Las crisis fruto del expolio fiscal se remontan a siglos antes de Cristo, incluso al Antiguo Egipto. Sin embargo, Roma trae una novedad. Hasta la fecha, se podía expoliar al pueblo con lo que tenía, como máximo, pero no con lo que *no* tenía. La aparición de las monedas de aleación va a permitir ahora que los poderosos sonsaquen del pueblo... ¡incluso lo que no tienen! Lo que sí es nuevo en Roma es la forma de financiar la apropiación indebida.

Hasta la creación de las monedas de curso legal, un mandatario absolutista extraía los bienes de sus súbditos mediante impuestos hasta que no les quedase nada. Pero ahora tenemos sus monedas de oro y plata. Así que cuando no quedan cosechas, ganado o herramientas que expoliar del pueblo en forma de impuestos, se va a poder devaluar la moneda, extrayendo el oro que la compone, como forma de seguir robándoles. Ya he dicho que la creación del dinero es un truco de prestidigitadores. Así que bienvenidos a la magia, esto es, al engaño de los sentidos.

POR QUÉ EL PAN NO VARIÓ DE PRECIO DURANTE TRES SIGLOS
Los efectos de la desidia

En el año 476 cae el Imperio romano en Occidente y entramos en la Edad Media. El dinero en forma de monedas va a continuar, pero con la fragmentación de Europa se fragmentarán también las monedas emitidas por cada príncipe o por cada rey.

Tras la fragmentación del Imperio romano, los poderosos gobernantes romanos fueron abandonando las ciudades del imperio, en toda Europa. En cuanto las legiones romanas desaparecieron, no hubo protección ni fuerzas del orden, así que los saqueos y asesinatos de los ricos eran el pan nuestro de cada día. Las familias adineradas escaparon al campo, a encerrarse en sus fortalezas y hacerse autosuficientes. El feudalismo no nace de pronto: es la evolución natural de un romano en una *domus* de cualquier capital —Tarraco, Roma, Barcino o Lutecia— trasladado al campo y convertido en señor feudal porque tenía que organizar su propia defensa.

Sea como fuere, en esa fragmentación asistiremos, tras la impresionante inflación del 1.000 % del final de Roma, a la época más larga de la historia en que no hubo inflación alguna. Los precios eran siempre los mismos: una barra de pan pudo costar lo mismo durante trescientos años. Esto resulta sorprendente. La inflación es uno de los mayores causantes de la erosión de la riqueza, así que tres siglos sin aumentar los precios son tres años sin erosionarse los ahorros.

¿Por qué fue posible?

Muy simple: porque tampoco había ahorro y, por tanto, nada que erosionar.

Al mantenerse Europa como un conjunto de ciudades reino, las economías eran locales y en realidad el dinero desempeñaba una función de intercambio, de entre todas las funciones que hemos visto. Apenas era depósito de valor. En la Edad Media la gente no atesoraba nada porque todo se lo llevaba en impuestos el señor feudal o el monarca de turno.

La feudal era una sociedad precaria, sin crecimiento, sin especulación, sin acceso a la propiedad privada, sin medios organizados de producción. Todo estaba basado en el oficio, fuera el de artesano, músico, panadero, agricultor o ganadero. Cada persona producía lo que podía y vivía de lo que producía. Y por eso la riqueza se estancó durante siglos. Creció en la medida en que pudo crecer la población o mejorar las cosechas. Pero como la salud era la que era y cuando no era una gripe era una peste y cuando no era una peste era una guerra, la cuestión es que a Europa le llevó nada menos que cuatrocientos años aumentar en treinta millones de habitantes su población, aumento de población que luego perdió en un visto y no visto con la terrible pandemia de peste negra que asoló en el siglo XIV el viejo continente.

De hecho, la Edad Media fue una era no solo sin inflación, sino de cierta deflación. Los precios podían llegar a bajar debido al auténtico expolio que sufría la población a base de impuestos de reyes y señores feudales.

De alguna manera, el mundo había escarmentado. La creación de dinero había desembocado en el final del imperio más grande que el mundo había conocido. Tabla rasa. Hay que volver a empezar. La historia funciona a menudo de esta forma: es la ley del péndulo, de un extremo, a otro. Los señores feudales eran unos explotadores, pero no unos timadores. Cuatro siglos sin timos son cuatro siglos sin extensos cambios geopolíticos, sin crecimiento, sin porvenir, y también sin inflación.

La Edad Media puede explicarse y describirse desde muchos ángulos y puntos de vista. En esta historia diferente del mundo, la Edad Media se explica como la época en que los instintos y conductas especulativos en relación a la riqueza y el dinero observados en la Antigua Roma quedaron aparcados hasta el Renacimiento.

UN BILLETE ES UN RECIBO
La necesidad de pruebas

En efecto, en el Renacimiento, las convenciones sociales volvieron a cambiar y retornaron a esos tiempos especulativos. Fue el momento en que aparecieron los billetes de papel como forma de pago. Se llamará «papel moneda».

¿Por qué aparecieron los billetes?

Se ha escrito que fue para evitar la incomodidad de tener que llevar encima el peso de las monedas, pero no es del todo exacto. En el caso de los primeros billetes de la historia, en China, su surgimiento se debió a una escasez de cobre. En cambio, los primeros billetes europeos surgen por lo contrario: un exceso de cobre.

En el caso de China, la escasez de cobre hizo que no hubiera modo de acuñar las monedas que equiparaban al oro y plata entregados. Así que los particulares que depositaban el metal precioso de los ciudadanos se dedicaron a emitir unos pagarés, en realidad, simples recibos, que se entendían como depósitos de monedas. Digamos que se hizo preciso un resguardo. Y ese resguardo se convirtió en billete. Estos pagarés o recibos, impresos en hojas de morera, se llamaban *kuan*. De este modo, las clases pudientes controlaban el oro y la plata. En uno de sus viajes, Marco Polo hizo llamar la atención sobre las bondades del uso del papel para el comercio, tanto por su facilidad de transporte como por su carácter favorable al intercambio.

Aun así, los billetes no llegarían a Europa hasta el siglo XVII y, en este caso, fue al revés, por exceso de cobre. Resulta chocante que tanto el exceso como la carestía de cobre desemboquen en el mismo punto: la creación de un billete.

La historia no deja de ser curiosa. ¿Qué sucedió?

Todo empezó en Suecia en 1661. Un revolucionario banquero letón, llamado Johan Palmstruch, se dio cuenta de que la cantidad de cobre que se entregaba en forma de monedas y finalmente de plancha para equiparar el oro y plata entregados por los depositantes suponía demasiado peso para el portador. Pensemos que llegaron a entregarse planchas de hasta veinte kilogramos de peso como contrapartida de metales preciosos depositados. Era algo en absoluto práctico.

Palmstruch, fundador del Banco de Estocolmo, fue un pionero y un innovador. Poseía mucho cobre de sus depositantes, a quienes entregaba «vales» en forma de resguardo del metal precioso que le habían confiado. Los primeros billetes que se expidieron eran recibos, tal cual. Como el recibo de la lavandería o de su carpintero. «He recibido de don tal la cantidad de tal en concepto de cual.»

Palmstruch advirtió que, mientras sus clientes no acudieran a retirar sus metales preciosos, él podría prestarlos. Algo parecido a los emperadores romanos, pero a pequeña escala y, por cierto, análogo al negocio de los bancos comerciales actuales: otorgar créditos con el dinero de los clientes.

Como se sabe, los bancos prestan el dinero de los depósitos de sus clientes, no su propio dinero. Y se atreven a prestarlo gracias a una simple cuestión estadística. El porcentaje de personas que acude al banco a reintegrar el dinero depositado es insignificante en comparación con la cantidad de depositantes totales.

Pero ¿qué sentido tenía prestar las piezas de cobre?

Así que el banquero decidió entregar «vales», no cobre. Es decir, utilizó los mismos recibos que entregaba firmados a quienes en efecto depositaban el cobre. En este caso, lo que hacía era dar un vale al solicitante del préstamo, de modo que lo pudiera exhibir como el recibo de una pieza de cobre del almacén de Palmstruch y poder realizar pagos con ese vale. Al fin y al cabo, de lo que se trataba era de otorgar a un depositante «algo» que justificase ante terceros la tenencia de una determinada riqueza o ahorro.

El receptor del vale, del préstamo, debía, finalizado su negocio, devolver el vale con intereses o, en su defecto, el dinero equivalente a lo recibido en préstamo.

Cuando Caracalla entregaba denarios sin apenas plata, estaba prometiendo que el resto de plata representada en la moneda estaba en el *aerarium*. Es lo mismo que Palmstruch. La diferencia entre moneda de aleación y billete es que la moneda sin plata es una reproducción física de la moneda de plata, mientras que un billete es un resguardo de la plata (en este caso, cobre) guardada.

Indirectamente, Palmstruch prestaba el cobre depositado, entregando vales en función de cuánto le quedaba en el almacén.

Estaba creando dinero.

Y por eso decimos que la banca comercial «crea» dinero. Mucho dinero. ¿Recuerda cuando páginas atrás explicamos que una región con cien mil kilos de oro doblaba su disponible en el momento en que sustituía las monedas de oro por monedas de aleación? Ese es el mecanismo. Un banquero que tiene depósitos por valor de 100, cuando entrega créditos por valor de 10 hace que en una sociedad «exista» dinero por valor de 110. Los 100 del depósito y los 10 del préstamo que, aunque los ha tomado del propio depósito, está en manos de dos ciudadanos al mismo tiempo. Del ciudadano que cree que los tiene en el banco y del ciudadano al que se los han prestado y, aunque ha de devolverlos, los lleva en el bolsillo y, por ende, actúan como si fueran enteramente suyos, sea invirtiendo, comerciando o gastando. Diez unidades de valor que están en el bolsillo de dos personas al mismo tiempo. Una, pensando que los tienen guardados, y la otra, sabiendo que ha de devolverlos. Pero ambos dan por sentado que esos diez euros están en sus respectivos bolsillos. Todo canalizado a través de una entidad, el banquero, que ha actuado como intermediario de un prestamista anónimo. No me digan que no es alucinante. La imaginación e inventiva humana no tienen parangón.

Fijémonos qué interesante. Lo que antes sucedía a nivel agregado, a nivel total Imperio romano, ahora sucede a pequeña escala, en las perspectivas y sueños de cada persona. Antes, entre todos los ciudadanos se aumentaba la riqueza del Estado. Ahora se realiza la misma convención y mecanismo puramente psicológicos, pero a través del crédito, multiplicando el dinero que cada ciudadano lleva en el bolsillo.

Es bastante fácil advertir que, si en esa sociedad hay 110 en los bolsillos, pero solo oro por valor de 100, existen 10 que no tienen contrapartida, no tienen respaldo. Su viabilidad, el que ese esquema no se derrumbe de la noche a la mañana dependerá de algo inesperado: de la probabilidad.

La probabilidad de que el depositante de esos 100 no solicite su oro. Si no lo reintegra, habrá 10 unidades monetarias que podrán estar en ambos bolsillos en forma de dos papeles. Pero si se deseasen materializar todos los papeles en oro, solo habría oro para respaldar 100.

Llegamos, de este modo, al segundo gran hito del dinero. Dinero en el bolsillo de todos que no tiene toda su contrapartida en oro. Es así de tremendo. Su contrapartida es, llana y simplemente, una probabilidad. Nace así la posibilidad de que el dinero sea infinito.

Que nadie se espante.

Esa es la lógica de los bancos. Los bancos responden de un dinero que se les deposita y que van a prestar a un tercero, basados en la probabilidad de que no se solicite su reintegro. Su éxito depende de dos cosas: de que la gente devuelva lo que pide prestado y de que los depositantes confíen en que el banco presta sus depósitos a personas solventes para proyectos viables.

La banca comercial es, junto a los bancos centrales, la gran creadora de masa monetaria de las sociedades modernas. Existe una corriente, la Escuela Austríaca del gran economista Ludwig von Mises, que considera que un banco solo debería poder prestar el dinero de sus propios fondos, de su capital, y no el de los depósitos. Y que, de este modo, se evitaría este mecanismo artificial de creación de dinero. Von Mises explica que todos los grandes desastres monetarios de la humanidad provienen de la posibilidad de que Gobiernos y políticos patanes fabriquen dinero olvidando que el dinero fiduciario no es dinero, sino que *solo* funciona como el dinero, lo cual es distinto. Que una cosa funcione como algo, no significa que lo sea. Von Mises defiende que jamás debemos olvidar que detrás del dinero hay un valor. Y que el hecho de que un billete funcione como una moneda de oro no lo convierte en moneda de oro.

Pero lo cierto es que este es uno de los grandes inventos de la humanidad: crear dinero de un mismo dinero para, con ello, producir un crecimiento económico que, de otro modo, no tendría lugar. Otra cosa es cómo lo hagamos, en base a qué parámetros y qué destino se le dé a ese dinero creado.

A mucha gente le disgusta la función de los bancos, y los considera usureros o un negocio basado en el dinero ajeno. Pero lo cierto es que los bancos desempeñan un objetivo fundamental: hacer que el dinero ocioso no lo esté. El valor que alguien ha ganado en el pasado y que no desea arriesgar en ningún otro negocio se ve respaldado por una entidad que, en realidad, lo va a poner en manos de alguien dispuesto a arriesgar, invertir o trabajar.

Este es un grandísimo truco.

Probablemente, uno de los más grandes hallazgos de la historia. Y todo proviene del simple acto de guardarle a alguien su metal precioso y entregarle, a cambio, un papel. Te debo un oro que, mientras no precises, puedo prestar. Entrego dos resguardos de un mismo oro.

Resulta alucinante que la mayor fuente de crecimiento económico de base financiera provenga de prestar lo que a uno no le pertenece.

Volviendo a Suecia, el caso es que los prestatarios de Palmstruch debían retornar los vales, de la misma forma en que hoy devolvemos créditos a los bancos cuando llega el vencimiento de estos.

Pero a Johan Palmstruch le acabó sucediendo lo que siglos después ha acabado sucediendo a los más imprudentes fondos de inversión, a los bancos que no miden bien sus riesgos o a los Gobiernos que, al igual que el emperador Caracalla, no pueden obtener más dinero. Imprimió más vales (billetes) de los que podía avalar. El problema que tuvo Palmstruch fue, efectivamente, de probabilidades: entregó más vales de los prudenciales, para ganar más dinero con los intereses. De modo que cuando sus depositantes temieron que su cobre no estuviera en manos seguras y solventes y solicitaron a Palmstruch el reintegro de metales preciosos, no hubo suficientes planchas de cobre para responder por todos los vales entregados.

Fue la primera quiebra bancaria de la historia. Pobre Palmstruch. Después de todo, fue un pionero y desconocía, aunque pudiera intuirlo, que toda actividad crediticia debe estar basada en ciertos criterios de solvencia y liquidez, fundamentados en probabilidades y en garantías adicionales, que por entonces se desconocían y que tardarían años en calcularse adecuadamente.

Finalmente, Palmstruch quebró y fue condenado a cuatro años de prisión.

Esta fue la triste historia del creador de los billetes.

Los billetes fueron privados antes que públicos
La opción individual

Lo interesante tanto del caso de China como del de Suecia es que los «billetes», a diferencia de las monedas de aleación, fueron un invento privado, no público. Los primeros billetes eran resguardos entre particulares. Su creación estuvo intrínsecamente vinculada a la de los bancos. Bancos y billetes nacieron juntos. De hecho, hubo un momento de la historia en que cada banco emitía sus propios billetes. ¡Los billetes fueron moneda privada antes que moneda nacional! Es decir, no todo el mundo andaba por la calle con los mismos billetes. Había distintos tipos de billetes en circulación. Y según de qué banco se tratase, ciertos billetes tenían más valor que otros, aunque respondiesen por la misma cantidad de metal. Si el banco era de fiar, sus billetes eran más valiosos.

Durante los siguientes siglos, el uso de billetes se fue extendiendo por todo el continente europeo. Y a pesar de que los primeros los emitían bancos privados, a la larga, los adoptaron casi todos los Estados europeos. ¡Cómo no! Si lo de las monedas de aleación funcionó y permitió controlar el oro y la plata, provocar devaluaciones y expandir imperios, ¿cómo no iban los Estados a adoptar el papel impreso como resguardo de las riquezas de sus ciudadanos?

Esos billetes impresos por los Estados suponían una promesa de pago. Recuerde los billetes españoles previos al euro: los más mayores recordarán que el texto en el billete decía, literalmente: «El Banco de España pagará al portador cien pesetas». Eso, en los billetes de 100. Es decir, era un papel convertible en monedas. Y, con anterioridad, cuando la moneda era el real, los billetes igualmente rezaban, por ejemplo: «El Banco Español de San Fernando pagará al portador quinientos reales». El Banco de San Fernando fue una de las entidades públicas antecesoras del actual Banco de España. Esos reales podían convertirse, a su vez, en oro.

Todo eso empezó muchos años antes, a partir del siglo XVII. Desde ahí y hasta la tercera década del siglo XX, todos los Estados fueron emitiendo sus propios billetes, llamados papel moneda. Y todo papel moneda, al igual que con el sistema monetario romano, estaba respaldado por un contravalor en oro.

Más oro permitía emitir más moneda. La explotación de minas de las colonias se convirtió, de este modo, en una de las formas más rápidas de aumentar la riqueza de las naciones. Ese fue el motivo de que el Imperio español, por ejemplo, registrase diferentes episodios inflacionarios a medida que extraía oro de las Américas y lo traía a España. Sin embargo, igual que sucedió con el avispado Caracalla, todos los Estados europeos que precisaron dinero para financiar sus guerras acabaron por emitir papel moneda sin contrapartida alguna en oro.

Por ejemplo, durante el reinado de Carlos III de España, se realizaban emisiones de Vales Reales de Vellón, que tenían un interés del 4 % y plena operatividad como papel moneda. La guerra producía grandes gastos y se realizaban nuevas emisiones de Vales Reales que se depreciaban a las pocas semanas de cada emisión. Es el mismo mecanismo que los denarios romanos, pero algo más sofisticado: se emitían pagarés que se convertían literalmente en papel moneda y que se depreciaban porque el valor que los respaldaba era cada vez menor.

En fin, no quiero alargarme. Toda la historia del sistema monetario desde el mercantilismo hasta la aparición del patrón oro en 1812 en Inglaterra es una fiel reproducción de los Vales Reales de Vellón de Carlos III o de los denarios romanos reducidos en plata un 50 % de Caracalla. Es la historia de los Gobiernos napoleónicos, ingleses, Borbones, Austrias, no importa el linaje o emperador, dilapidando el valor creado por la plebe a través de políticas nefastas, soportadas en políticas monetarias propias de un trapecista borracho sin red de protección. Batacazo asegurado.

Desde el Renacimiento hasta finales del siglo XIX, la historia del dinero es una historia de quiebras continuas de Estados, de creaciones de bancos para sustituir a los anteriores, de emisiones de pagarés o devaluaciones de monedas que continuamente empobrecían a los ciudadanos, debido a la mala gestión de recursos públicos, casi siempre de la mano de estrepitosas campañas militares.

De hecho, en la historia, toda gran derrota militar ha ido acompañada de una devaluación. Napoleón vio devaluar la moneda en los últimos años de su gobernanza. Lo mismo hicieron los Borbones en España y casi todos los monarcas embarcados en la conquista de Europa. Los siglos XVII, XVIII y XIX podrían resumirse como la financiación, a través de continuadas y sucesivas devaluaciones, de la ambición por conquistar Europa desde los reinos más poderosos, eternamente insatisfechos.

LOS BANCOS CENTRALES LOS CREARON LOS PROPIOS BANCOS, NO EL ESTADO
La unión hace la fuerza

Desde la creación de los primeros bancos europeos, fueron naciendo en Europa todo tipo de bancos privados. Hay indicios de esquemas asimilables a un banco privado desde dos mil años antes de Cristo, pero fue el sistema mercantilista de los siglos XV a XVII el que se percató de las posibilidades que ofrecía el almacenamiento privado de oro. Se necesitaba alguna institución que se ocupase de coordinar los pagos entre bancos privados, una custodia generalizada de las principales reservas de oro y alguien que se hiciera cargo de corregir los desórdenes monetarios. No eran ni siquiera prestamistas de última instancia. El nacimiento de lo que hoy llamamos bancos centrales fue encaminado a organizar y coordinar las acciones de la banca privada.

Poca gente lo sabe.

Los bancos centrales que hoy en día controlan, dominan y establecen las normativas de los bancos los crearon los propios bancos. No nacieron como instituciones públicas. Eran propiedad de los banqueros. Era el banco de los bancos. Hoy es el regulador de los bancos, su prestamista de última instancia y el único emisor legal de moneda de los Estados. Su función es la estabilidad monetaria y el control de los precios, pero esa función está totalmente adulterada. Deberían ser independientes del Gobierno. Es lo que se llama hoy en día la independencia de los bancos centrales y que, en realidad, por desgracia, no ocurre.

Su función se pervirtió muy deprisa. Así, el Banco de Suecia en 1668, creado por todos los bancos privados, se encargó de realizar préstamos al Gobierno sueco. En 1694 se creó el Banco de Inglaterra, cuya primera actividad, pese a nacer como una sociedad privada, fue la compra de deuda pública inglesa.

Desde muy pronto hacían lo que estamos tratando de que dejen de hacer hoy: utilizar el apalancamiento financiero y la capacidad de crear dinero para comprar deuda estatal. Es decir, para avanzar ingresos futuros del Estado y participar de forma activa de la política económica expansiva de los Gobiernos ineficientes o derrochadores.

Este vínculo de los bancos centrales con los Gobiernos, sumado a la posibilidad de controlar las principales variables que regulaban la cantidad de dinero en circulación, hizo que los bancos centrales se convirtieran en organismos públicos, sin capital privado. El Banco de Francia, creado por Napoleón en 1800, ya fue una entidad pública desde sus orígenes.

El primer banco central de Norteamérica se llamó el Banco de Estados Unidos, pero cerraría en dos ocasiones, dejando a la nación durante veinticinco años (desde 1836 hasta 1861) sin banco central. Fue una época convulsa para la banca, sin control bancario, y en la que se produjeron muchas quiebras de pequeñas entidades locales, así como múltiples episodios de pánico financiero, porque cada banco imprimía sus propios billetes. Las falsificaciones estaban a la orden del día.

Durante la Revolución Industrial y en pleno auge del comercio internacional, el poderoso caballero don dinero no podía estar a expensas de los desmanes tanto de gobernantes como de banqueros privados, para financiar el desarrollo industrial, así como ser un sistema de intercambio transfronterizo. Había que poner orden y establecer un límite a la creación de dinero y la manera de hacerlo era regresar al principio de todo. El dinero se creó como forma de reflejar un valor en oro, ¿verdad? Así que esa sería la norma a partir de ahora. Todo el dinero que un Estado pusiera en circulación debía responder a unas reservas determinadas de oro.

Nacería, ahora sí, formalmente, el llamado patrón oro.

En 1913 se creó la Reserva Federal, el actual Banco Central de Estados Unidos. Su objetivo era dar estabilidad al dólar y ser el prestamista de última instancia de los bancos comerciales y de inversión. La Reserva Federal decidió adoptar el patrón oro.

Durante un siglo y medio, los países trataban de respetarlo, pero cuando sobrevenía una guerra, la necesidad de defenderse o conquistar los llevaba a prescindir del oro como medida de la cantidad de dinero a crear. Y caían en el pecado de Caracalla, pero imprimiendo billetes de la nada.

Durante la Primera Guerra Mundial, la creación de dinero resultó desorbitada, descontrolada, y ocasionó que muchas divisas perdieran su valor. Los países que perdieron la contienda fueron además condenados a pagar indemnizaciones inasumibles que solo podían atender a base de crear más papel moneda sin respaldo alguno de valor.

Esta práctica desembocó en uno de los episodios más asombrosos de la historia económica: las hiperinflaciones o el fenómeno mediante el cual un ser humano acabará por reaccionar antes de que el otro actúe. Como si un tenista contestase al resto antes del saque del contrincante. Las reacciones anticipadas a los aumentos de los precios alimentan una espiral de reacciones en cadena, como si de una bomba nuclear se tratase.

Una bomba monetaria. Los panes y los peces se van a multiplicar, y lo harán exponencialmente. La operación de multiplicar como herramienta de cálculo se va a quedar corta.

Necesitaremos echar mano de las potencias de números.

Bienvenido a la hiperinflación.

Pase página.

Empieza el espectáculo.

5
LA JUGADA ANTES DE LA TIRADA

UNA *BAGUETTE* A OCHENTA Y OCHO VECES EL PIB MUNDIAL
La pérdida de control llega al bolsillo

Imagínese el lector a sí mismo en un domingo soleado de un mes de julio. Son las diez de la mañana, todavía no hace demasiado calor. Pasa junto a la terraza de una cafetería de su ciudad. El lugar, sombreado por los árboles, resulta agradable. Decide sentarse y desayunar algo. El camarero se acerca.
—¿Qué desea? —le pregunta, bandeja en mano.
—¿A cuánto está el café?
—Aquí en la terraza a 1,50 euros —le informa diligentemente.
—Bien, pues un café, por favor —responde usted.
Alza la vista y observa a unos padres pasear con su pequeño, a unos niños correr en pos de un balón y a un par de jóvenes enamorados besarse con ternura.
Enseguida el camarero aparece con su café.
—¿Pagará ahora?
—No, luego. Tal vez pida algo más.
El camarero se retira.
Usted respira hondo. Saborea el café, toma el libro de bolsillo que andaba leyendo y continúa ahí donde lo dejó la noche anterior. Y, mecido por la brisa, disfruta de su mañana dominical.
Al cabo de un rato, decide moverse, pasear un poco.
—La cuenta, por favor —indica con un gesto al camarero.

Este regresa y le indica:
—Son 30 euros.
—Creo que se equivoca de mesa. Solo he tomado un café.
—Sí, lo sé. Un café son 30 euros.
—¡Pero usted me dijo 1,50!
—Eso era hace veinte minutos. La inflación está disparada. El precio era 1,50 cuando le ofrecí pagarlo antes de bebérselo.

Sin dar crédito y, malhumorado, abona los 30 euros.

Pasa el día en su casa y, a última hora de la noche, decide bajar a la misma terraza a tomarse un café, esta vez descafeinado, para que no le quite el sueño. Optimista, toma 50 euros, contando con una leve subida de precios.

Se sienta, pide el café, se lo toma y cuando pide la nota al camarero, este le dice:
—Son 2.250 euros, ya sabe, la inflación.

Contempla su billete de 50 euros, recuerda el saldo de su cuenta corriente y solicita permiso para pasar a la cocina y lavar los platos.

Bien, esta pequeña historia que podría parecer una ficción fue absolutamente plausible no hace demasiado tiempo ni demasiado lejos.

En Hungría, en 1946, la inflación llegó al 150.000 % diario en el peor de los meses, en el punto más álgido de la hiperinflación. Eso significa que algo que cuesta 1 euro por la mañana vale al final del día 1.500 euros. Así pues, 1,50 euros del café habría costado en efecto 2.250 euros al finalizar ese mismo día.

Hungría multiplicaba sus precios de forma descontrolada y abonar un café antes o después de bebérselo podía suponer que el precio se multiplicase.

Parece imposible, pero las hiperinflaciones son un fenómeno de las sociedades más recientes. ¿Cómo arranca una espiral así? ¿Cómo se llega hasta ese máximo del 150.000 %? Este capítulo ahondará en los instintos y psicología de masas que producen estos fenómenos.

En este caso, el asunto arrancó en septiembre de 1945 y se prolongó hasta julio de 1946. Diez meses. Claro que la inflación no fue así todos los días. Las hiperinflaciones se comportan de forma exponencial. Es decir, ascienden al principio poco a poco, y luego se aceleran. Para que se haga una idea de lo que sucedió en esos diez meses, imaginaremos cómo varía el precio de una barra de pan según transcurren los días.

Supongamos que en el día uno, hora cero, una barra está aproximadamente a 0,70 euros, que es lo que cuesta en la actualidad en España. Pues bien, si ahora nosotros experimentásemos la hiperinflación que tuvo Hungría, el mes que viene deberíamos entregar 4 euros por una. En noviembre, 25 euros; en diciembre, 91 euros; en enero, 134 euros; en febrero, ya casi 1.000 euros.

Claro que eso no es nada, porque a partir de marzo se iniciaría el auténtico despegue meteórico de los precios. En abril necesitaríamos... 70.000 euros. Si cree que esto es imposible, piense que en mayo la *baguette* ya iría a... ¡20.000.000 euros!

Cuando crea que ya lo ha visto todo, resultará que los precios se desbocarán de tal forma que a finales de junio la *baguette* valdrá casi 2 billones de euros. Es decir, para pagar una barra de pan se necesitaría el patrimonio de veinticinco Bill Gates juntos, uno de los hombres más ricos del mundo en el momento en que escribo estas líneas. En el punto álgido de la hiperinflación, tendría que bajar a la panadería con 5.000 billones de euros para comprar el pan. En otras palabras, el nominal monetario de ochenta y ocho veces el PIB mundial diez meses antes.

Equivalente actual de la hiperinflación de Hungría 1945-1946

Precio de una barra de pan	
Septiembre	0,70 euros
Octubre	4 euros
Noviembre	25 euros
Diciembre	91 euros
Enero	134 euros
Febrero	838 euros
Marzo	3.459 euros
Abril	66.103 euros
Mayo	20.809.763 euros
Junio	1.592.084.433 euros
30 de junio	1.762.005.277.045 euros
7 de julio	5.540.897.097.625.330 euros

La pregunta es: ¿cómo manejan esto las familias? ¿Y las empresas? Y luego: ¿por qué llega a ocurrir algo así? Finalmente, ¿cómo logra detenerse un fenómeno de esta fuerza huracanada?

Una hiperinflación podría definirse como el proceso de quiebra absoluta de un país entero a través de su moneda o divisa.

Es un proceso convulso, la economía entra en barrena, los bancos enloquecen, el dinero quema en las manos, los efectos son devastadores para el empleo, para los impuestos, para el sistema financiero y aquellos que tenían ahorros en efectivo o en depósitos se arruinan literalmente. Una hiperinflación es una economía fuera de control, igual que una avioneta que cae en picado.

Una inflación elevada causa problemas serios. Una hiperinflación destroza a un país entero y lo obliga, tal cual, a empezar de cero. La frontera entre proceso inflacionario e hiperinflacionario es sencilla. Toda inflación que superase el 50 % mensual podría ser considerada hiperinflación.

Los capítulos de hiperinflación parecen cosa de los libros académicos, algo excepcional, del pasado, acontecido en pocos lugares y circunstancias muy concretas.

Ni tanto ni tan poco.

Los académicos Steve H. Hanke y Nicholas Krus dedicaron varios años a identificar y analizar los episodios de hiperinflación del mundo y presentaron sus conclusiones en un magnífico artículo acompañado de una tabla que resume cada caso, en qué país sucedió, qué año, cuánto duró y qué incrementos de precio se registraron.

Las conclusiones de tal trabajo de campo son muy interesantes. Desde la primera que documentaron y que aconteció en 1795 en Francia, ha habido cincuenta y seis casos, a los que deberíamos sumar la hiperinflación de Corea del Norte en 2010 y la de Venezuela de 2017. Es decir, llevamos cincuenta y ocho episodios de esta índole.

Las más conocidas son la de Alemania en el periodo de entreguerras, la de Hungría, la de Zimbabue y los típicos episodios latinoamericanos. Pero la realidad es que muchísimos países del mundo se han visto envueltos en la que podríamos considerar la mayor hecatombe monetaria de un país.

En Europa han pasado por una hiperinflación: Alemania en dos episodios casi conectados (1921 y 1923); Hungría en dos décadas distintas, coincidiendo con las guerras mundiales (1923 y 1945); Francia (solo la de 1795); Grecia (1941); Bosnia y Herzegovina (1992) y una de sus repúblicas interiores; Polonia (1923 y 1989); Bulgaria en la década de los noventa (1991 y 1997); Moldavia (1992); Yugoslavia (1992) y Austria (1921). España ha sufrido épocas de elevadas inflaciones, pero nunca ha registrado una hiperinflación devastadora.

El resto de los países son: Zimbabue, China, Armenia, Turkmenistán, Taiwán dos veces, Perú dos veces, Ucrania, Nicaragua, Congo en tres ocasiones, Rusia varias veces, Georgia, Argentina, Brasil, Bolivia, Bielorrusia dos veces, Uzbekistán, Azerbaiyán, Estonia, Angola, Letonia, Lituania, Filipinas y algunas repúblicas bálticas y soviéticas.

Hay representantes de diversos continentes, lo que significa que las hiperinflaciones no vienen determinadas por condiciones climáticas o modelos productivos. Como veremos, sus causas son más simples.

De todas las inflaciones de la historia, la palma se la lleva, como hemos explicado, la de Hungría. Como hay tantos ceros (Hungría llegó al $4{,}19 \times 10^{16}$ %, lo que equivale al 41.900.000.000.000.000 %), lo que se hace para comparar los episodios de los distintos países es calcular cuánto tiempo ha de transcurrir para que se doblen los precios, en promedio. En Hungría, dentro del mismo día. En Zimbabue, un día. En la Alemania de 1923, antes de cuatro días los precios se habían multiplicado por dos. Y en una hiperinflación más baja registrada (Taiwán en 1947), en 51 días un producto ya costaba el doble.

A continuación, las diez hiperinflaciones más elevadas de la historia:

País	Empezó	Terminó	Peor inflación mensual	Moneda
1 Hungría	Ago. 1945	Jul. 1946	41.900.000.000.000.000 %	Pengö
2 Zimbabue	Mar. 2007	Nov. 2008	79.600.000.000 %	Dólar
3 Yugoslavia	Abr. 1992	Ene. 1994	313.000.000 %	Dinar
4 República Srpska	Abr. 1992	Ene. 1994	297.000.000 %	Dinar

País	Empezó	Terminó	Peor inflación mensual	Moneda
5 Alemania	Ago. 1922	Dic. 1923	29.500 %	Papiermark
6 Grecia	May. 1941	Dic. 1945	13.800 %	Dracma
7 China	Oct. 1947	May. 1949	5.070 %	Yuan
8 Ciudad de Danzig	Ago. 1922	Oct. 1923	2.440 %	Papiermark
9 Armenia	Oct. 1993	Dic. 1994	438 %	Dram y rublo ruso
10 Turkmenistán	Ene. 1992	Nov. 1993	429 %	Manat

Fuente: The Hanke-Krus Hyperinflation Table

ESTE BILLETE SE AUTODESTRUIRÁ EN QUINCE DÍAS
La creación de la obsolescencia

Al igual que en las películas de dibujos animados, donde oímos esa frase de advertencia al activarse un aparato cualquiera y al segundo estalla en las manos de alguien, durante una hiperinflación un billete pierde tan aprisa su valor que, al cabo de unas semanas, ese valor será insignificante. No podrá comprar nada con él. Los billetes queman en las manos. Nadie los quiere guardar más que el tiempo justo. ¿Se imagina? ¡Por lo general, en la vida todo el mundo desea tener dinero! Si ofrecemos dinero, cualquiera lo querrá. Pues la situación en una hiperinflación es tan atípica y caótica, que ese deseo se invierte: si ofreciésemos a alguien una bolsa de frutos secos o un billete de 10 euros, esa persona tomaría la bolsa y rechazaría el billete.

Este episodio me servirá para introducir uno de los conceptos más curiosos de la economía y que sorprende a quienes lo descubren por vez primera. Se trata del concepto de oferta y demanda... ¡de dinero!

Uno puede entender que, por ejemplo, se demanden teléfonos móviles, que haya un exceso de oferta de pisos o un déficit de demanda de filólogos. Pero ¿demandar y ofertar dinero?

Pues sí. No olvidemos que el dinero es, después de todo, una mercancía respaldada por un valor determinado. Esa mercancía es un medio de pago, así que la gente demanda dinero en función de los pagos que ha de realizar, de lo que quiere tener guardado por si acaso, o incluso para especular. Demandan dinero las personas, las empresas, la Administración pública...

¿Y quién lo ofrece? La oferta monetaria se define como una cantidad de dinero que los bancos centrales han puesto en circulación a disposición de particulares, empresas y administraciones de toda una sociedad y, así, atender sus necesidades dinerarias.

En principio, en una situación de estabilidad, donde los precios son estables y los tipos de interés se hallan a niveles razonables, donde no hay burbujas especulativas y hay poca incertidumbre respecto al futuro, las personas y organizaciones demandan única y exclusivamente el dinero que precisan para atender sus compromisos de pago.

Ahora bien, cuando estamos sumidos en una hiperinflación, ese dinero, que en circunstancias normales mantiene su valor, pierde a cada día que transcurre su poder adquisitivo. Por tanto, la gente guarda cosas y reduce sus tenencias en dinero. El dinero pierde valor a tal velocidad que quema en las manos. Parece un contrasentido, pero la gente no quiere el dinero. Es más, se lo quita de encima. El dinero no interesa.

Para entendernos mejor, imagine que el billete, en lugar de un pedazo de papel, fuera un arándano o una zarzamora, algo que va a pudrirse en unos pocos días. Mientras no se haya podrido, podremos utilizarlo para intercambiarlo por, digamos, una camisa. Pero si en la tienda de ropa ven nuestro arándano a punto de deshacerse y con evidentes signos de putrefacción, nos dirán que no lo quieren, que no lo aceptan como medio de pago. Ahora imagine que esos arándanos que utilizamos como moneda se pudren en diez horas. ¿Los aceptará usted como forma de pago cuando haya de cobrar su salario? Con muchas reticencias y, si los acepta, será para comprar algo de inmediato, antes de que se desintegren.

En estos casos, el arándano como medio de pago se derrumba. En otras palabras, la moneda corriente apenas sirve para comprar. Seguramente preferirá usted pagar con monedas de otro país, dólares, por ejemplo, e incluso regresar al antiguo trueque que tanto nos costó superar.

Pues bien, en una hiperinflación la demanda de dinero es ínfima y, en cambio, por los motivos que explicaremos, el Banco Central no hace más que imprimir e imprimir más billetes. Es como si el Banco Central pusiera en circulación cada día millones de arándanos que se pudren al día siguiente y el Estado los utilizase para pagar los gastos de los funcionarios, policías, bomberos, médicos de la Seguridad Social y abonar las facturas de todos los proveedores de la Administración pública. En semejante situación, esos arándanos de corta caducidad quemarían en las manos de la gente y perderían capacidad adquisitiva a la velocidad de la luz. El Estado, al día siguiente, a la vista de que donde hacían falta cuatro arándanos para pagar una camisa, ahora hacen falta ocho, tendrá que pagar, asimismo, el doble de arándanos al policía, al funcionario o al bombero para que este pueda dar de comer y vestir a su familia.

En resumen, una hiperinflación es una situación en la cual la masa de dinero (oferta monetaria) en circulación aumenta de una forma veloz y masiva, descontrolándose como se reproducen las células de un tumor maligno. De manera exponencial. Este aumento de la masa de dinero en circulación no está apoyado ni se corresponde con el aumento de la producción de bienes y servicios.

LOS BILLETES SON EL ESPEJO DE LA REALIDAD
La capacidad de dilapidar

Cuando en marzo de 2020 se desató la pandemia de covid-19 y los países de todo el mundo confinaron a sus ciudadanos, algunas voces advirtieron de la posibilidad de una inflación galopante. La razón era que el sistema financiero iba a iniciar un proceso de expansión monetaria que asegurase la liquidez del sistema y, a la par, con comercios y fábricas cerrados y las personas sin acudir a sus centros de trabajo, la producción de bienes y servicios iba a desplomarse. Conocíamos el mecanismo: aumento de masa monetaria acompañado de una reducción de la producción es igual a inflación. Pero no fue así, gracias a que los bancos centrales no se dedicaron a insuflar dinero sin más ni a imprimir billetes de forma atolondrada, sino que inyectaron liquidez a empresas y familias en función de sus necesidades de pagos más inmediatas. Se hizo bien. Al menos durante el primer año de pandemia.

Déjeme decirle que, en realidad, el Gobierno no imprime el dinero directamente. Lo que hace es emitir deuda y el Banco Central de ese país, controlado por el mismo Gobierno, adquiere toda la deuda que haga falta a base de crear dinero de la nada, sin contrapartida real alguna. En cuanto esto sucede, el dinero empieza a bajar de valor. Como hay que pagar a los acreedores extranjeros en su divisa y la moneda nacional se está devaluando, el Estado va a precisar todavía más dinero para atender compromisos internacionales como, por ejemplo, las sanciones impuestas tras una guerra (este fue el caso de Hungría con Rusia). Y aún se «imprime» más dinero: eso provoca más devaluación y aumenta de nuevo la carga de la deuda. Como el Estado no tiene suficiente para pagar funcionarios y todas las facturas del país, tendrá que «imprimir» más dinero, y así sucesivamente en una espiral sin fin.

Ahora entendemos las políticas de austeridad a las que obligan los alemanes en la actualidad dentro de la Unión Europea. Alemania tuvo su hiperinflación en 1921 y no lo ha olvidado, bajo ningún concepto quieren oír hablar de países que se endeudan para pagar corrupción, infraestructuras inútiles, burbujas financieras y otros dispendios varios. Las hiperinflaciones se evitan manteniendo niveles razonables de deuda pública y de deuda exterior.

Suele decirse que una hiperinflación es resultado de una política monetaria enloquecida, pero la hiperinflación no proviene de ahí sin más: una política monetaria enloquecida produce inflaciones. Una hiperinflación es en realidad una bancarrota. Y ese colapso, analizando todos los episodios de la historia, se ha venido produciendo por razones de mucha envergadura, por auténticas debacles militares, políticas o productivas. A saber, la derrota en una contienda bélica, el colapso de un régimen político, un colapso productivo, una caída masiva y sostenida del PIB o la decisión de vincular la moneda nacional a otra extranjera, con lo que se pierde toda la confianza en la divisa propia. Esto no es resultado de malos tecnócratas, sino de una apuesta a un todo o nada por parte de un gobernante alocado, que resulta en nada.

La hiperinflación se produce bajo situaciones reales extremas, y no solo como resultado de una impresión acelerada de billetes.

Si se consulta la lista de hiperinflaciones de la historia, vemos que casi en todas ellas el país perdió una guerra o bien estuvo sometido a duras sanciones internacionales por haber atacado a otros países.

En realidad, una hiperinflación es el mecanismo mediante el cual sale a la luz el verdadero valor respaldado por una moneda. Si un país ha impreso billetes de acuerdo con sus reservas de oro, por el hecho de perder una guerra su moneda no debería depreciarse. El problema aparece cuando la financiación de una guerra se ha realizado con dinero impreso sin contrapartida de ningún tipo.[13] Precisamente el que comentábamos en el capítulo anterior, y que estaba basado en la confianza. Una guerra financiada con billetes impresos que no tienen contrapartida es como una apuesta de todo su patrimonio a rojo o negro del casino. Si acierta, dobla su patrimonio. Si falla, lo pierde todo. Es dinero impreso empleado en comprar o producir armamento, en pagar a los soldados, en fabricar aviones, tanques, submarinos y bombas, cuando se pierde la guerra, se convierte en nada. Si, por el contrario, la guerra se gana, el país ha conquistado a otro y «dobla» su patrimonio. El dinero creado de la nada habrá servido para «comprar» otro país. Pero si se pierde, el dinero impreso supondrá una masa monetaria enorme sin contrapartida en oro y, además, respaldado por un país tal vez devastado por las bombas, ya que, precisamente, ha perdido la guerra y se supone que entero no está.

Añadamos las sanciones internacionales que se suele imponer al país que le ha dado por invadir a otro. Esas sanciones suponen un dinero que el Estado perdedor no tiene y que deberá sacar de los impuestos que sus maltrechos ciudadanos no pueden sufragar. Con tal de cumplir las sanciones, se verá obligado a aumentar, sin contrapartida alguna, la masa monetaria y, así, efectuar los pagos comprometidos.

La realidad es tozuda y si algo tiene es que, por muchos inventos y trucos de prestidigitador que hagamos, no podemos falsearla ni encubrirla eternamente. En un país con la masa monetaria desbocada y con multas encima como para dos generaciones, el valor nominal de su moneda no puede pagar las mismas cosas que ayer. Un billete de 100 marcos no es solo un billete de 100 marcos. Es un billete que respondía por un valor acumulado, ¿recuerda? Explicamos en capítulos anteriores que la adopción de una moneda era una forma de almacenar trabajo del pasado igual que se almacena energía en una batería. Pues cuando todo ese valor acumulado, representado en ese billete de 100 marcos, se echa a perder, el billete no puede comprar la misma cantidad de trabajo o de valor futuro. Un

---

[13] El dinero impreso sin contrapartida de valor en oro o algún otro tipo de activo se denomina en la actualidad «dinero fiduciario». Dado que el abandono definitivo del patrón oro no se produjo hasta 1971, no abordaremos la última fase de la invención del dinero hasta el capítulo 11.

billete es un espejo de una realidad. Y si esa realidad se ha devastado, el billete también.

Una hiperinflación es la regularización entre el valor respaldado por una moneda y el nominal de la misma. Es exactamente como cuando el emperador Caracalla quitaba plata de los denarios, pero con papeles y tirando la plata al mar en forma de buques de guerra hundidos. Es como si el dinero se convirtiese en la mercancía que era y, de pronto, empezara a reflejar su valor a través de lo que de verdad puede comprar.

Cuando la hiperinflación aparece es como si el valor dilapidado asomase de golpe a la moneda. Los Estados necesitan seguir atendiendo sus compromisos y como no pueden imprimir billetes de otros países, se ven obligados a imprimir billetes que no responden a ningún valor adicional creado. Es el reconocimiento de una debacle: de un fracaso bélico o de un régimen fallido o de una apuesta industrial perdida.

Desde el inicio del siglo XXI casi no ha habido hiperinflaciones porque, en general, ha reinado la paz. Es cierto que también los bancos centrales y los Estados han aprendido mucho más sobre política monetaria. Pero estos episodios hiperinflacionarios están ahí para recordarnos algo: que, en algún rincón del mundo, en algún lugar recóndito, siempre acecha un futuro líder político iluminado que, aprovechando el malestar popular o una situación de injusticia social o conflicto geopolítico, ascenderá al poder y realizará una apuesta al rojo en el casino, al rojo de la sangre, y lo que pondrá sobre la mesa de juego será la totalidad del país.

No podemos olvidarlo. Las tres hiperinflaciones más relevantes de este siglo corresponden a los países dirigidos por Kim Jong-un, Hugo Chávez-Nicolás Maduro y Robert Mugabe. Cuatro terroristas de la libertad. ¿Casualidad?

UN CARRITO DE LA COMPRA PARA LLEVAR EL DINERO DE LA COMPRA
La búsqueda de alternativas

Los periodos de hiperinflación no suelen ser demasiado largos. Primero porque son insostenibles, y segundo porque, más allá de la reacción humana que precede a la acción —fenómeno del cual hablaremos a continuación—, lo que hay es un reconocimiento de una quiebra nacional. Reconocida la quiebra, el país ya ha sacado a relucir lo poco que valía. En el inicio de una hiperinflación se produce el reconocimiento de una verdad oculta: nuestro país no vale nada y, por tanto, nuestra moneda tampoco. Y en las postrimerías de la hiperinflación, como veremos, de lo que se trata es de erradicar un comportamiento paranoico e histérico que se apodera de los ciudadanos del país en cuestión.

En general, podríamos afirmar que una hiperinflación dura exclusivamente unos meses. Ahora bien, ¿cómo se funciona durante ese tiempo? ¿Quiénes son los más afectados? ¿Qué alternativas busca la gente?

Contestemos una por una a estas cuestiones. Lo cierto es que un proceso de estas características produce verdaderos estragos en la gente, en el ahorro, en el sistema financiero y en la economía del país. Piense solo en el tipo de interés que debería gravar un crédito para que valga la pena prestar dinero a alguien. Si un banco presta dinero hoy para adquirir una vivienda, con tal inflación, en el momento de la devolución ese dinero no sirve ni para comprar un lápiz. Así que la actividad crediticia queda congelada, o bien sometida a tipos de interés inasumibles, o bien nominada en alguna moneda extranjera.

Hay dos grandes damnificados: los ahorradores y los trabajadores.

Los ahorros se desvanecen y solamente conservan su valor los activos y las materias primas: el oro, los inmuebles, una empresa, la maquinaria... Su ahorro pierde todo el valor. Imagine que ha conseguido usted ahorrar cien mil euros, una cantidad para complementar su pensión de vejez y, en pocos meses, esos cien mil euros solo sirven para comprarse una naranja. Puede imaginar el malestar de los ciudadanos, de los ahorradores. Los ahorros de toda una vida reducidos a la nada. Una hiperinflación pone sobre la mesa algo que a menudo olvidamos: el dinero no es una mercancía cualquiera, es una mercancía de valor compartido. Me explicaré.

Si usted posee tres bueyes, por muchas barbaridades que haga el político o canciller de turno con sus bueyes, usted sigue poseyendo tres bueyes en su establo. Pero el dinero fiduciario, multiplicable como los panes y los peces, al no tener valor intrínseco, es una mercancía de valor compartido. El valor de nuestro ahorro depende de lo que el Estado haga con su capacidad para emitir billetes. La política monetaria de un país es un mecanismo con la capacidad de alterar el valor de sus ahorros, del trabajo realizado y que usted no ha disfrutado aún.

Los segundos grandes perjudicados son los trabajadores, por una simple razón: porque una modificación salarial conlleva más días que una variación de un precio en un comercio o empresa, la cual puede hacerse al instante. En algunos países llegaron a pactarse salarios al inicio de cada jornada laboral e incluso a inventar el salario calórico, que remuneraba las calorías que un trabajador quemaba en una jornada laboral, para así asegurar un dinero tal que permitiera reponer tales calorías al margen de a qué precio hubiese que pagar los alimentos.

Téngase en cuenta algo adicional. En la mayoría de episodios históricos de hiperinflación no existían aún los sistemas informáticos ni la banca electrónica ni internet u ordenadores, por lo que todo funcionaba mediante transacciones físicas de monedas y billetes. Los bancos centrales creaban cada día nuevos billetes y con más ceros. En nuestro caso serían de mil euros, diez mil euros, cien mil euros, etcétera. En Hungría se llegó a crear un billete equivalente a mil millones de euros de la actualidad.

Si no lo hacían así, era inviable ir a la compra, porque habría sido necesario llevar carretillas llenas de dinero. En momentos de hiperinflación, cuando aparecen los nuevos billetes, se podían ver imágenes como la de un barrendero recogiendo billetes de la calzada. Se veían billetes por el suelo que a duras penas podían servir para comprar un caramelo, cuando una semana antes podían significar un buen pellizco. En las fotos de la época vemos barrenderos que aparentemente recolectan una fortuna, pero apenas recogen uno o dos céntimos de euro a precios nuestros actuales.

Una de las soluciones más típicas es recurrir a utilizar moneda extranjera fuerte, como libras esterlinas o dólares norteamericanos; es decir, divisas capaces de conservar su valor. Es lo que ha venido sucediendo en casi todos los países latinoamericanos que han registrado inflaciones elevadas: la gente acaba funcionando con dólares americanos. En cuanto cobran su salario en la moneda nacional, corren a cambiarlo por dólares para que lo ganado no pierda valor. Mercado negro o mercado paralelo, se llama.

Reacciones que preceden a acciones
La anticipación al futuro

Las hiperinflaciones ponen de manifiesto un rasgo de la sociedad que vemos a menudo, pero que en este caso es paradigmático. Se trata del movimiento de la ficha propia precediendo a la tirada del adversario; como he contado antes, el tenista que resta antes de que el otro jugador realice el saque. La reacción antes de la acción, basada en la expectativa.

Cuando un agente social alberga la creencia de que otro agente tomará una decisión que le perjudica, se anticipa para reducir el impacto que prevé. Así, una vez desatada la hiperinflación, que comenzó como forma de evidenciar una quiebra nacional, el resto de subida de precios viene producida por la histeria colectiva. Subo los precios de lo que vendo porque pienso que van a subir los precios de los bienes que necesito comprar. Así que me adelanto a la subida del vecino para no estar vendiendo hoy mi género por unos billetes que no se corresponderán al valor del producto que he entregado.

Los precios suben y suben, y el miedo a perder poder adquisitivo lleva a la gente a subir todavía más los precios.

Los desórdenes sociales y la presión sindical son enormes porque, obviamente, los trabajadores desean indexar los salarios a la inflación diaria. En caso contrario, no pueden pagar las facturas ni llenar sus platos con comida. Los empresarios se lamentan de que si aumentan los salarios se verán obligados a repercutirlo en los precios y todo eso no hace sino fomentar la espiral inflacionista. A perro flaco todo son pulgas.

Así que esta espiral y escalada se da tanto en precios como en salarios. Todo conduce a más y más inflación.

Este es el trasfondo humano más relevante de este capítulo. Del mismo modo que si estalla el pánico a que una entidad financiera quiebre, la gente corre en estampida a retirar su dinero, o si se escampa el temor a que una empresa sufra un revés de mercado, los inversores correrán a vender sus títulos hundiendo el valor en bolsa, la hiperinflación es otro de los capítulos donde el pánico de los hombres se transforma en fenómeno social. Miedo individual que se transforma en pánico colectivo. Y pánico colectivo que se transforma en hundimiento económico.

La última cuestión es cómo se detiene algo así.

¿CÓMO SE CONVENCE A MILLONES DE PERSONAS?
La serenidad como argumento

Parece imposible frenar a toda una población convencida de que los precios van a subir y subir, dado que todo el mundo se dedica a incrementar los precios cada día. ¿Cómo se convence a toda una población de que deje los precios quietos? Porque si un comerciante obedece y el resto no y suben precios, literalmente, se arruina.

Se ha estudiado muy a fondo cómo actuar para detener episodios de locura colectiva como estos. Sabemos dos cosas. La primera es que los Gobiernos no suelen atajar el fenómeno con la primera de las medidas; por norma, se requiere actuar sobre varios frentes que no siempre se identifican rápidamente. La segunda que sabemos es que detener hiperinflaciones es bastante rápido.

No es sencillo lograr que todo el mundo obedezca, pero se acaba logrando. Y por lo general se requiere de varios intentos, pues los primeros suelen ser frustrados. Lo esencial es recuperar la confianza y la credibilidad del público. Fundamentalmente se trata de prohibir por ley la monetización de la deuda, se suspende el pago de intereses de la deuda externa o se procede a una quita parcial, se fija el tipo de cambio respecto a una divisa extranjera, se deja fijo y, por último, se establecen controles de precios y salarios. Además de esto, se producen ajustes de gasto público importantes para minimizar las necesidades de liquidez del Estado.

En definitiva, mecanismos de control por ley que sirvan para tranquilizar a la población y que comerciantes y fabricantes dejen los precios quietos.

Lo más paradójico de este fenómeno insólito llamado hiperinflación es que esta locura se termine de golpe y porrazo. Es decir, los precios no van aminorando poco a poco, sino que de pronto, un buen día, al amanecer, la gente ha creído al Gobierno y, coincidiendo con la introducción de una nueva moneda, los precios se detienen, y pasa de ser el país que doblaba sus precios dos veces al día, a ser un país normal de nuevo con inflaciones del 2-3 %. Alucinante, pero es así. La clave estriba en que la expectativa de todo el mundo sea la misma, que nadie va a subir precios, y que el miedo a perder comba quede erradicado.

Miedo y expectativa son el motor que alarga las hiperinflaciones más allá del ajuste de valor que la moneda realmente hubiese necesitado.

¡Para que luego digan que las emociones y conductas no lo mueven todo!

6
Los ladrones más justos

El falsificador gana, pero nadie pierde
La capacidad de imitar

Recuerdo que, cuando tenía doce años, un chico de mi barrio tuvo la ocurrencia de falsificar un billete de mil pesetas. Son seis euros de hoy, pero por entonces aquellas mil pesetas tenían la capacidad adquisitiva de unos veinte euros en la actualidad. Su objetivo era adquirir un buen montón de caramelos y chucherías. Normalmente, los padres nos entregaban veinticinco pesetas para comprar golosinas, así que un billete de mil pesetas le iba a permitir disfrutar de dulces durante muchos meses y en cantidades desorbitadas.

Su plan era sencillo. Habían aparecido recientemente las fotocopiadoras en color, así que se trataba de robar un billete real que después restituiría a sus padres sin que estos se diesen cuenta, iría a realizar una fotocopia en alguna copistería que tuvieran la novedosa máquina en color y, acto seguido, iría a una tienda de dulces. El travieso muchacho nos dijo que, con una sola transacción por valor de unas pesetas, recibiría el cambio en monedas corrientes y legales, así que, en realidad, se trataba de lograr «colarle» el billete a un solo comercio.

La primera dificultad la encontró en la copistería, donde, obviamente, le dijeron que estaba prohibido fotocopiar billetes de dinero. Pero aquel chico, candidato a futuro delincuente, no iba a darse por vencido y tuvo la brillante idea de enganchar el billete de mil pesetas como una supuesta ilustración en unas hojas mecanografiadas, de un supuesto trabajo para la escuela. Entregó los veinte folios, que contenían fotos e imágenes de toda índole, de modo que el billete pasó desapercibido al de la copistería. Al día siguiente, repitió la operación con la excusa de que necesitaba una segunda copia del trabajo. No era para obtener un segundo billete, sino para conseguir la réplica del reverso del billete, pues en la primera copia solo disponía del anverso. Acto seguido, recortó ambas imágenes y las enganchó con cuidado.

La verdad es que la falsificación estaba bastante lograda.

Pero le pillaron. Al dependiente de la tienda de golosinas le extrañó que un chico dispusiera de un billete de mil pesetas. El tacto del papel, por otro lado, captó su atención y en menos de un segundo le arreó tal capón que al chaval se le quitaron las ganas de delinquir para el resto de sus días. Nunca más volvió a hacer trampas. Hoy aquel amigo mío es un médico bastante conocido.

El dependiente no requirió a la policía ni a los padres del muchacho. Lo consideró una gamberrada o una chiquillería, aunque estuvieron a punto de timarle mil pesetas. Un capón y para casa. Ahí quedó todo, porque se trataba «solo» de un billete, y una fechoría de poca monta no justifica el esfuerzo ni el tiempo y molestias de interponer una denuncia o siquiera advertir a los padres del falsificador *amateur* que había intentado timarlo.

Introduzco ahora esta cuestión: ¿qué tienen en común un falsificador y un ladrón de bancos públicos?

El 8 de agosto de 1963, solo unos pocos años antes de que aquel chico de mi barrio falsificase un billete de mil pesetas, la pequeña banda del delincuente callejero Bruce Reynolds lograba detener cerca de un puente en mitad de la campiña inglesa el tren postal que provenía de Glasgow con destino a Londres. Eran las tres y cuarto de la madrugada en Aylesbury, condado de Buckinghamshire. Truncaron un semáforo ferroviario y, tras hacerse con el control de la cabina, desengancharon la cola del tren y desplazaron el convoy que portaba el dinero de la recaudación que buena parte de los bancos de Escocia enviaban al Banco de Inglaterra todas las noches para su custodia. Aquello pasaría a la historia como «el robo del siglo». Si no la han visto, recomiendo la miniserie de dos capítulos de 2013 titulada *El gran asalto al tren*. La primera parte, «Historia de un ladrón», narra lo sucedido desde la perspectiva de Reynolds; la segunda, «Historia de un policía», narra la persecución y captura de los autores del robo, desde la perspectiva de Jack Slipper, el detective a quien Scotland Yard asignó la investigación.

El caso es que hay una reveladora secuencia en la cual los ladrones, tras contabilizar el botín en una granja escondite, descubren que han robado 2,6 millones de libras esterlinas. Ellos pensaban robar unas trescientas mil libras, pero la cuantía que la Royal Mail transportaba era mucho más alta debido a los días festivos de la anterior semana, que habían concentrado en uno solo el envío de varias jornadas.

En lugar de alegrarse, Reynolds se da cuenta de que es demasiado dinero. Los recursos destinados a la persecución de un robo suelen estar en consonancia con su cuantía. Igual que nadie persiguió ni denunció al chico de mi barrio por mil pesetas, nadie va a quedarse de brazos cruzados si el robo es de varios millones de euros. Reynolds era perfectamente consciente de este hecho, y sabe que tienen un problema: es demasiado dinero robado. Pero robado... ¿a quién?

El dinero que Reynolds y su banda sustrajeron pertenecía al Banco de Inglaterra. Al Banco Central inglés, perteneciente a su majestad la reina y, por ende, al pueblo británico. Reynolds robó al Estado, pero no a una persona en concreto. Tomó un dinero que le hizo rico, temporalmente, pero que el Banco de Inglaterra podía perfectamente absorber volviendo a imprimir esos billetes. Al fin y al cabo, dos millones y medio de libras esterlinas, en comparación a la masa monetaria total del Imperio británico, viene a ser una proporción similar a mil pesetas para un establecimiento de golosinas.

Y eso responde a nuestra anterior cuestión. Cuando uno falsifica un billete, hace exactamente lo mismo que robarlo al Estado. Pero como el Estado posee tanto dinero y, a la vez, tiene la capacidad de volver a crear lo que le roban, imprimiendo esos billetes, falsificar es una forma de delinquir que «no hace daño a nadie». ¿No es así?

Pensemos por unos instantes qué habría sucedido si en la tienda de golosinas no se hubiesen percatado de la falsedad del billete. Habría ido a parar a la caja registradora y se habría empleado para realizar otro pago; el siguiente receptor, a su vez, podría detectarlo o pasarle desapercibido. Suponiendo que nunca nadie se percatase y el billete siguiera circulando como medio pago, ¿a quién habría robado mi amigo?, ¿qué mal habría hecho? ¿No lo están utilizando todos sus perceptores de forma normal? Mi amigo habría recibido mil pesetas de la nada, pero nadie habría perdido sus mil pesetas si el billete hubiese seguido *sine die* su periplo. El chaval es el beneficiado, pero nadie ha sido perjudicado. Y, en el fondo, sucede lo mismo con el robo de Reynolds. En este caso, los billetes robados son verdaderos. Cuando cualquiera de la banda realice un pago, lo hará con un billete legal. Proveniente de un robo, pero de curso legal. Así que quienes lo recibiesen al venderles algo no estarían siendo engañados. ¿Qué mal hay?

Parece que falsificar sería la única forma de delincuencia en que el autor gane y nadie pierde.

¿Es así?

UN FALSIFICADOR ES EL LADRÓN MÁS JUSTO DE TODOS
La invisibilidad de las conductas

Nos da la sensación de que cuando alguien falsifica dinero, no nos roba. Nos da igual que un falsificador haya falsificado un millón de euros, porque a nosotros no nos ha robado nada.

Pero, en realidad, le ha robado a usted. A mí. A aquella abuelita que va justísima con su pensión. Lo crea mediante una copia, pero es como si nos lo robase a todos nosotros. El chico de mi barrio había robado mil pesetas al Estado español y, por ende, a todos los españoles. Exactamente igual que Reynolds en el robo del siglo.

Ahora bien, el falsificador es el ladrón más justo porque roba precisamente en la exacta proporción a lo que cada persona tiene. Aun así, ha robado muy poco a cada uno. En un país de cuarenta millones de habitantes, en que cada persona tuviera el mismo dinero, pongamos diez mil euros cada uno, el falsificador de un millón de euros habría creado dinero falso por valor del 0,0003 % de lo que tiene cada persona. Le habría robado 2,5 céntimos a cada compatriota.

¿Por qué decimos que les ha robado si cada persona sigue con sus diez mil euros? Pues porque, en realidad, una creación de dinero que no lleva aparejada la producción de nada encarece los bienes existentes en la misma proporción en que aumenta, mediante falsificación, el dinero en circulación. Los precios tenderán a aumentar un 0,0003 %, lo cual no es mucho o no es casi nada y lo más probable es que su impacto sea tan imperceptible que los precios no varíen. Aunque matemáticamente sea así. El falsificador no nos roba dinero de forma directa. Lo que hace es robarnos poder adquisitivo o, dicho de otra forma, ese depósito de valor de transacciones pasadas, que para transacciones futuras conservamos en forma de dinero, pierde parte de su valor. Es como si nos hubiesen quitado una infinitésima parte de nuestro trabajo pasado.

El falsificador es el ladrón más justo porque al no robarle a nadie y robarle dinero al propio dinero, sea detrayendo un poco de oro de cada moneda o sea imprimiendo billetes falsos, lo que hace es robarle dinero... ¡al dinero! Y como el falsificador roba dinero al dinero, está robando a cada ciudadano de forma exactamente proporcional al dinero que posee. Así que el falsificador nos roba sin cogernos dinero, nos roba capacidad de compra y no solo lo hace en tan poca proporción que no nos enteramos, sino que lo hace de la forma más justa posible, quitándonos a cada uno de nosotros según lo que tenemos.

Ese es el motivo por el cual los falsificadores siempre nos caen bien y consideramos que son delincuentes a los que habría que dejar libres o, cuando menos, imponer condenas no demasiado duras. La cultura popular considera que los falsificadores no hacen daño a nadie porque «solo» crean dinero. Y por eso se hacen famosos o se filman películas sobre sus «hazañas» (delitos), y al público le fascina por su capacidad creativa, su inventiva y su épica.

Ricos de la noche a la mañana sin hacer daño a nadie, partiendo de un impulso no solo natural y humano, sino totalmente lógico y legítimo. ¿He dicho legítimo? Sí. Permítame unos instantes para argumentar esta aparente apología de la falsificación de dinero y por qué ha sobrevivido a lo largo de los siglos.

FALSIFICAR: UNA TENTACIÓN CON SIGLOS DE VIDA
La ley del mínimo esfuerzo

El ser humano lleva casi toda su existencia buscando las formas más eficientes de obtener valor. Si es más eficiente criar gallinas y encerrarlas en un corral que buscarlas por el campo, lo hacemos. Si es más eficiente plantar limoneros que esperar a que los limoneros salvajes den frutos, lo hacemos. Y así sucesivamente.

Así que cuando, como seres humanos, tenemos ante nosotros una pequeña pieza de metal a cambio de la cual te pueden entregar un caballo o un buey, la tentación quedó servida. Es tan legítimo, desde un punto de vista estrictamente físico, dedicar tiempo y esfuerzos a criar un buey o un caballo que dedicar menos tiempo y menos esfuerzo a obtener una pieza de metal equivalente. En realidad, el falsificador no es un ladrón. Es alguien que pretende obtener un valor determinado en la forma en que menos esfuerzo requiere. ¿No es precisamente ese el motor que ha llevado al ser humano a ser capaz de producir tanto con tan poco?

Las primeras falsificaciones se realizaron ya con las primeras monedas. Y ese fue el motivo. No que el ser humano tienda a la sustracción, sino que tiende a la eficiencia. En la antigua China se falsificaban las piezas de madera que hacían las veces de moneda. Y lo mismo ha sucedido con cualquier tipo de moneda o billete. Y por eso la acuñación o impresión de billetes ha sido una tarea que lleva siglos y todavía sigue perfeccionándose. Se trata de «fabricar» algo que sea difícilmente reproducible. Recuerde cómo expliqué en capítulos anteriores que el oro se impuso como moneda porque es una de las únicas cosas que es imposible fabricar y, por ende, imitar.

Sin embargo, la inventiva y la creatividad, impulsadas por la imaginación del ser humano, hicieron que incluso las monedas de oro acuñadas fueran fáciles de falsificar.

La primera forma original y sencilla de falsificar monedas no fue acuñándolas (eso revestía mucha complejidad y trabajo), sino buscando un método más evidente y directo: consistía en limar un poquito de oro de cada moneda de manera que no se apreciase la diferencia entre la moneda limada y la moneda sin limar. La jugada es maestra: se toma una ínfima parte del valor de una moneda y se aparta, apenas un poco de polvo de oro. Se toma otra moneda y se hace lo propio. Así, de poquito en poquito, uno va tomando monedas que pasan por sus manos y que puede ir intercambiando y volviendo a hacerlas circular como monedas normales, mientras «gana» apenas medio gramo de oro con cada una de ella.

Claro, las monedas no pueden limarse por su anverso o reverso, pues se desfiguraría o borraría la imagen, efigie o escudo acuñado en la misma. Las monedas se limaban por el canto. La solución fue algo tan sencillo como acuñar en todas las monedas un relieve a base de líneas paralelas o rayitas en los cantos, de modo que pudiera apreciarse a simple vista si una moneda había sido limada. Esa simple solución bastó para terminar con el limado de monedas. Curiosamente, las monedas actuales que son de metal barato y nadie va a limar siguen incluyendo esas rayas en los cantos.

En la Antigua China, la falsificación se consideraba un atentado contra la autoridad de los reyes o emperadores y se castigaba con la muerte. Los mandatarios chinos guardaban el oro y entregaban piezas de madera en su valor, por eso consideraban que falsificar piezas de madera equivalía a robarles. Si un súbdito aparecía con una pieza falsa de madera y se le canjeaba por el oro correspondiente, el rey o emperador habría sido robado. Y robar al rey o al emperador se penaba con la muerte, fuera lo que fuese que se robase. Falsificar era, por tanto, una forma de robo.

Pero esto no es una cosa de tantos siglos atrás. Los dólares del estado de Maryland del año 1770 indicaban en el propio billete que la falsificación acarreaba una condena de pena de muerte. En muchos billetes de Estados Unidos, durante décadas, se hacía constar ese recordatorio y aviso a los falsificadores: emular o reproducir un papel dinero, equivale a ser castigado con la privación de la vida.

Ahora bien, ¿por qué un castigo tan grande, la propia vida, para un delito que, como hemos visto, es casi insignificante en comparación con el daño social causado? En el caso de la Antigua China, donde la madera se canjeaba por oro, o en la Antigua Roma, donde las monedas se reintegraban a cambio de oro o plata, podría entenderse. Pero en el mundo moderno en que las monedas y billetes de curso legal no son nunca canjeadas, ¿tanto daño se causa? ¿Acaso Bruce Reynolds y su banda, condenados a treinta años de cárcel, causaron un perjuicio tan grande a la totalidad del Reino Unido? ¿Por qué hay condenas mayores a un falsificador que a un asesino?

¿Qué lógica impera tras la prohibición de falsificar dinero? No es una lógica moral. No es ni siquiera racional. Así que podría ser económica. Pero, desde un punto de vista económico, tampoco reviste sentido, ya que, como hemos visto, «fabricar» dinero supone acceder a valor de forma más eficiente que ganándolo. Y eso es legítimo. Así pues, ¿qué subyace a la prohibición de falsificar?

LAS REGLAS DEL MONOPOLY
Las convenciones humanas

Después de atracar el tren postal de Glasgow, Bruce Reynolds y su banda decidieron esconderse unos cuantos días en una granja alquilada a tales efectos. Para matar el tiempo, jugaban al célebre juego de mesa llamado Monopoly.

El juego, como se sabe, consiste en una competición en la que gana quien logra arruinar a todos los contrincantes y erigirse con todo el dinero y propiedades del tablero. En otras palabras, quien consigue el monopolio.

Durante el juego, se va dando vueltas a un tablero cuyas casillas corresponden a calles de una ciudad. Las calles pueden adquirirse y se puede edificar en las mismas. Cuando algún jugador cae en tu calle tras una tirada de dados, debe pagarte una cantidad de dinero. El dinero va fluyendo desde la banca a los distintos jugadores y se va creando todo un sistema económico y financiero. Como todos los juegos de mesa, el Monopoly está diseñado para que el sistema de flujos se sostenga a lo largo de la partida. De hecho, está tan bien diseñado que, a menudo, las partidas se alargan durante horas e incluso días antes de que alguien gane a los demás. Si la adquisición de calles está muy repartida y equilibrada, una partida de Monopoly podría no acabarse nunca. Las reglas de los buenos juegos de mesa participativos, con sistemas de flujos, como el Catán, el Risk, el Monopoly o similares —distintos a la oca o el parchís, por poner algunos ejemplos—, se basan esencialmente en el equilibrio ya sea de dinero, ejércitos o cosechas.

No deja de ser paradójico que unos ladrones que acababan de robar dos millones y medio de libras fueran capaces de jugar a un juego de dinero sin hacer trampas. Cuando Bruce Reynolds y sus secuaces jugaban al Monopoly, respetaban las reglas. ¿Qué habría sucedido si uno de ellos tomase dinero de la banca a escondidas? El resto se enfadaría y abandonaría la partida. Si querían que el juego continuase, era preciso respetar las reglas.

Pues bien, eso es exactamente lo que se viola cuando se falsifica dinero. Se violan las reglas de juego de la gran partida que es vivir en sociedad. Criar un buey conlleva sacrificio, coste y esfuerzo. Cuando recibes una moneda por ese buey, esa moneda representa una cantidad de esfuerzo, un valor determinado dentro de una sociedad específica. El problema de falsificar una moneda o de falsificar billetes no es tanto el perjuicio individual que se causa, que ya hemos visto que es ínfimo, sino el incentivo que se crea para no trabajar.

Un falsificador es un delincuente que crea millones de horas de trabajo con solo unos cientos de horas de trabajo. Crea o fabrica un trabajo que nunca fue realizado. Lo que una persona humilde y honrada no ganaría en toda una vida lo crea el falsificador en un par de meses. Así que, si todos lo imitásemos, el problema no es que habría demasiado dinero en circulación, que también, sino que seríamos pobres porque nadie trabajaría para intercambiar y todos los andamios que hasta esta página llevamos levantados para erigir un sistema económico moderno se vendrían abajo como un castillo de naipes. Regresaríamos al trueque y a sociedades con una capacidad muy limitada de crear y conservar riqueza.

Un falsificador es, por tanto, la primera célula de un virus que, si se propaga, mata al enfermo. Y por eso los sistemas penales los castigan tan duramente. Y por eso es tan importante y todavía se dedica tanto tiempo a depurar y mejorar la fabricación de dinero, logrando monedas y billetes tan difíciles de imitar.

Desde un punto de vista individual, es más eficiente falsificar dinero que ganarlo. Con menos horas de trabajo se consiguen más horas de valor. Pero desde un punto de vista social, no lo es. La falsificación, de ser legal y no estar penada, significaría el final de la partida, todos los jugadores abandonaríamos la misma, nadie querría jugar. Y la eficiencia global tendería a cero. Así pues, la respuesta a la pregunta anteriormente formulada de por qué se imponen penas tan grandes a los falsificadores tiene una respuesta de naturaleza social: las duras condenas cumplen una labor disuasoria para el resto de la población.

La falsificación de dinero fue una de las primeras actividades que nos revelaron algo esencial para la sociedad y que opera también en una partida de Monopoly: la aceptación de un sistema social sea cual sea, va a depender de lo bien diseñadas que estén sus reglas de juego.

Por cierto, las partidas de Monopoly de Bruce Reynolds y su banda resultaron ser su perdición. Las huellas que dejaron en los billetes del Monopoly fueron la pista a través de la cual Scotland Yard pudo identificar a todos los integrantes del grupo. Todos y cada uno de ellos acabó apresado y condenado a la cárcel. A pesar de todas las precauciones para cubrir sus rostros y ponerse guantes durante el robo y su estancia en la granja, dejaron huellas en dinero de juguete. Con guantes es muy difícil, por no decir imposible, jugar al Monopoly. Había que jugar sin guantes y cumpliendo las reglas del juego, por supuesto.

El arte de diseñar reglas de juego
La unificación de conductas individuales

Edward Mueller, cuyo verdadero nombre era Emerich Juettner, fue un emigrante austríaco que desembarcó de niño en Estados Unidos. Su historia se llevó al cine en una película del año 1950, dirigida por Edmund Goulding y protagonizada por Burt Lancaster. Se titula *El caso 880*, que era el número de su expediente en los servicios secretos americanos encargados de perseguir el fraude monetario.

Cuento la historia de este falsificador porque su estrategia no era hacerse millonario, sino sencillamente vivir de forma discreta, sin lujos ni excesos, pero también sin tener que ir a trabajar.

Se limitaba a fabricar billetes de un dólar, nunca entregaba más de dos billetes por día —jamás en el mismo establecimiento de Manhattan— y su gasto mensual no excedía los cincuenta dólares al mes (al cambio, hoy día, vendría a ser entre quinientos y mil euros al mes). Lo único que deseaba era vivir tranquilo junto a su perro. Había quedado viudo, tenía sesenta y dos años, y le costaba llegar a fin de mes.

Lo divertido de la historia de Mueller es que lo inofensivo de su estrategia le permitía no solo no llamar la atención, sino no tener que esmerarse demasiado. Así, las imitaciones eran realmente malas y algunos de sus billetes tenían incluso faltas de ortografía, pero nadie presta demasiada atención a la calidad de un billete de un dólar. Mueller vivió así durante toda una década, hasta 1948. Los servicios secretos detectaron la presencia de billetes falsos a raíz de algunas denuncias y se pusieron en marcha para averiguar de dónde procedían. Como en todos los países se falsifica dinero, es imposible saber, hasta que se captura, cuánto falsifica cada núcleo de delincuentes. Si los servicios secretos hubiesen sabido que aquellos billetes los falsificaba una sola persona y que no imprimía más que seiscientos dólares al año, no habrían dedicado tantos efectivos a capturarlo. Pero, claro, cuando uno encuentra un billete falso, ignora si su autor está fabricando mil billetes al año o al día. Y a casi nadie se le ocurriría que, pudiendo imprimir mil al día, imprimiera solo dos. Puestos a conseguir dinero gratis, lo normal es obtener el máximo posible.

A Mueller lo capturaron por pura casualidad. La mala fortuna quiso que se produjese un incendio en su edificio, él se deshizo del instrumental y material de falsificación tirándolo a la basura de una calle, y unos niños que removieron entre los trastos encontraron varios billetes falsificados y se los dieron a sus padres, quienes avisaron a la policía. No hubo más que identificar al ocupante del apartamento frente al cual se había depositado todo el material. Y lo detuvieron.

Mueller fue condenado a unos pocos meses de prisión.

Muy distinta fue la estrategia de Albert Talton, un falsificador que produjo alrededor de siete millones de dólares en billetes de cien a inicios de la primera década del 2000. A diferencia de Mueller, Talton tenía «distribuidores oficiales», es decir, una red de colaboradores que actuaba como red de distribución del dinero. Talton no obtenía cien dólares de un billete falso de tal importe, sino que los vendía a una media de catorce dólares cada uno. Los distribuidores, a su vez, los revendían a terceros, quienes los adquirirían por importes superiores. De hecho, se capturó a Talton a raíz de unos «clientes» que gastaron los billetes adquiridos en la tienda de ropa H&M, gastándose mil dólares en vestidos. La tienda lo detectó y detuvieron a los compradores.

Pero lo de Talton no es nada si lo comparamos con las falsificaciones de libras durante la Segunda Guerra Mundial por parte de los nazis. Se falsificaron millones y millones de libras porque el objetivo era desestabilizar a la población británica mediante el aumento de su masa monetaria, lanzando desde aviones sobre las ciudades británicas esos millones de libras falsas, lo que habría disparado los precios en Gran Bretaña. Se llamó la Operación Bernhard. Es algo descomunal: falsificar suficientes billetes como para desestabilizar a toda una nación.

El caso de la Operación Bernhard lo dejo aparte porque es una estrategia militar durante una contienda. Pero cuando examinamos el caso de Talton y lo comparamos con el de Mueller, nuestra sensación es radicalmente distinta. En el caso de Mueller estamos ante un sexagenario retirado que falsifica lo justo para poder vivir. Si por nosotros fuera, no se le condenaría. En el caso de Talton, fruncimos el ceño y lo tildamos de crimen organizado; a la cárcel, sin dudarlo. Eso pensamos.

Sin embargo, las penas que los Estados imponen por falsificar tratan de evitar tanto la intención de Mueller como la de Talton. Se trata de disuadir de dos cosas: una, de no tener que trabajar; y dos, de hacerse rico a costa de robar un poquitín a cada uno, como ya hemos explicado.

No es un atentado o delito penado por el daño causado a nadie en particular, ni siquiera por el perjuicio económico causado a la totalidad de lo público. En el fondo, se trata de un castigo a quien atenta contra una de las reglas de juego fundamentales para que una sociedad funcione y la partida no se acabe: la equidad en la obtención del dinero ganado mediante el trabajo. El valor de algo adquirido con dinero no puede verse reemplazado por el trabajo necesario para fabricar ese dinero. El dinero es un depósito de valor, y si en el juego del Monopoly al que jugamos todos en sociedad aceptásemos que el valor creado pueda «fabricarse» dándole a un botón o limando una moneda, la sociedad dejaría de acumular valor. La falsificación es, después de todo, un atentado contra las normas sociales que regulan la forma en que almacenamos nuestros esfuerzos. Las penas por delitos de falsificación no se corresponden a ideas económicas ni lógicas, sino a normas morales: con el esfuerzo de los demás no se juega. Y la forma en que acumulamos valor es el premio final del esfuerzo personal. Falsificar es un delito contra el esfuerzo de los demás.

Con los delitos de falsificación se desarrolla formalmente la economía normativa, en contraposición a la economía positiva, surgida siglos después. La economía normativa es aquel pensamiento económico que se ocupa de dirimir y decidir lo que es justo de lo que no lo es. ¿Es lícito falsificar dinero? ¿Es lícito cobrar intereses? ¿Cuánto es usura y cuánto es un tipo de interés apropiado? ¿Es conveniente fijar aranceles al comercio entre naciones? ¿Deberían cobrarse impuestos? ¿Cuánto? ¿Quién debería estar legitimado para decidir que paguemos tributos? ¿Cómo indemniza o resarce de un daño una persona a otra cuando ha dañado, por ejemplo, sus campos?

La economía normativa se ocupó y se ocupa de todas estas cuestiones. La Edad Media fue el periodo de la historia en que la economía se dedicó a analizar lo que era justo e injusto, lo que podía y no podía admitirse. Pensadores como San Agustín, Santo Tomás de Aquino, Tomás Moro, Lutero y muchos otros debatían acerca de todas estas cuestiones. Puede parecer una época insulsa y vacua para el pensamiento económico, y de hecho lo fue, pero se fueron asentando los parámetros, la lógica, la filosofía y la forma de pensar que en los siglos venideros permitirían dilucidar entre lo que podíamos o no podíamos fijar como reglas de juego sociales entre todos nosotros sin que se armase un revuelo. Podríamos afirmar sin lugar a duda que, durante la Edad Media, se sentaron las bases para el nacimiento de la economía normativa.

Los castigos contra las falsificaciones fueron el primer mecanismo disuasorio contra la ruptura de las reglas de juego económicas. Y las reglas de juego son eso: reglas de juego. A veces nos favorecen, como los dados del Monopoly, y a veces nos perjudican.[14] Las reglas se fijan buscando un equilibrio entre todos los jugadores de la gran partida que se llama economía. Contentar a unos sin disgustar demasiado a otros porque un gran descontento en un grupo de poder o en una clase social determinada trae la inestabilidad social y la amenaza a quien gobierna.

Todavía hoy seguimos debatiendo sobre lo que es apropiado y lo que no. Pero a pesar de los intereses puntuales del momento, poco a poco se ha ido determinando y probando empíricamente, que, incluso en economía, algunas reglas son convenientes para todos, aunque sea en el largo plazo. Y es cierto que no todas ellas son siempre justas, pero son las que, a la postre, más contribuyen a la perpetuación de la especie.

Por eso no permitimos la falsificación. Porque necesitamos el trabajo cuyo valor ayuda a perpetuar la especie.

---

[14] Como veremos en el capítulo 14, tenemos un claro ejemplo a este respecto en los aranceles: lo que en un momento nos parece justo, porque nos beneficia, nos parece injusto en otro, cuando nos perjudica.

7
LAS CULPAS TIENEN LÍMITE

LAS EMPRESAS SURGIERON DE LOS MONOPOLIOS
Los favoritismos y la capacidad para asociarse

En este punto de nuestra narración, tenemos ya muchos de los elementos indispensables para configurar un sistema social moderno.

Tenemos intercambio, tenemos existencia y aceptación de propiedad privada, tenemos formas de dinero, tenemos reglas de juego para el comercio y la economía, y tenemos también las primeras instituciones encargadas de guardar y prestar ese dinero.

Sin embargo, faltan todavía dos mecanismos indispensables para el desarrollo, que vamos a abordar en este y el próximo capítulo: la capacidad de los seres humanos para asociarse, y la capacidad de mutualizar los riesgos, respectivamente.

El primero de ellos, la capacidad de asociarse, desembocará en la creación de sociedades anónimas, que permiten hoy en día la limitación de responsabilidades de todo emprendedor. El segundo mecanismo, la capacidad de mutualizar riesgos, hará posible la limitación de pérdidas a través de la dilución social del coste personal de quien sufre una fatalidad.

Limitación de responsabilidades, es decir, de culpas económicas. Y limitación de riesgos.

Dos limitaciones cuando, hasta el momento, el ser humano se ha dedicado a aumentar el comercio, la cantidad de oro, incrementar el valor, multiplicar la capacidad de intercambio, elevar la cantidad de dinero en circulación. Ha constatado que la riqueza crece cuando se amplían posibilidades, no cuando se limitan. Los primeros mecanismos económicos fueron expansivos, no restrictivos. Expandir y no limitar.

¿Por qué a finales de la Edad Media entraron en juego mecanismos de restricción y contención?

Muy sencillo: porque la sociedad está empezando a privatizar la actividad y a favorecer la iniciativa personal. Lo público y lo comunal no precisa diluir los riesgos porque, si algo sucede, no puede haber nadie más para responder sobre lo que ya es de todos. En cambio, el individuo aislado, en tanto que agente social, necesita limitar sus responsabilidades y riesgos. Él solo no puede afrontar ciertas eventualidades. La posibilidad de ganar dinero y acumular propiedades trae aparejado el riesgo de perderlas. Un rey difícilmente se arruina; arruina a su pueblo o a su país, pero el rey sigue siendo el más poderoso. Eso no sucede con las personas normales y corrientes. Las personas que, con su ingenio, destreza, visión, trabajo y acierto logran ganar dinero, sea mucho o poco, tienen algo que los reyes no poseen: la posibilidad de perderlo, de arruinarse.

A raíz de la democratización de la propiedad privada y de los beneficios —un proceso que podríamos decir que se intensifica a partir del Renacimiento—, el poder circunscrito a reyes, nobles y mandatarios va a ser compartido con los súbditos, con la ciudadanía. Y empezó, sobre todo, con los mercaderes y la banca. El dinero y la riqueza, concentrados hasta el momento en reyes y nobles, debe iniciar un proceso de cambio si se desea seguir creciendo y, sobre todo, si se desea seguir cobrando impuestos que financien conquistas, sueños de grandeza y ansias de guerra de los monarcas.

La riqueza, si está repartida en muchas personas, es un motor que produce más riqueza que si está concentrada en pocas manos. Esa es la gran conclusión a la que llegaron los gobernantes absolutistas. No necesitaban ser sabios o investigadores académicos. Sencillamente, como vimos en el capítulo 2, estaban necesitados de más contribuyentes porque la recaudación no cubría todas sus necesidades.

En este momento de la historia, apenas había repúblicas ni sistemas democráticos consolidados en el mundo. La república de Roma y la democracia de Grecia habían sido un accidente de la historia, más tarde transformados en imperios. Las sociedades no eran todavía democráticas ni libres. Los monarcas saben que la conquista de otras naciones y la defensa de la propia nación dependen de la capacidad de aumentar la recaudación de impuestos. El sistema feudal es un sistema cerrado sin posibilidad de crecer más, así que no hay más remedio que abrir la caja de Pandora y permitir que otras personas puedan prosperar, aunque no sean propietarios de tierras ni de fortalezas. Arranca, sin ser conscientes, el primer paso de la humanidad hacia el liberalismo. Este tardaría aún mucho en llegar, pero la andadura ya ha empezado.

El desarrollo tecnológico en el ámbito de la navegación marítima fue el primer nido de negocio de emprendedores y aventureros que tenían permiso para satisfacer el eterno deseo de hacerse ricos. Pero no nos llamemos a engaño. Las oportunidades no estaban al alcance de cualquiera, no se vivía en una sociedad libre de derechos individuales universales donde cualquiera podía hacerse comerciante, mercante o mercader de la noche a la mañana. Los monarcas seguían administrando el poder y, tanto con la intención de conservarlo como por la inmensa dificultad de las primeras empresas mercantiles, los monarcas europeos administrarían y controlarían el acceso a las oportunidades del comercio marítimo internacional durante muchos años. En sus inicios, la monarquía controlaba la aparición de burgueses comerciantes e inversores. La posibilidad de que cualquiera se enriqueciese, al margen de su raza y origen, ha sido un viaje largo que tardó siglos en completarse.

El apelativo de mercante que se da a una embarcación (barco mercante) proviene etimológicamente del latín *mercari*, «comprar». El mercantilismo es también el nombre que más adelante se dio a una corriente económica que aborda y desarrolla el comercio de mercancías, nacional e internacional. Sobre todo, este último. Muchas de las leyes y normas que regulan el comercio marítimo actual se originaron en la época de los mercaderes de Génova y Venecia, y por eso hoy en día al área del Derecho que se ocupa de regular las actividades empresariales se le denomina Derecho Mercantil, aunque abarque actividades y relaciones que nada tengan que ver con el comercio marítimo. Derecho mercantil, referido en su origen al comercio, abarca hoy desde el derecho a la competencia como el derecho de sociedades, pasando por el derecho de la propiedad industrial o el derecho concursal. Las normas de las empresas de hoy nacieron de las normas de comercio marítimo de entonces. El germen de las empresas nació en la fascinante era de oportunidades de las rutas comerciales.

¿Y qué necesitaron regular estas normas antes que nada?

La capacidad de las personas para asociarse.

Desde luego, asociarse no era algo nuevo. Existen formas de asociación desde mucho tiempo atrás y en muchas otras culturas y civilizaciones.

Aun así, fue en el final de la Edad Media cuando la necesidad de asociarse adquirió una complejidad mucho mayor. Las primeras oportunidades de comercio marítimo no eran aventuras menores. Fletar un barco, conseguir la tripulación, llenarlo de mercancías y transportarlo a otro país para su venta, ganando un dinero, era una empresa llena de riesgos: tempestades, naufragios, piratas, negociaciones fallidas…

La complejidad de una asociación entre personas es directamente proporcional a la complejidad de la empresa que deben llevar a cabo. No es lo mismo asociarse para compartir unos recursos hídricos de regadío o asociarse para talar un bosque que asociarse para crear una ruta marítima entre Europa y América del Sur. Cuanto mayor es la complejidad, más complejo es el tipo de asociación que se precisa; o, cuando menos, más sofisticado.

Es verdad que en un inicio las expediciones marítimas se circunscribieron a Europa, duraban poco tiempo, eran menos arriesgadas. Por eso, entre pocos comerciantes, sin necesidad de crear una empresa, llegaban fácilmente a un acuerdo para fletar una embarcación que transportase sus diversas y variopintas mercancías. Pero esos viajes se fueron haciendo cada vez más largos, los destinos más lejanos y los riesgos, mayores. Los monarcas europeos intentaron explotar por sí mismos las rutas más remotas, pero aquella era una empresa que requería de la intervención privada. Hacía falta tripulaciones, navegantes, comerciantes, administradores… Toda una estructura que las realezas de la Edad Media no tenían y que tampoco sabían gestionar.

Así, los reyes decidieron que no asumirían directamente la administración y control de esas rutas, y se ocuparían de asignarlas a súbditos concretos, con tal de mantener el control y el poder.

No les interesaba crear mercados competitivos. Si el rey quería conservar el poder sobre la ruta comercial y que otro la gestionase, debía asegurar el monopolio de esta. En caso contrario, ¿cuál habría sido la ventaja que el rey concedía?

En definitiva, el nacimiento de las empresas provino de la decisión de un rey y no consistió en la creación de unidades productivas bajo libre competencia, como en la actualidad. Todo lo contrario, las sociedades se crearon para asignarles un monopolio.

Así pues, cada ruta comercial llevaría aparejada un monopolio. Para la ruta de las Indias, la Compañía de las Indias; para la ruta de los Mares del Sur, la Compañía de los Mares del Sur, etcétera.

Una vez asignada una ruta lejana a un noble o a un mercader determinado, este iba a necesitar establecer una compleja y enorme estructura de recursos humanos, navales e incluso militares.

Hacía falta crear una sociedad.

Hasta entonces, las sociedades que más tiempo habían durado y mejor habían funcionado eran las corporaciones medievales, que consistían en el otorgamiento de la potestad y monopolio sobre actividades productivas de toda índole: textiles, de transformación, de explotación, de comercio e incluso profesionales. Eran una especie de gremios y pertenecer a uno de ellos, por designación directa de un rey, autorizaba al «socio» a desempeñar esa tarea o actividad por su cuenta y riesgo. Pero no en grupo, sino de forma individual.

Como anécdota, sepa el lector que de las corporaciones medievales proviene precisamente el actual apelativo de «corporativismo», que hoy empleamos para referirnos a una actitud dirigida a preservar y defender los intereses de una industria o sector determinado. Las corporaciones medievales fueron una forma de asociación extremadamente sencilla y que consistía en la designación de ciertas personas para desempeñar ciertas funciones productivas o profesionales. No eran sociedades anónimas propiamente dichas, pero fueron un primer punto de partida.

¿Cómo se pasó del corporativismo gremial a la sociedad anónima?

En una primera instancia, las corporaciones evolucionaron y adquirieron varias formas: sociedades de personas y sociedades en comandita, más que nada. Pero no fue suficiente.

Los descubrimientos de las Américas multiplicaron de manera exponencial el número de rutas comerciales que, antaño, se ceñían al Mediterráneo y Asia. Países como España, Francia, Inglaterra, Holanda se abocaron de pleno a la colonización. Las inmensas posibilidades de extracción de materias primas, oro, plata, semillas, e incluso esclavos para el comercio internacional exigieron sumas muy grandes de capital, así como una organización cada vez más sofisticada.

Como hemos explicado, cada ruta llevaba asociada un monopolio. Y ese monopolio requería, a su vez, de una fórmula asociativa muy concreta, capaz de afrontar viajes de varios años de duración, y toda índole de eventualidades. Se requerían más funciones, más dinero y que el interés y pactos entre socios se mantuviera durante los años de la expedición. Las asociaciones existentes para viajes cortos no servían para definir compromisos a largo plazo de los inversores, ni para movilizar las grandes sumas de capital que comerciar con las Indias exigía.

Había que adaptar las asociaciones de personas a la explotación de rutas marítimas lejanas y arriesgadas. ¡Eso sí que eran grandes empresas! Y eso fue lo que dio lugar a la creación de la sociedad anónima, nomenclatura que todavía hoy sigue viva, siglos después.

En el próximo epígrafe abordaremos cómo se fue gestando cada una de las características de una sociedad anónima: las acciones, la transmisibilidad de participaciones, los órganos de Gobierno, etcétera. Pero la primera conclusión de cómo surgen las sociedades anónimas resulta sorprendente: la sociedad anónima fue el instrumento para la gestión de monopolios otorgados a dedo por un monarca. Es una grandísima paradoja. Las sociedades anónimas hoy constituyen la esencia del liberalismo económico y de la libre competencia. Pues bien, sepa el lector que nacieron para gestionar monopolios controlados por regímenes absolutistas.

Sin palabras.

LOS MEJORES DISEÑOS SON LOS QUE RESISTEN LOS MAYORES EMBATES
El secretismo y el miedo al escarnio social

En cierta ocasión, un amigo abogado me dijo que un contrato está bien hecho cuando es capaz de responder a cualquiera de las situaciones imprevistas y avatares que puedan producirse.

La afirmación es igualmente válida para muchos otros campos. Como veremos, no hay empresa más difícil que el comercio marítimo en los tiempos en que todavía se navegaba a vela. Los embates, avatares y situaciones que pueden producirse son enormes, y por eso en aquellos tiempos surgieron mecanismos, pactos, acuerdos y formas de funcionar que han durado siglos. Porque eran asociaciones que tenían que resistir situaciones límite.

Ahora bien, las sociedades anónimas de entonces no se diseñaron de la noche a la mañana ni tampoco surgieron fruto de aplicar criterios empresariales, sino que fueron apareciendo poco a poco por razones e intereses puramente personales. De hecho, las características actuales de las sociedades anónimas responden a causas e intereses bastante patéticos, por no decir, en algunos casos, inmorales o antinatura.

Veamos.

El primero de los criterios fue el anonimato. Antes de las sociedades anónimas, existieron las sociedades en comandita, como ya hemos anticipado. Los llamados contratos de «commenda» contemplaban dos figuras: por un lado, al *commendator*, que aportaba el capital necesario para el viaje que iba a realizarse; por el otro, el *commendatario*, que se ocupaba de la expedición. Entre ellos se repartiría el beneficio de la siguiente forma: tres cuartas partes para el socio capitalista y una cuarta parte para quien efectuaba el trabajo. Si salía mal, el inversor perdía todo su dinero. Sea como fuere, el *commendatario* sería la única cara visible del proyecto y todos los proveedores y marineros firmaban con él los acuerdos. Al inversor se le mantenía en el anonimato. El motivo era bien sencillo: a menudo los socios capitalistas desempeñaban cargos públicos, políticos o eran personas allegadas al rey, por lo que deseaban esconder sus actividades económicas personales. En otras palabras, no interesaba que se supiera quién había detrás. Imagínese el lector la cantidad de favores, prebendas, corrupción o intereses cruzados que podía haber bajo mano. Y por eso se decidió que las sociedades fuesen anónimas.

El anonimato es hoy día una cualidad que refuerza la personalidad jurídica propia de la sociedad. Una sociedad tiene entidad por sí misma y no necesita el nombre de nadie. A una sociedad se le puede poner el nombre que uno desee. Pues bien, tal «invención» surgió de la necesidad de ocultar la identidad en tiempos en que los socios capitalistas se aprovechaban de información privilegiada y favores de la realeza. Las sociedades fueron anónimas para que sus propietarios pudiesen actuar al margen de la ley, no para que la empresa gozase de entidad o personalidad jurídica. Si pucdo llamar a una sociedad Compañía de los Mares del Sur, no hace falta que se sepa que un rey me la regaló a mí. Mi identidad queda oculta.

La segunda cualidad fue la de abrir la puerta a un mayor número de socios capitalistas. Las expediciones comerciales de los siglos XVI y XVII podían durar dos o tres años y uno de cada diez navíos acababa hundido, inutilizado por las tempestades o saqueado por corsarios y piratas. Los barcos debían llevar armamento y a menudo había empresas que precisaban la construcción de uno o varios buques. También los puertos donde se atracaba eran inversiones que la compañía marítima había de llevar a cabo, y lo mismo sus defensas, la construcción de fortalezas defensivas en los puertos intermedios hasta los destinos más lejanos de Oriente y las Américas. Es como si, para montar una empresa de camiones de transporte, hubiera que construir las estaciones de servicio de las rutas que operamos y contratar a los policías que vigilan que no los roben. Las compañías marítimas llegaron a ser empresas descomunales que ningún inversor podía acometer por sí solo.

A la hora de cubrir estos gastos, una opción podría haber sido solicitar créditos para financiarse, pero el riesgo era demasiado grande y, además, si quienes organizaban las expediciones no arriesgaban su propio dinero, no serían tan prudentes como si tuviesen que asumir ellos las pérdidas. Por eso la financiación con dinero ajeno no era una opción óptima. En cambio, ser propietario en lugar de deudor obliga a no cometer imprudencias o temeridades evitables. Es decir, calcular muy bien los riesgos.

Así, la propiedad de un negocio nace para que quienes se van a ocupar del mismo actúen de manera más responsable que si el dinero que se arriesga fuera ajeno. La propiedad de una empresa se permitió para conectar los riesgos de esta con el patrimonio personal de quien propone llevarla a cabo. Si se crearon socios accionistas o propietarios de empresas, fue para que arriesgasen su propio capital y no el de los bancos y prestamistas.[15]

Para ser fieles a la verdad, me gustaría introducir un matiz. Cuando he afirmado que los monarcas propugnaron monopolios

---

[15] Si bien muchas compañías marítimas acabaron emitiendo deuda, la aparición del título de propiedad no vino motivado por el interés del inversor en poseer, sino por el interés en vincular a los emprendedores con los riesgos de sus decisiones.

para asegurar el control, el poder y concentrar los beneficios de las rutas en una sola compañía, no he sido del todo exhaustivo. Las grandes inversiones en infraestructuras que exigían las rutas comerciales fueron también una importante razón para hacer de cada ruta un monopolio. Era imposible dejar que el mercado se organizase libremente para hacer posible una ruta comercial. Sería como pensar que entre empresas sueltas va a ser posible ponerse de acuerdo para construir un trazado ferroviario. Hay inversiones, como las de las compañías telefónicas en los primeros compases de la telefonía, que solo las pueden acometer los monopolios. Y así sucedió también con el comercio marítimo años antes.

Por otro lado, había que situar incentivos. Alguien debía beneficiarse en exclusiva de los beneficios de tan monstruosas inversiones, nadie iba a ponerse a competir con terceros en un entorno de tanto riesgo empresarial. Solo si uno es propietario de una ruta comercial determinada invertirá, por ejemplo, en buques de defensa que alejen peligros de cada uno de los trayectos marítimos. Y por eso el comercio trasatlántico devino un monopolio asignado por un monarca, primero a través de una propiedad colectiva, que al fin adquirió la forma de sociedad anónima. Eso, sumado a la corrupción y el poder, desembocaron en sociedades. Fue la confluencia de todos estos factores.

Matizado esto, el fondo no cambia: se necesitaba mucho capital y había que atraer a inversores capitalistas de toda índole, muchos de los cuales deseaban permanecer en el más absoluto anonimato.

Ahora bien, si se movía tanto dinero y la cosa funcionaba mal, las reclamaciones podían ser inasumibles. Los socios capitalistas estaban dispuestos a arriesgar su capital, pero no a arruinarse. O alguien limitaba las posibles reclamaciones de un desastre en una expedición o a duras penas iba nadie a correr el riesgo.

Durante muchos años, la ruina fue una mácula, un escarnio público en las sociedades europeas. Se consideraba que quien se arruinaba mancillaba el nombre de su familia, era algo de lo que no se levantaba cabeza durante generaciones. Y así ha sido y sigue siendo en algunas culturas, especialmente del sur de Europa. Muchas personas hoy en día no quieren asumir riesgos empresariales por la vergüenza social que supone decir a tu entorno que tu empresa ha quebrado. Es algo que se originó en la cultura europea con el mercantilismo, y que, en otras culturas, como por ejemplo la estadounidense, no ocurre. Es más, en Estados Unidos quien quiebra una empresa consigue un trabajo antes que otro que solo ha trabajado por cuenta ajena, debido a la experiencia que se le supone.

Sea como fuere, el limitar el riesgo de arruinarse, tanto por el dinero como por el escarnio social que conllevaba, fue el motivo de la introducción en las sociedades anónimas de la limitación de responsabilidades de los socios capitalistas, la cual es hoy en día un rasgo fundamental de las empresas.

Las sociedades responden de manera ilimitada de sus deudas y compromisos, pero los socios propietarios solo responden con el capital aportado. Si la sociedad quiebra y quedan deudas por saldar, los acreedores perderán su dinero y no podrán reclamar nada a los propietarios de la empresa.

La responsabilidad limitada de los socios de una sociedad fue una de las primeras limitaciones que se crearon para incentivar la asunción de elevados riesgos individuales. Como hemos observado al inicio del capítulo, hasta la fecha, la mayor parte de mecanismos e instrumentos económicos se habían encaminado a incentivar efectos de carácter multiplicador. Pero a medida que estos instrumentos se democratizan y privatizan, se hacen precisos elementos limitantes.

En definitiva, la limitación de responsabilidades personales que constituye el gran cortafuegos patrimonial de todo emprendedor se originó en el miedo al escarnio social y en la necesidad de mantener la reputación del apellido en la época del mercantilismo. Lo que hoy es una salvaguarda económica nació como medida para salvaguardar la reputación familiar, manteniéndola al margen de pleitos, reclamaciones y demandas.

Hoy en día lo observamos como algo natural. Pero en su momento fue algo revolucionario: limitar la responsabilidad al dinero que uno arriesga y legalizar el anonimato de una inversión fueron dos hitos de casi tanta magnitud como lo fue la creación del dinero. Las sociedades llevaban siglos sin avanzar. Sin crecer apenas. Siempre dependiendo de unas normas arbitrarias y déspotas administradas por gobernantes absolutistas en una sociedad jerarquizada y parametrizada.

Crear ricos que pagasen impuestos iba a ser más fácil si se limitaban sus pérdidas y se salvaguardaba el honor de su estirpe. De paso, eso protegería a la empresa de las barbaridades que alguien pudiera hacer con su patrimonio personal. Las responsabilidades limitadas servían para que el patrimonio de la empresa quedase al margen de otras deudas que los accionistas pudieran contraer a modo particular. Si un accionista de una empresa debía dinero a alguien, la empresa, en tanto que persona jurídica independiente, no podía ser reclamada. Asimismo, si se arruinaba la empresa, el accionista no arriesgaba más que lo que había invertido en ella.

La responsabilidad limitada de los inversores era un cortafuegos para todos: para el propietario con relación al negocio y para el propio negocio con relación al propietario.

LA PROPIA ACTIVIDAD VALE MÁS QUE LOS ACTIVOS QUE LA HACEN POSIBLE
La creación de intangibles

La siguiente novedad en el diseño de sociedades anónimas fue la duración de estas. Las primeras sociedades tenían una duración limitada porque se constituían para viajes no excesivamente largos, como hemos explicado. Acabado el viaje, se repartían los beneficios en caso de haberlos y se disolvía la sociedad.

En el año 1602 se constituyó en Holanda la Compañía Neerlandesa de las Indias Orientales. Hasta aquel momento solo había dos formas de salirse de una sociedad: reclamar la disolución de la totalidad de la sociedad, o bien lograr la unanimidad del resto de socios para poder retirarse con el capital invertido. Ambas cosas eran difíciles. Por eso, las primeras sociedades llevaban aparejada una fecha de disolución. El inversor ponía dinero porque sabía a ciencia cierta que en un plazo no demasiado lejano podría retirarlo. A nadie se le ocurría que las empresas durasen más tiempo que el objetivo para el cual fueron creadas. Pensemos que una empresa estaba vinculada a un proyecto, a una expedición. ¿Para qué mantenerla viva después? Era algo impensable.

La Compañía Neerlandesa de las Indias Orientales fue la primera que propuso a los aportadores de capital no vincularse a una expedición o trayecto, sino ser socios por un plazo de diez años. Lo hicieron así porque al cabo de unos primeros años de asociación, si la empresa continuaba en lugar de desmontarla, como de hecho habían acordado, se podía seguir ganando más dinero.

Así, en 1612, cuando llegó la fecha establecida para disolver la Compañía Neerlandesa de las Indias Orientales, en lugar de proceder a su disolución, los comerciantes holandeses consiguieron que se aprobase una nueva ley que permitía que su sociedad pudiera tener una duración indefinida, nada más y nada menos. Lo que es hoy la norma general de una sociedad[16] fue en 1612 la gran excepción.

En realidad, el ser humano había descubierto algo muy relevante para la historia de la humanidad, aunque no fue consciente. No lo fue en absoluto. Había descubierto que una actividad en marcha vale más que todos los elementos que la componen.

Es un grandísimo hallazgo y una tremenda verdad que iba a condicionar, y todavía condiciona, la forma en que emprendemos y gestionamos negocios en el mundo. Consideremos lo siguiente. ¿Cuánto vale Netflix en funcionamiento? ¿Y cuánto valen los derechos de emisión de Netflix, es decir, de aquellas series, documentales y películas que puede emitir? El valor de esos contratos que autorizan las emisiones no son nada en relación con el valor que tiene Netflix como plataforma de contenidos audiovisuales; al igual que las plantas de embotellado de Coca-Cola, tienen mucho menos valor que el registro de la marca.

El valor es la empresa funcionando. El entramado, el nombre, su notoriedad, su reputación, la clientela, su recomendación entre particulares... La actividad de una empresa tiene más valor que los elementos materiales que hacen posible dicha actividad. Eso sucede con muchos negocios. Se le llama fondo de comercio, pero en realidad es algo mucho más profundo. Fondo de comercio hace referencia a la clientela. Yo aquí me estoy refiriendo a algo más sistémico, más filosófico.

La Compañía de los Mares del Sur en marcha, Netflix en marcha o Coca-Cola en marcha valen lo que valen porque *funcionan*. Lo que a partir del Renacimiento surgió en el mundo económico de la mano de las empresas fue algo nuevo y revolucionario: la capacidad de generar riqueza es más importante que la riqueza en sí. La actividad vale más que la maquinaria que hace posible la actividad. El valor es un intangible, el futurible, la idea hecha realidad, la capacidad de explotación futura, un diseño, un modelo de negocio, un entramado de relaciones, un conjunto de elementos: ruta comer-

---

[16] Excepto las uniones temporales de empresas, todas las sociedades se crean sin fecha de caducidad y con la intención de que su duración sea indefinida.

cial, buque, puerto fortificado, soldados, capitanes, marineros, clientes y proveedores conforman la Compañía de las Indias Orientales. Aplicación, software, marca, derechos de emisión, conocimiento de marca y preferencia de canal conforman Netflix. Cada una de estas cosas, por separado y vendidas en forma de activo, valen mucho menos que unidas y dispuestas del modo adecuado. Por eso a una empresa se la llama organización; porque lo que tiene valor es cómo se disponen, como se organizan los elementos.

La capacidad de generar riqueza está relacionada con la capacidad de mantener en marcha la maquinaria que crea esa riqueza. Ahí está el valor: en el diseño y en la vigencia del diseño. Es un valor que, en realidad, materialmente no existe. Es etéreo, invisible, inmaterial. Pero es real como la vida misma. Una sociedad es, por tanto, una máquina de «bombear capital».

El reconocimiento de que la actividad de la sociedad vale más que sus activos se ha convertido en uno de los motivos que nos obligan a seguir trabajando siempre. Mantener el coche en marcha te hace más rico que vender todas las piezas del coche. El tema es que lo segundo permitiría detenerse y descansar, y lo primero obliga a seguir al volante, a seguir con el motor encendido. Y hemos escogido lo primero.

El objetivo es no perder ese valor de actividad que, en realidad, es un futurible que todavía está por materializar. El ser humano está condenado a nunca poder descansar porque no desea perder un valor que, siendo real, es inmaterial. Lo etéreo se convierte, así, en una gran obligación. La actividad en marcha, mantener el coche en funcionamiento es nuestra obligación porque nadie quiere perder el valor futuro creado, la posibilidad de seguir ganando dinero.

Que la actividad valga más que la materia pone a la actividad empresarial en el centro. Mantener viva la empresa es tanto o más importante que la dimensión o salud de la propia empresa. El ser humano se abocó a no parar nunca.

Pero volvamos a las sociedades anónimas del siglo XVII.

ASOCIACIONES QUE SON PERSONAS DE VIDA ILIMITADA
La atribución de identidad

La novedad de eliminar de la ecuación el límite del tiempo que ha de durar la empresa generaba dos nuevos problemas. Y de estos dos problemas surgirán dos conceptos más que ayudarían a modificarían el aspecto del mundo durante los siglos venideros.

El primero de los problemas era que, si una empresa iba a perdurar tantos y tantos años, la entidad debería estar al margen de los socios que la conforman. La actividad de la empresa debía poder pervivir a los propietarios. La solución más lógica y que a la par ofrecía mayores garantías era conceder a la empresa la posibilidad de operar y funcionar con entidad jurídica propia.

Nace de este modo la persona jurídica. Nos hemos inventado a una persona, y de hecho se llama persona jurídica: tiene su documento de identidad, su nombre y su dirección, paga sus impuestos y solo tiene un representante, como si de un menor se tratase, que tiene un tutor. Personas jurídicas que ya pueden —y de hecho muchas lo logran— perdurar en el tiempo más que las personas físicas que las crean. Así, los seres humanos hemos dotado de personalidad a las asociaciones y las hemos hecho más longevas que nosotros mismos.

Pensemos por unos instantes el calado del asunto: hemos concedido a una mera asociación, a un acuerdo, la naturaleza de persona, elevándola a nuestra propia naturaleza jurídica, para así mantener actividades económicas que, de otro modo, no tendrían posibilidad de prorrogarse en el tiempo. El mundo cambió completamente desde entonces.

El segundo problema era que, por ejemplo, los diez años que proponían los socios de la Compañía de las Indias Orientales suponían un plazo de tiempo demasiado largo como para invertir dinero. ¿Cómo atraer a los inversores? Tuvieron una idea: se permitiría vender las acciones de la empresa a terceros en cualquier momento.

Esto era algo que se hacía con algunos contratos, que se compraban y vendían en mercados del norte de Europa y de Italia. Pero no con los títulos de propiedad, lo que hoy llamamos acciones. Esa fue una importantísima novedad porque, por lo general, los socios capitalistas conocían el comercio marítimo. Es decir, la gente invertía en aquello a lo cual se dedicaba, se había dedicado profesionalmente o tenía experiencia. La posibilidad de comprar y vender participaciones abrió las puertas del socio puramente capitalista sin conocimientos ni experiencia en la actividad de la empresa en la cual invertirá. Inversores que creen en el negocio y sus administradores, y deciden darles parte de su dinero para que lo hagan crecer.

Los mecanismos para que los socios pudieran «entrar y salir» de la sociedad a través de la compraventa de acciones no solo sirvieron para que los inversores se atreviesen a invertir su dinero ante empresas de largo alcance y plazo, sino también para conservar el valor etéreo e inmaterial al que antes hemos hecho referencia: el de la idea en funcionamiento.

Así, la Compañía Británica de las Indias Orientales, cuya primera concesión fue por quince años, acabó durando doscientos setenta y tres años, constituyendo una de las empresas más longevas de la historia.

Debemos admitir que esas empresas tenían cometidos no solo prolongados en el tiempo, sino de tanto calado geopolítico que se convirtieron en verdaderos órganos de organización de las colonias europeas, corporaciones que administraban parte de un imperio o, cuando menos, de su actividad. De hecho, hasta bien entrado el siglo XIX las sociedades anónimas que explotaban rutas marítimas fueron protagonistas directas de la historia de Europa.

En fin, ya tenemos sociedades de propiedad anónima y responsabilidad limitada para los socios, con razón social, duración ilimitada y posibilidad de transmisión de sus acciones. ¡Cuánto se ha avanzado desde las simples asociaciones de personas!

Pero falta la organización de los órganos de control. ¿Cómo y por qué aparecieron los consejos de administración?

Los directores generales se creen los dueños
La necesidad de controlar

Los consejos de administración no se crearon para gestionar, sino para limitar el poder. No el poder de los socios ni de los reyes, sino el poder de los administradores, que eran quienes a efectos prácticos dirigían las compañías marítimas. Es decir, lo que hoy llamaríamos, simplemente, gerentes o directivos.

Tanto a los capitanes de los barcos como a quienes administraban estas compañías tan enormes les era bastante sencillo aprovecharse de un sinfín de situaciones. Desde intermediar ventas, cobrar comisiones, erigirse en parte vendedora en puerto destino hasta beneficiarse de las variaciones de los precios de las mercancías que transportaban. Y por supuesto que hacían todas estas cosas, lucrándose de su privilegiada posición.

El control de las compañías estaba en manos de quienes las gestionaban hasta unos extremos hoy inimaginables. Para que nos hagamos a la idea del poder que tenían, los administradores y capitanes consideraban que su cargo era hereditario. Designaban ellos mismos a sus sucesores, quienes por lo general eran sus hijos. Como si hoy día el director general de la Nestlé designase como sucesor al frente de la multinacional a su vástago.

A diferencia de lo que ocurre ahora, los inversores no tenían derechos de voto en muchas de las decisiones y no siempre tenían acceso a la información, con lo cual estaban totalmente en manos de los administradores.

Era un escándalo porque los administradores y capitanes de los barcos acababan quedándose el grueso de los beneficios, y tomando decisiones que les favorecían personalmente por encima del interés de los socios.

Cansados de todo ello, en el año 1623 los principales inversores holandeses de las sociedades mercantiles lograron una modificación de estatutos en Holanda, que limitaba los poderes de los administradores de las sociedades mercantiles concesionarias. Se estableció un máximo a su retribución y se creó no solo un sistema de voto para los accionistas de mayor peso accionarial, sino también un sistema transparente de información. Para todo ello se creó en Holanda el llamado «Comité de los Nueve», un órgano social formado por los primeros inversores. Este comité era el que nombraría los administradores, responsables, gobernadores de la compañía y tomaría las decisiones más relevantes.

Había nacido el precursor de los consejos de administración de las sociedades anónimas modernas.

La historia se repite. Recomiendo encarecidamente la que fue obra póstuma del gran pensador y economista John Kenneth Galbraith, *La economía del fraude inocente*. En ella se explica cómo las grandes corporaciones globales de finales del siglo XX y principios del XXI se han convertido en empresas al servicio de los directivos que las gobiernan, cuyo poder y capacidad de enriquecimiento es superior al de sus accionistas, quienes han perdido toda capacidad de comprender qué sucede en las empresas cuyas acciones ostentan, por qué sucede y cuál es la lógica del negocio. No porque sean incapaces, sino porque son empresas tan grandes y complejas que los propietarios no saben cómo influir sobre las mismas. Los propietarios volvieron, cuatro siglos después, a ser víctima de los gestores.

El conflicto vuelve una y otra vez a repetirse porque la división entre capital y trabajo sigue siendo un asunto no resuelto. Sépalo el lector: los consejos de administración no nacieron para administrar, sino para frenar la corrupción de los administradores.

PARA SER SOCIEDAD NO NECESITO A UN GOBIERNO
La conquista liberal en la emancipación de lo público

Durante los siglos XVIII y XIX, la tónica fue bastante similar a la que acabamos de ver. Hasta la Revolución Industrial, el tejido empresarial de las sociedades occidentales estaba muy polarizado. Lo constituían, por un lado, pequeñas empresas, profesionales y comerciantes, los herederos de las corporaciones que continuaron durante muchos años. En el otro extremo estaban las sociedades anónimas: empresas descomunales que gestionaban monopolios estatales. Pero no había nada, o casi nada, entre ambos extremos.

Paulatinamente, a medida que aparecían descubrimientos tales como el vapor, el ferrocarril, la electricidad o las comunicaciones a distancia, los Gobiernos, fueran monarquías o repúblicas, creaban el monopolio correspondiente, lo convertían en sociedad anónima, y se convertían en un instrumento económico del Estado.

Pero llegó la Revolución francesa. Y, más tarde, la Revolución Industrial. Y muchas actividades que requerían grandes inversiones empezaron a ser posibles con menores cantidades de capital. Y pudieron aparecer los empresarios independientes, la pequeña, mediana y gran empresa.

Pero no fue solo una cuestión técnica o financiera. Fue un conjunto de elementos, la confluencia de las ideas, la política, la tecnología y la demografía.

La Ilustración emancipó a la razón del predestino.

La Revolución Industrial emancipó a la sociedad anónima del monopolio.

La Revolución francesa emancipó al individuo del Estado.

La primera arranca en 1715; la segunda, en 1760; la tercera, en 1789.

La confluencia temporal de las tres puso al individuo en el centro de la sociedad y, por tanto, también de la economía.

El siglo XVIII fue el siglo en que las sociedades anónimas —entes hasta entonces enormes, públicas y monopolísticas— dejaron de ser instrumentos puramente estatales para permitir al ciudadano libre, emprendedor, inversor, aventurero y trabajador asociarse y crear valor económico. La libertad social, intelectual y política trajo aparejada la libertad económica, la cual encontró su principal aliado en la sociedad anónima y, más adelante, en la sociedad de responsabilidad limitada, que no es sino una prolongación o simplificación de la primera.

Así, los ciudadanos pidieron esta vez que a las empresas se las dotase de personalidad jurídica no para proteger a nobles privilegiados sino porque era la fórmula ideal para dar vida y continuidad a contratos entre personas libres que decidieran unir sus esfuerzos para cualquier causa económica al margen del Estado. ¿Por qué una empresa debía tener un origen público? El Estado no era necesario mientras las personas que se uniesen así lo desearan y tuviesen un proyecto propio por el cual apostar e invertir.

Ahora sí que puede nacer el liberalismo.

Entre los siglos XVII y XIX, el tejido empresarial de las sociedades occidentales fue de corte público, pero a partir de 1900 ya aparecieron sociedades de toda índole, para todo tipo de actividad y del más variado tamaño. A partir de finales del siglo XIX y principios del siglo XX se dispara el emprendimiento privado. Las sociedades anónimas y de responsabilidad limitada pasaron a ser un instrumento para el sector privado, la herramienta principal del liberalismo. Desde el año 1930 ya la práctica totalidad de empresas que se fundan son cien por cien privadas. Solo cincuenta años antes, estas eran una anécdota.

Pero sin los monopolios previos, la empresa privada no habría llegado.

El liberalismo es hijo del monopolio, un hijo emancipado del Estado, pero vástago de este, guste o no.

Y esta fue la verdadera historia de cómo las sociedades anónimas irrumpieron en el mundo.

Es también a partir del inicio del siglo XX que la riqueza per cápita se dispara en el mundo. Por supuesto, esta riqueza por habitante se ha debido a multitud de factores, no solo a la creación de empresas. Demografía, medicina, esperanza de vida, tecnología, educación... La riqueza se ha disparado por un conjunto de elementos, pero las sociedades anónimas y de responsabilidad limitada han sido el instrumento central, los actores principales que han «fabricado» el inmenso valor económico del cual gozamos en la actualidad la especie humana.

Los monarcas europeos del Renacimiento permitieron la creación de sociedades anónimas para mantener su hegemonía y recaudar más impuestos y afianzarse en el poder, pero los ciudadanos occidentales le dimos la vuelta al invento de la realeza, y eso supuso el estertor de muchas de esas monarquías.

Los súbditos, los ciudadanos, decidimos que la naturaleza jurídica de una sociedad debía provenir de una titularidad colectiva y no de una prebenda. Decidimos que, si una sociedad podía ser anónima, debía ser para otorgar el derecho de un grupo de personas a desvincular de sus patrimonios particulares el acto de emprender y no para ocultar la titularidad de un funcionario favorecido por un gobernante absolutista. Decidimos que se iba a permitir desinvertir de una empresa vendiendo las participaciones para otorgar garantía de liquidez al capital y no para hacer que las empresas pudieran vivir más tiempo.

Todo eso decidimos. Le dimos completamente la vuelta a la sociedad anónima, como quien le da la vuelta a un calcetín. Tomamos lo mejor de ella y desechamos lo peor. Y con ello lanzamos nuestro eterno deseo hacia las estrellas.

Los seres humanos acabamos por dar sentido a lo que nace de forma anecdótica y a veces lamentable. Así que cuando, en algún momento futuro, alguien cuestione el poder de los accionistas o la personalidad propia de la empresa o el anonimato de los accionistas o la compraventa de acciones, eche mano el lector de este capítulo y recuérdele a su interlocutor que las sociedades anónimas provienen de actividades monopolísticas asignadas a dedo por tiranos absolutistas; que las sociedades se hicieron anónimas para ocultar los políticos que se beneficiaban de dichos monopolios; que se permite la venta de acciones para evitar que se creen empresas con fecha de disolución; que los consejos de administración se hicieron para controlar a los mangantes que gestionaban las primeras empresas marítimas; que las empresas hay que mantenerlas vivas para que la sociedad no pierda el valor que les supone que sigan en marcha; y que si hoy día las dotamos de personalidad jurídica, es porque hace muchos siglos la gente no quería ver el nombre de su estirpe mancillado para el resto de sus días y decidió que las responsabilidades y las culpas a ellas asociadas debían tener un límite.

8
EL NEGOCIO DE LA PROBABILIDAD

APOSTAR CONTRA LA VIDA DE ALGUIEN ES LEGAL
El cálculo de probabilidades

El 25 de diciembre de 1995, día de Navidad, falleció un abogado y notario francés llamado André-François Raffray. Había sido un hombre relevante en Arles, donde residía, pero su fama no se debió a sus publicaciones o estudios jurídicos, sino a uno de los más desastrosos cálculos de probabilidad de la historia.

Treinta años atrás, un día de 1965, Raffray se reunió con una anciana vecina de Arles, Jeanne Calment, que acababa de cumplir los noventa años. Pese a su avanzada edad, Jeanne goza de buena salud y parece tener la cabeza bastante clara, aunque está preocupada porque va muy justa de dinero cada mes. Dispone de un coqueto apartamento, pero lo necesita para vivir, así que no puede venderlo. Tras explicar su problema al notario días antes, este le hizo una propuesta: una hipoteca inversa.

Una hipoteca inversa es en el fondo una apuesta. No es muy distinto a apostar a los caballos, a los dados o a la ruleta. En los juegos de azar, el jugador arriesga su dinero y lo somete a una probabilidad. Cien euros al rojo, por ejemplo; la probabilidad es del 50 %: si sale negro lo pierde todo, si sale rojo se le devuelven los cien euros y se le añaden cien más de ganancia. El montante del premio es inversamente proporcional a la probabilidad de ganar. Cuanto menos probable sea, mayor es el premio, y viceversa.

Pues bien, en una hipoteca inversa, el otorgante de la hipoteca está apostando contra la supervivencia de la persona. El apostante no va a matarla ni desea que fallezca. Sencillamente, existe una esperanza de vida conocida que parte de un promedio, una media aritmética: algunas personas fallecen jóvenes, y otras viven más años que la media. La esperanza de vida en Francia, en 1965, era de setenta años, una edad promedio que Jeanne Calment ya había sobrepasado con creces. Y, además, André observa cómo enciende un cigarrillo. Eso le ratifica en la idea de que el trato que está a punto de firmar es un gran negocio: la anciana no puede vivir mucho más. Así que va a realizar una apuesta en forma de hipoteca inversa, lo cual convierte una apuesta que se nos antoja inmoral en algo no solo legal sino socialmente recomendable.

André-François ofreció a Jeanne Calment una renta mensual vitalicia de 2.500 francos a cambio de que a su muerte le dejase el piso en herencia. Ella no tenía herederos, así que el acuerdo era muy bueno para ambos: estaba «vendiendo» su piso en lugar de dejarlo a la beneficencia, y el precio, más que alzado, consistía en un sueldo de por vida. De por vida, a los noventa años.

Jeanne podía haber realizado los mismos cálculos que André-François. Supongamos que va a vivir hasta los cien años, lo cual era mucho suponer. Diez años más equivalen a ciento veinte cuotas de 2.500 francos, que, con el tipo de cambio y la inflación, hoy día equivaldrían a unos 350 euros mensuales. ¿Mucho o poco?

El notario es aún joven, tiene cuarenta y siete años, así que vivirá más que ella y, dado que se gana bien la vida, la anciana tiene la completa seguridad de que va a percibir su pensión mensual viva lo que viva. ¿Qué más le da sacar algo más de dinero? Ella busca seguridad. Y él busca negocio.

La seguridad de Jeanne es el negocio de André-François. A ella no le faltará nada y él va a comprar un piso a muy buen precio, suponiendo que Jeanne viva hasta, por ejemplo, los noventa y cinco años. Tras verla prender otro cigarro, el notario firmó el contrato y pensó para sí que el apartamento iba a salirle incluso por una décima parte de su valor de mercado. Difícilmente la anciana fumadora viviría más de dos años. «Aunque se la ve bien, la verdad», se dice al despedirse, con una sombra de duda.

Y tan bien se la veía, porque Jeanne Calment resultó ser la persona más longeva de la historia. Su récord aún no lo ha superado nadie: vivió 122 años y 164 días.

Es fácil imaginar la desesperación del notario conforme transcurría el tiempo y la anciana no fallecía. Veinte años después de la firma, cuando André-François tenía sesenta y siete años y estaba ya prácticamente jubilado, la anciana, de ciento diez años, dejó de fumar porque decidió trasladarse a vivir a una residencia de ancianos y estaba prohibido el tabaco. Por ella, habría seguido fumando. Hacía solo diez años que había dejado de montar en bicicleta por Arles, vehículo en el que pedaleó hasta los cien años para hacer sus recados.

La cuestión es que, en 1995, falleció.

Falleció el notario, no Jeanne Calment, que seguía viva.

La viuda del notario hubo de seguir pagando la cuota mensual de la anciana centenaria. La noticia salió publicada en todo el mundo. El diario *El País* se hizo eco de ello y lo leímos todos los españoles. Jeanne aún vivía, faltaban dos años y pico para su óbito.

Cuando por fin murió, la vivienda de la difunta pasó a manos de los herederos del notario. Sumando las cuotas, habían pagado cuatro veces el precio que ahora podían pedir en el mercado. Eso es lo que tiene apostar. Apostar contra la vida de alguien es legal, pero si lo haces puede salirte muy caro, porque de vez en cuando pasan cosas que no suelen pasar, como que alguien viva ciento veintidós años o que uno tenga un accidente de coche. Algunos lo llaman percance o imprevisto o desgracia.

En el mundo de los seguros se llama siniestro. Y, para cada siniestro, las compañías de seguros conocen la probabilidad de que este suceda. En descargo de André-François Raffray, diré que cualquier compañía aseguradora o entidad financiera que ofreciese hipotecas inversas también habría firmado el contrato con la buena de Jeanne.

Democratizar los riesgos
Insolidaridad y compasión como raíz de los seguros

Si bien el acuerdo firmado entre la nonagenaria y el notario de Arles no es un seguro propiamente dicho, la lógica que subyace es la misma. Una pequeña cantidad de dinero se va a mover cada mes entre dos partes. En caso de que acontezca el evento que ambas partes acuerdan asegurar, la parte que recibe las cuotas mensuales abonará una indemnización. Así, el notario abonaba cada mes determinada cuantía y, si se producía el siniestro, en este caso el óbito, la anciana entregaba el piso («la indemnización») al notario. Es el mismo esquema que un seguro.

¿De dónde provienen los seguros? ¿Cómo y a quién se le ocurrió inventar un sistema de previsión por el futuro?

Los seguros como producto financiero son muy recientes, pero el mecanismo subyacente tiene miles de años de antigüedad. Los primeros seguros nacieron para democratizar la compasión. En los asentamientos del Antiguo Egipto, se producía de vez en cuando una muerte a temprana e inesperada edad. Los ritos funerarios eran de suma importancia, no solo para los faraones. Según las creencias religiosas egipcias, el sepelio era el proceso mediante el cual se accedía a la vida eterna, así que dejar a un vecino sin vida eterna era el peor de los tratos que podían dispensarle a uno. Cuando alguien moría joven y no había tenido tiempo de ahorrar para su propio entierro, se hacía una colecta entre todo el pueblo y se le daba una sepultura no solo digna, sino eterna.

Esto originaba dos problemas. Por un lado, no todo el mundo estaba dispuesto a aportar dinero, con lo que podemos imaginar las disputas internas que estas situaciones desencadenaban. Quizá recolectaban dinero para el entierro de un joven esposo, y tiempo después su viuda no aportaba cantidad alguna en una recolecta futura. Incluso en el caso de que la aportación fuese obligatoria, no siempre el momento de realizar aportaciones era el oportuno. Ese era el segundo problema. Tal vez coincidían varias colectas con un año de malas cosechas y lo que doce meses antes no habría sido inconveniente aportar sí lo era ahora, incluso para los egipcios favorables al donativo.

La forma de solucionarlo fue sencilla. Para que todo el mundo estuviera cubierto de una eventual muerte en su familia, se recogería una pequeña cantidad obligatoria con una cierta cadencia temporal. De este modo, se solucionaban todos los conflictos. Primero, el verte obligado a aportar un dinero no previsto cuando no te va bien, porque cada equis tiempo uno sabía que era obligatoria la aportación y se planificaban en consonancia: el seguro nace para sufragar entre todos poquito a poco y de antemano lo que quizá tendremos que pagar después, por sorpresa y de un plumazo; la mutualidad no es solo un sistema de previsión para un apoyo mutuo, es un sistema de previsión de pagos de un dinero que habría que poner sí o sí. Y, en segundo lugar, cualquiera que falleciese sin haber tenido tiempo de apartar recursos para su propio sepelio sabía que sería enterrado siguiendo el ritual preciso para acceder a la vida eterna. Si todos ponemos dinero, todos nos aseguramos la vida eterna. Esa fue la lógica de las civilizaciones más antiguas.

En la actualidad, a esto se le llama mutualizar un riesgo.

Mutualizar parte del adjetivo *mutuo* que, a su vez, proviene del latín: *mutuus*, que significa «recíproco».

La mutualización funciona por un sencillo motivo: uno no sabe si va a ser el notario a quien la anciana le dure ciento veintidós años. Es decir, uno puede ser el desafortunado y, como no lo sabe, esa probabilidad se convierte en la motivación para aportar una pequeña cantidad de dinero. Aporto una pequeña cuantía regularmente porque, si me sucede a mí la desgracia, accederé a una gran cuantía de dinero del que, de otro modo, jamás dispondría.

La mutualización es una forma de solidaridad, pero de solidaridad organizada. Del mismo modo que Aristóteles decía, con toda la razón, que cuando todos han de ocuparse de algo, nadie se ocupa de nada, cuando todos han de ayudar al desafortunado, no siempre lo harán todos. Así que, de la misma forma que la propiedad privada asegura que alguien se cuide y mantenga lo que es suyo, la mutualización existe porque la posibilidad de un infortunio es universal, mientras que el infortunio ya materializado solo corresponde a uno. Y ese uno, por sí solo, ya nada puede hacer. En cambio, la probabilidad de desgracia no es de naturaleza privada, es de todos.

Si lo pensamos unos instantes, caeremos en la certeza de que la mutualización aconteció en la humanidad porque algunos no devolvían el favor. Si todos hubiesen prestado asistencia a todos cuando hubiese sido preciso, no habría hecho falta mutualizarse. La mutualización es la sistematización y ordenación que sustituye a la falta de solidaridad de personas sin caridad, compasión ni escrúpulos. El seguro no es una forma de solidaridad, es en realidad un mecanismo para evitar la insolidaridad de algunos. Había aprovechados que no solo no contribuían en las colectas, sino que prestaban dinero mediante usura a los que sufrían una desgracia. De hecho, por eso en la Edad Media los filósofos cristianos prohibieron la usura, y la condenaron atribuyéndole la cualidad de pecado. Porque sonsacar dinero a quien estaba bajo un sufrimiento del cual no era culpable se consideraba inmoral.

El seguro es la democratización de la compasión, y debemos a los egoístas y usureros de este mundo el descubrimiento de la mutualización. Igual que la propiedad privada surgió del Estado, las empresas de los monopolios, o el intercambio del miedo a ser vengado, los seguros o la universalización de las desgracias se los debemos a quienes trataron de privatizar el dolor: a los avaros, egoístas, aprovechados y caraduras. Gracias a ellos, decidimos que o todos o nadie. Y que, si íbamos a ser todos, tendríamos que mutualizarnos. Los seguros son hijos directos de la insolidaridad. Así de claro y así de crudo. Si el ser humano fuera totalmente solidario, no habría surgido la mutualización. Aunque tampoco lo habría hecho si eso no nos importara, si no fuéramos compasivos.

A lo largo de la historia, se han recogido algunos modos para mutualizar las desgracias. La historia antigua no es rica ni prolífica en formas de mutualización. Conocemos casos en Babilonia (Código de Hammurabi), en el Antiguo Egipto, Grecia y Roma. En todos los casos, el objeto asegurado era la muerte, el entierro. No deja de ser paradójico que lo primero que los hombres quisimos asegurar fue nuestro futuro una vez no estuviéramos en la Tierra. Si bien existen todavía seguros de decesos, hoy pensamos en los seguros, sobre todo, para asegurar eventualidades mientras estamos vivos, no para cuando no estemos en el mundo. Tenemos seguro de coche, de robo, de incendios, de daños a terceros, de viaje, de hogar, de equipos informáticos, de tipos de cambio... La inmensa cuantía de dinero que hoy día se mueve en el mundo en el sector asegurador son para cosas de vivos, no de muertos. Pero fue la muerte, el más allá, la desesperación por desaparecer para siempre de la vida, el inmanente deseo de nunca morir lo que nos convenció de que valía la pena gastar en probabilidades de sucesos *inter vivos*.

El tiempo en que no íbamos a estar en el mundo, tiempo en que todos nuestros seguros vencen, fue el primer tiempo que se aseguró.

¿POR QUÉ NO HAY SEGUROS POR SI NO TE TOCA LA LOTERÍA?
El instinto de querer tenerlo todo cubierto

Gracias a todo esto, el hombre hizo otro descubrimiento económico: estamos dispuestos a pagar por probabilidades. Por eventualidades. Por cosas que no habían ocurrido, pero podían ocurrir. Lo habitual era pagar a cambio de «algo», sea comida, un animal, o incluso un corte de pelo. Pero... ¿pagar por «algo» que no había sucedido?

La utilidad de esta conducta humana era, a todas luces, enorme. El que las personas estuviéramos dispuestas a entregar parte de nuestro ahorro para repartirnos los costes de la desgracia que solo a uno o unos pocos podía acontecer constituía un mecanismo de infinitas aplicaciones y utilidades.

Serviría para erradicar miedos.

Erradicar miedos en una sociedad sometida a un régimen totalitarista no es demasiado rentable. En Corea del Norte, por ejemplo, el sector asegurador no existe porque es el régimen, el Partido, quien provee lo poco que haya que proveer. En la Edad Media tampoco había demasiados seguros (alguno había, enseguida lo describiré), porque a los reyes les interesaba que el miedo campase por sus feudos. Pero en una sociedad libre, el miedo es un grandísimo inhibidor de la acción humana.

A mediados de la década de 2010, recibí el encargo del Servicio de Estudios del Sector Asegurador Español de escribir y producir un cortometraje con fines divulgativos y educativos que pusiera de relieve y de manifiesto el inmenso valor social que los seguros revisten. Se me ocurrió darle la vuelta al tema. No habría mejor forma de darnos cuenta de cuánto han contribuido los seguros al mundo económico que imaginar qué sucedería si no existieran.

El cortometraje se tituló *Un mundo sin seguros* y está disponible en internet. Consistía en una distopía futura en la que, debido a una serie de malas praxis e inadecuada gestión, las compañías aseguradoras del mundo habían ido extinguiéndose como cuando se extinguieron los dinosaurios. Se trata de un documental supuestamente rodado en el futuro, donde se narra qué sucedió en el mundo: la gente dejó de comprar, de invertir, de montar negocios. Claro, las responsabilidades si atropellabas a alguien con tu coche, sin posibilidad de suscribir una póliza de auto, recaían sobre el conductor. Indemnizaciones millonarias a un viandante que uno debía sacar de su bolsillo. Ante esa posibilidad, la gente dejó de conducir y de adquirir coches. Lo mismo con un accidente laboral: si un empresario ha de indemnizar de su bolsillo a un trabajador que ha sufrido un accidente, su empresa se verá sometida a importantes e inesperadas pérdidas. Resultado: quiebras generalizadas y desaparición del emprendimiento con la consecuente desaparición final del tejido empresarial. Y así todas las actividades habidas y por haber. Se demuestra que un mundo sin seguros sería pobre y mísero.

En los cursos a directivos donde abordo la gestión del miedo explico que «el miedo se cura con información». Pues bien, el miedo al futuro socio-económico se cura con seguros.

En la primera etapa de la historia de los seguros se aseguró el más allá. En la segunda etapa, entraron las mercancías.

Por cierto, que las primeras «mercancías» que se aseguraron fueron los esclavos. Los transportistas de esclavos suscribían contratos en que quedaban exentos de la devolución, total o parcial, de los préstamos que financiaban las expediciones en caso de que los esclavos que viajaban de un continente a otro para su venta fallecieran durante la travesía.

Lo siento por los profesionales del sector asegurador —sector en el que he trabajado muchísimo y al que respeto enormemente por su seriedad, rigor y compromiso social—, pero en los orígenes del seguro está la insolidaridad, la muerte y la esclavitud. Gracias a este terrible sufrimiento, hoy podemos disfrutar el seguro de coche u hogar.

Tras los esclavos, tocó el turno a las mercancías «normales».

Es muy curiosa la forma que idearon siglos atrás los primeros mercaderes chinos para asegurar sus mercancías. Lo que hacían era repartir el género entre los distintos barcos fletados: en lugar de que cada embarcación llevase un tipo de producto, todos los barcos llevarían una pequeña parte de cada mercader. De este modo, si se producía un naufragio o un saqueo, el impacto de las pérdidas se repartía entre todos los mercaderes por igual. Todos perdían una fracción de sus mercancías, pero nadie lo perdía todo.

Durante el Renacimiento y parte de la Edad Media, coincidiendo con las expediciones navales de ultramar narradas en el capítulo anterior, los seguros de mercancías se empezaron a diseminar y generalizar.

En el año 1688, Edward Lloyd fundó una cafetería en Londres. En aquella cafetería se centralizaba toda la información sobre los buques y expediciones: fechas de partida, meteorología, tripulación, mercancías, mandos al frente de las expediciones, destino... Toda esa información servía para tomar decisiones. Dónde invertir... y contra qué apostar. Los londinenses se reunían en

Lloyd's Coffee House, y apostaban si un barco llegaría o no a su destino. O si lo haría en la fecha prevista. Ya sabemos que a los británicos les encanta apostar: apuestan a los caballos, a los galgos y también apostaban a los barcos. Lloyd decidió crear un boletín informativo que se convirtió en la principal fuente de información para las apuestas. De pronto, se empezó a desdibujar el límite entre una apuesta sobre el posible hundimiento de una nave y un contrato formal de seguros.

Justamente así se iniciaba este capítulo del libro: un notario apostando por la muerte de una anciana. La conexión entre apuestas y seguros es bien fina. En Lloyd's se formalizaron solicitudes de préstamos y de coberturas de riesgos en base a la información utilizada para las apuestas. Los seguros estaban empezando a fraguarse. Al cabo de ochenta años, un grupo de inversores que todavía se reunían en la cafetería formó la Lloyd's Register, la Sociedad de Lloyd. Hoy es una de las principales aseguradoras del mundo.

Los primeros seguros fueron, a su vez, una prolongación y derivada de la mutualización gremial. Los gremios de las profesiones se organizaron incluso antes que el comercio marítimo para cubrir eventualidades entre los pertenecientes a cada oficio.

Se llamaban las guildas, y eran asociaciones de personas de un mismo gremio que, cada uno con una cuota, contribuían a elevar y mantener un capital que actuaba como fondo de garantía para cualquiera de los participantes. En caso de enfermedad, fallecimiento o incluso un incendio, el fondo común paliaba las pérdidas de cualquiera de ellos.

¿Por qué esa conexión tan estrecha, que todavía hoy perdura, entre gremios y profesiones y sus fondos de cobertura? Pensemos en la Mutualidad de la Abogacía o la Mutualidad de los Médicos, por poner dos ejemplos. Creemos que es debido al corporativismo o a una malentendida protección de intereses profesionales, y no es cierto. La mutualización gremial no es una cuestión de pertenencia, sino una cuestión matemática. Todo seguro responde a una lógica entre probabilidad del suceso e impacto sobre la persona afectada. No es igual de probable la fractura de tibia de un informático que la de un futbolista profesional, y el impacto sobre sus ingresos es también muy dispar. Las aportaciones de cada mes para cubrir las indemnizaciones son totalmente distintas. Se verá muy claro si lo planteamos desde el lado contrario. ¿Cuánto deberían aportar el futbolista profesional y el informático si quieren crear una sola mutua para los profesionales de ambos sectores? Le aseguro que no van a ponerse de acuerdo. Ni en las cuantías de las indemnizaciones ni en los siniestros a los que dar cobertura ni en la cantidad a abonar cada mes.

Dado que la mutualización de riesgos es una lógica sujeta a probabilística —lo que se ha dado en llamar la ciencia actuarial—, cuanto más similares sean dos actividades, más sencillo y equitativo resultará repartir las cuotas e indemnizaciones. La similitud de actividades entre mutualistas equipara presupuestos disponibles y riesgos asumidos, minimizando eventuales situaciones de insolvencia y de desprotección para los pertenecientes al gremio.

Y por eso los primeros seguros de la historia y las primeras mutuas fueron gremiales y profesionales. La razón es puramente matemática y no corporativa o proteccionista, como mucha gente cree.

Sea como sea, la mutualización produce que la eventualidad particular se convierta en universal. A todos nos acontece cada mes, en una pequeña medida, lo que solo a uno acontecerá en un momento futuro. Eso inventaron también los chinos cuando decidieron repartir mercancías entre todos los barcos.

Pero ¿qué pasaría si la desgracia nos alcanza a todos? Pues que el seguro es imposible. Veámoslo al revés. No existe un seguro por si no te toca la lotería porque, excepto al agraciado con el primer premio, perder, que sería la eventualidad asegurada, es lo que sucede a todos menos a uno. Si un acontecimiento es universal, no puede asegurarse. Por eso en todas las pólizas suele aparecer en la llamada «letra pequeña» la relación de causas de nuestro siniestro que quedan exentas. Y suelen hacer referencia a hecatombes naturales, huracanes, terremotos, inundaciones... Desgracias globales. Dado que nos «habrá tocado la lotería a todos», el seguro queda exento de sus responsabilidades y obligaciones. La aleatoriedad consiste en que algo solo suceda a unos pocos y de forma que no se pueda prever.

Y por eso hay, entre muchos otros, los seguros de automóvil: porque responden exactamente a la lógica actuarial. Un suceso aleatorio que solo sucede a unos pocos y es casi imposible prever a quién.

LAS COMPAÑÍAS ASEGURADORAS NACIERON DE UN SEGURO IMPOSIBLE
El efecto disuasorio

Dicho todo lo anterior, como siempre en ciencias sociales, hay alguna excepción que impide que tengamos reglas o leyes universales, como en la física. Sí hay una cobertura para toda la población de un país de un suceso que nunca se ha producido a escala completa. Se trata de la cobertura o seguro que proporcionan los Gobiernos a los depositantes de los bancos.

Casi todos los Gobiernos de los países desarrollados responden del efectivo[17] que usted tiene depositado en el banco en caso de que nos diera a todos, presas del pánico financiero, por acudir a retirar nuestros ahorros de la cuenta. Si eso ocurriera, los bancos no dispondrían de suficiente efectivo para todos los clientes. Los Gobiernos quieren evitar que algo así pueda suceder, pues una retirada masiva de depósitos es algo que podría provocar una hecatombe financiera en un país. De modo que utilizan la lógica del seguro para darnos cobertura de algo que, en realidad, no podrían: convertir en efectivo toda la masa monetaria de un país. Es el seguro más grande e importante de cualquier sociedad. Es la única eventualidad universal asegurada.

Si, llegado el caso, el Estado no podría responder, ¿por qué se compromete a hacerlo?

Pues porque la sola cobertura de la eventualidad es el disuasorio de que no a todos los ciudadanos se les ocurra retirar sus ahorros, aunque se enteren de que su banco está pasando por ciertas dificultades. Al decirnos que si queremos nuestro dinero en efectivo nos lo dará, el Estado consigue que no queramos retirar nuestro efectivo.

No sé si alguna vez sucederá, pero le diré algo: en el peor de los casos, el Estado imprimiría todos los billetes necesarios hasta que la gente se tranquilizase. Lo haría porque sabe que, antes o después, ese efectivo volvería a ser depositado en un banco y la proporción de efectivo en manos del público respecto a la masa monetaria total volvería a normalizarse.

---

[17] En realidad, la cobertura es de 100.000 euros por cuenta y depositante. Dados los saldos medios de los españoles esto equivale, a efectos sistémicos, a asegurar el dinero de todos los españoles.

Asegurar los depósitos bancarios es, en realidad, asegurar aire. Tan pronto el aire se hiciese agua, enseguida se evaporaría y volvería a ser aire. Asegurar depósitos no supone perdonar deudas. Entraña únicamente la garantía de que el dinero que obra en nuestro poder —ya sea ahorrado o prestado por una entidad financiera— es verdaderamente dinero. Puede hacerse porque, en realidad, no se está asegurando nada que no vaya a recomponerse solo con el tiempo. Sería como si se inventasen unos coches que, tras colisionar, se arreglasen solos de forma automática tras dejarlos aparcados una semana en casa. En tal caso el Estado aseguraría todos los vehículos del país, ¿verdad? Pues eso.

La cobertura de depósitos es el único seguro universal. No hay seguros para desastres naturales que afecten a toda una población. El seguro está basado en que pringuen unos pocos, eso incentiva a que todo el mundo quiera estar asegurado.

En la Edad Media algunos señores feudales idearon una forma de seguro bastante curiosa, una mezcolanza entre peaje de autopista y seguro de robo. Consistía en que el señor feudal situaba soldados en los lindes de sus tierras y cobraba una pequeña cantidad de dinero a los viajeros que atravesaban sus feudos. A cambio de ese pago, el señor feudal se comprometía a que, si bandidos o ladrones asaltaban al viajero, se le restituiría el valor de todo lo robado. Era una forma de demostrar que en sus feudos se perseguía a los forajidos y sus rutas eran seguras. Todas las formas de seguros hasta entonces consistían en una mutualización entre ciudadanos. Por vez primera, alguien que no participa de la actividad asegurada (el viaje) va a participar en un intercambio económico para cubrir el siniestro (el robo). Uno (el señor feudal), que asegura a muchos (los viajeros). Los señores feudales fueron la primera compañía privada de seguros de la historia.

Tardarían aún tres siglos en nacer las compañías de seguros propiamente dichas. Y lo paradójico es que surgieron a partir de la oportunidad detectada por un suceso que no podía ser asegurado: el incendio de Londres en 1666.

En la madrugada del 2 de septiembre de dicho año, el panadero del rey Carlos II descubrió que su horno estaba en llamas. Dio la alarma, pero no hubo tiempo de contener el fuego. Es plena Edad Media y las casas están construidas con madera, con heno, con materiales inflamables. Las autoridades creyeron que era un incendio localizado y tardaron en tomárselo en serio. El 80 % del Londres del medievo quedó devastado: más de trece mil casas, las iglesias, los edificios públicos. Incluso los principales puentes de la ciudad. En los documentos históricos no aparecen documentados un gran número de fallecidos, pero cuatro de cada cinco familias perdieron sus casas. En torno a cien mil personas quedaron sin hogar.

Obviamente, si una sola compañía aseguradora hubiese asegurado las viviendas de todos los londinenses, esta habría quebrado.

Sin embargo, la tragedia general sirvió de acicate para que surgieran compañías privadas que ofrecieron seguros de incendio para el hogar. Los ingleses, asustados porque algo así pudiera repetirse, se lanzaron a contratarlos. No hay mejor vendedor de seguros que la tragedia reciente.

Un incendio general convenció a la gente de aceptar un esquema de coberturas estéril ante otro incendio general. Pero funcionó. Nació el miedo a que me pase algo, al margen de a cuántos les pase. El negocio del «por si me toca a mí».

El negocio del seguro consiste en permitir que sus clientes duerman tranquilos.

Para calcular cómo, necesitábamos grandes matemáticos.

A LOS GRANDES MATEMÁTICOS LES DEBEMOS DORMIR TRANQUILOS
El cálculo como argumento

Muchas de las primeras aseguradoras quebraron. Incluso algunos monarcas prohibieron las rentas vitalicias por no considerar científicamente probada su viabilidad. Las aseguradoras no iban a la bancarrota por mala gestión o porque sus administradores fuesen manirrotos, el problema era otro. La industria aseguradora se basa en el cálculo adecuado de las probabilidades.

Matemáticos como Christiaan Huygens o Blas Pascal fueron pioneros en el desarrollo del cálculo de probabilidades. Y científicos como Edmund Halley, que dio nombre al célebre cometa, contribuyeron a la aceptación de las primeras tablas de mortalidad, que permitían calcular las probabilidades de que una persona muriese en función de su edad actual. Newton y Leibniz dieron el siguiente paso gracias a sus avances en el cálculo diferencial, pero el descubrimiento determinante fue el famoso teorema de Bernoulli conocido como la ley de los grandes números.

Tras veinte años de pruebas, Bernoulli dio con la demostración matemática de que los promedios de muestreos repetitivos tienden a la media poblacional. Esta es la base científica de toda la ciencia actuarial y es la que permite calcular con precisión los riesgos, cuotas mensuales e indemnizaciones que pueden producirse en base a la información del pasado.

A menudo, los niños, enfurruñados ante el libro de cálculo, preguntan para qué sirven las matemáticas. Dígales que sin ecuaciones diferenciales ni probabilidades sería inviable el 90 % de la actividad empresarial actual, pues la cobertura de riesgos, como narro en mi película *Un mundo sin seguros*, permite que demos pasos empresariales que, de otra forma, nadie daría.

Como sabe, hoy en día se asegura todo. Se aseguran las piernas de un atleta, los dedos de un pianista, se asegura que el dólar baje en su cotización o que una acción baje demasiado de valor. Gracias al teléfono móvil y la geolocalización se están lanzando seguros que se contratan en tiempo real. Salgo de casa, tengo un mal presentimiento, no me hace gracia dejar el ordenador portátil mientras voy a practicar una hora de *footing*, así que tomo mi móvil y activo un seguro de robo que cubra solo el ordenador durante solo ese periodo. Coste, unos pocos céntimos. En cuanto mi móvil detecte que he llegado a casa de hacer ejercicio, el seguro se cancela automáticamente. Se llaman microseguros y se consideran productos de impulso. Como los chicles.

Recientemente han surgido compañías que aseguran el divorcio de un matrimonio. La póliza hay que suscribirla antes de casarse y un psicólogo que entrevista a los futuros cónyuges acaba de ajustar la probabilidad de que el matrimonio no frague. Imagine al novio planteando a la futura novia la conveniencia de un seguro de divorcio, semanas antes de la boda.

—Pero ¿no me quieres para toda la vida? —le preguntará.

—Sí, pero ¿y si nos va mal? A algunas parejas les sucede…

Lo he dicho ya: el negocio del seguro consiste en permitir que sus clientes duerman tranquilos.

Los seguros son proveedores de dulces sueños.

En la trastienda de la limitación de riesgos está el miedo. El miedo a que nos suceda lo peor. El miedo a la pérdida. El miedo al desastre. El miedo a la ruina. Es un miedo a un futuro que no deseamos. El miedo es un impulso animal, pero el miedo a la probabilidad no lo es. Es un miedo profundamente humano.

Muchos seguros se venden porque confundimos el miedo a la probabilidad con el miedo a la posibilidad. ¿Es posible que se caiga mi avión? Sí, es posible. ¿Es probable? No, es muy poco probable.

Aun así, casi todas las personas suscriben seguros de viaje. Hay quien afirma que si conociésemos la estadística de ciertos hechos que aseguramos, no tendríamos ni la mitad de las pólizas que suscribimos. Yo no estoy tan seguro. Porque el miedo distorsiona cualquier probabilidad y la convierte en una posibilidad. La posibilidad es la personalización de la probabilidad. Aunque te digan que la probabilidad de que se caiga un avión es del 0,00007 %, uno piensa, sí, pero me puede suceder a mí y añade a su billete de avión, por unos pocos euros más, el seguro de vida.

El miedo, una vez apaciguado por un seguro, queda parcialmente anestesiado, anulado. Y, desde un punto de vista psicológico, nos permite lanzarnos a aventuras económicas y empresariales que, de otro modo, nunca acometeríamos. A tomar decisiones que solo los valientes de verdad tomarían.

Lo paradójico de todo ello es que, con nuestro miedo, beneficiamos a otros. El miedo de uno, el que contrata el seguro, se convierte en el gran protector del resto, de todos aquellos a quienes podríamos perjudicar con nuestros errores. Si te doy un golpe con el coche, mi seguro cubre tu reparación. Si se me inunda el baño, mi seguro paga las humedades de tu techo. Si tienes un accidente en mi fábrica, mi seguro cubre tu recuperación.

El miedo de unos pocos es la tranquilidad de todos.

Vamos tranquilos por el mundo y aceptamos multitud de acuerdos y de situaciones porque sabemos que estamos cubiertos por los miedos y precauciones de los demás.

Lo alucinante de toda esta historia es que no solo hemos convertido la probabilidad en un negocio, sino que la cobertura de miedos a través de la respuesta mancomunada fue, como he narrado, fruto de la insolidaridad de unos pocos. De quienes no querían ayudar a los demás cuando se hallaban en apuros. A esa insolidaridad debemos el mecanismo que mayor emprendimiento y tranquilidad ha creado en la historia de las sociedades modernas.

Nuestra historia sigue avanzando y ha llegado a la Revolución Industrial.

Ha llovido mucho desde que los primeros nómadas se asentaron en un lugar y construyeron una muralla. Nos hallamos ya en los inicios de la Edad Moderna y en la mitad de nuestro viaje por esta breve historia de las actitudes y emociones que mueven al mundo. En el siglo XIX, el mundo está ya aprendiendo a crear una riqueza que se disparará en el siglo siguiente. Desde un punto de vista social son, en realidad, muy pocos los elementos que van a catapultar la calidad de vida del ser humano. Va a revolucionarse la forma de producir y fabricar, las fuentes de energía.

Y lo haremos ataviados solo de tres grandísimos inventos: papeles que valen por oro (dinero), «personas» que hacen de escudo de nuestros errores (empresas) y riesgos limitados (seguros). Los expresaré conductualmente: confianza en un depósito de valor, limitación de responsabilidades y cobertura de probabilidades adversas.

Sin estos tres inventos, pilares fundamentales de la sociedad moderna, ninguna revolución industrial, tecnológica, ninguna idea, innovación, avance productivo habría prosperado. Estos tres factores convertirán en oro, cual rey Midas, cualquier cosa susceptible de convertirse en valor.

El ser humano tiene la increíble capacidad de multiplicar el valor de las ideas.

9
LA DICTADURA DE LA PRODUCTIVIDAD

UNA INYECCIÓN DE AGUJA QUE SE CONVIRTIÓ EN INYECCIÓN DE DEMANDA
La chispa de la inspiración

En 1771, un joven médico inglés que realizaba sus prácticas en Sodbury atendió a una granjera, una ordeñadora de vacas. Tenía unas erupciones en la piel. Mientras la examinaba, la chica dijo una frase como de pasada que cambiaría el mundo: «Sé que no es viruela, porque yo ya he pasado la viruela bovina». A aquel médico no le pasó desapercibida la observación. El doctor se llamaba Edward Jenner y es uno de los científicos que más vidas ha salvado en la historia de la humanidad.

Jenner ya había oído decir en su región natal que quienes ordeñaban vacas y contraían la viruela bovina nunca contraían la enfermedad, parecían quedar inmunes. Ahora lo estaba presenciando. La viruela era una enfermedad letal que se llevaba por delante a una tercera parte de quienes la contraían, en su mayoría niños, y era la primera causa de mortandad en el mundo. Venida de China, en Europa se conocía una forma de actuar contra la viruela que parecía funcionar en algunos casos; se llamaba valorización y consistía en administrar una pequeña dosis de las pústulas de las personas infectadas a personas sanas. Si la persona enfermaba solo levemente, quedaba inmune. Pero si, por el motivo que fuese, la dosis era demasiado elevada, enfermaba de gravedad y moría en uno de cada tres casos.

Edward Jenner se percató de que, por algún motivo que desconocía, el virus de la viruela de las vacas no era mortal para los humanos y, según parecía, proporcionaba la inmunidad. De otro modo, ¿por qué aquella lechera y todos los que estaban en contacto con bovinos no contraían la enfermedad?

Se puso a realizar pruebas en 1775, y en 1796, veintiún años después, decidió dar un paso trascendental para la historia de la medicina. Realizó algo que hoy estaría terminantemente prohibido e incluso penado por la ley. Era otra época. Inoculó a un niño sano de ocho años una dosis reducida del virus bovino, extrayéndolo de la pústula de una mano de una lechera llamada Sarah Nelmes. Hasta aquí, el riesgo era limitado porque la viruela bovina no era mortal. Lo arriesgado fue lo que Jenner hizo al cabo de unos días: le inoculó al niño una dosis mortal de viruela humana.

El niño no enfermó.

Era inmune.

La Royal Society de Londres, cuya aprobación era fundamental para la aceptación de la comunidad científica y pública, rechazó el descubrimiento. Era demasiado innovador, requería más pruebas.

Jenner estaba convencido de su teoría y experimentó con muchos niños, incluido su propio hijo, cuando este tenía once meses. En el año 1798 publicó su investigación y entonces sí la aceptaron. Había nacido la vacuna, nombre que le dio a la inyección que proporcionaba la inmunidad. Vacuna, del latín *vacca*: vaca.

En unos inicios, la población de Inglaterra tenía miedo y era escéptica de inocularse la vacuna de Jenner. Una viñeta humorística del año 1802 muestra al doctor Jenner administrando la inyección a la gente. Pavorosos, algunos sacan vacas por la boca, como quien saca espuma. Con los años, sin embargo, se comprobó que el descubrimiento funcionaba y se empezó a vacunar a toda la población de forma sistemática. Jenner se convirtió en un héroe.

¿Qué tiene que ver esta historia con la Revolución Industrial?

Pues tiene que ver, y mucho.

A partir del año 1800, gracias a la vacuna de Jenner, la mortalidad, especialmente la infantil, cayó en picado. Por supuesto que los avances en las ciencias de la salud no se limitaron a las vacunas. El descenso en la mortalidad se debió también al descubrimiento de los gérmenes, a la desinfección, a la mejora de la higiene y a la pasteurización de alimentos. Pero Jenner se llevó la palma.

El aumento de la población se disparó. Por primera vez en siglos, primero la población de un país, Inglaterra, y luego la de toda Europa superaba límites nunca vistos. Europa tenía 140 millones de habitantes en 1740. Un siglo después, en 1850, la población era de 266 millones, casi se había duplicado en cien años, y siguió subiendo meteóricamente en los años sucesivos. Pensemos que Europa había permanecido con una población que rondaba los cien millones de personas durante varios siglos. En el año 1900 ya casi se alcanzó la impensable cifra de 600 millones de personas. La población de Europa se había multiplicado por siete en apenas dos siglos.

En comparación con este cambio, cualquier acontecimiento previo de la historia es pura anécdota. Los retos sociales y económicos que comporta este incremento exponencial de la población son de órdago: intercambio de bienes y servicios, nuevas relaciones laborales, innovación en medios de producción y desarrollo del sector financiero.

El aumento de la población fue lo que lo cambió todo. No fueron los telares ni la metalurgia ni la siderurgia ni el vapor ni el ferrocarril de la Revolución Industrial. Tengámoslo claro. De nada habrían servido los avances destinados a aumentar la producción, si no hubiese habido a quien abastecer. Las increíbles invenciones tanto de agricultura como industriales de la Revolución Industrial fueron encaminadas a abastecer la creciente demanda de una población que no hacía sino crecer.

Los aumentos poblacionales no fueron la consecuencia de la Revolución Industrial. Fue al revés. El aumento de la población fue primero y, gracias a ella, cualquier invención orientada a alimentar los aumentos exponenciales de demanda que se estaban produciendo encontraban su espacio. Las oportunidades que brinda el crecimiento económico estimularon la imaginación para producir más y mejor. Pero ese crecimiento provenía, en principal medida, del propio crecimiento demográfico.

Sin la vacuna de la viruela, la demografía habría seguido estancada y la demanda habría permanecido en los mismos niveles que durante la Ilustración y el despotismo ilustrado.

Así que el principal detonante del más importante hito productivo de la historia moderna, la Revolución Industrial, se lo debemos a las ciencias de la salud y, en concreto, a una lechera que inspiró, sin saberlo, al genial doctor Edward Jenner.

Malthus y el tremendismo
El miedo a la catástrofe como velo ante el error

En el año 1798, un erudito clérigo anglicano publicó uno de los libros más comentados de las ciencias sociales: *Ensayo sobre el principio de la población*. Su autor, Thomas Malthus, está considerado el primer demógrafo de la historia. Para ser fieles a la verdad, como hemos visto en el capítulo 8, Halley y otros científicos ya habían realizado cálculos sobre esperanza de vida y evolución de la población, pero Thomas Malthus fue el primero que relacionó a la población con los recursos económicos.

La teoría de Malthus era bien sencilla. La población crece geométricamente mientras que la agricultura crece aritméticamente. La incapacidad de la agricultura para abastecer los aumentos demográficos hace prever una crisis sin precedentes: hambrunas, revueltas, pestes, pobreza y, en último término, guerras. La población se autorregularía a través de la enfermedad y la guerra, debían morir millones de personas hasta recuperar niveles sostenibles de población.

Además del primer demógrafo, Malthus fue el primer tremendista económico. Los previsores de catástrofes de la historia se han equivocado de manera sistemática. Alguno acierta de vez en cuando, claro está, pero de cada cien predicciones de desastres económicos, me atrevo a decir que noventa y nueve resultan fallidas.

Malthus también se equivocó.

A pesar de su error, sigue siendo uno de los pensadores más influyentes de la historia, y de los más comentados. A su teoría se le llama maltusianismo. Cada tanto, cuando se producen aumentos repentinos de población, sale algún maltusiano a la palestra y nos advierte a todos de la gran hecatombe, como aquellos iluminados que vagaban por las calles de las ciudades dándole a una campana y gritando: «¡Arrepentíos, el fin de los tiempos se acerca!».

¿En qué se equivocó Malthus?

No preveía algo: la tecnología.

Durante el siglo XIX, poco después de que Jenner descubría la vacuna de la viruela, se logró, gracias al hallazgo de los fertilizantes, prescindir del barbecho. El barbecho era la práctica de dejar descansar las tierras, manteniéndolas sin cultivar para que recuperasen su fertilidad. También se sustituyó la siembra manual por la mecánica y se utilizaron nuevos arados. Y se expandió el sistema Norfolk de rotación de cultivos para obtener más cantidad de hierbas y optimizar y aumentar la alimentación del ganado. Y un sinfín de mejoras técnicas agrarias.

Aquello multiplicó la producción agrícola. Con muchos menos agricultores y ganaderos se obtenía muchísima más producción.

Fue la revolución agrícola, justo anterior y, en el fondo, la otra gran precursora de la Revolución Industrial. La agricultura mejoró tanto, que pudo abastecer a toda la población. No solo sin ofrecer problemas, sino que lo hizo con menos mano de obra.

No deja de sorprender que el mayor error de cálculo de la historia importe poco para seguir considerando a Malthus uno de los grandes economistas que jamás han existido. En parte, eso explicaría por qué muchos economistas se dedican a realizar catastróficas predicciones sin importarles si aciertan o se equivocan. Los economistas sabemos que, como Malthus, con suficiente reputación es bastante probable seguir siendo, por lo menos escuchados, aunque erremos. Me gustaría saber si en medicina o física ocurriría lo mismo.

EL ETERNO DESEO DE DEJAR DE CULTIVAR
El rechazo al esfuerzo físico

Los avances técnicos en agricultura provocaron que miles y miles de personas abandonasen el campo y se trasladasen a las grandes ciudades en busca de trabajo. A nivel individual, granjero a granjero y ganadero a ganadero, aquello se vivió mal. Pero desde un punto de vista de la humanidad, se completaba nuestro eterno sueño de minimizar los recursos humanos destinados a la explotación de tierras y animales, liberar tiempo, recursos y toda dependencia de lo que requiere a nuestra raza para alimentarse y, así, poder dedicarnos a otras cosas que alimenten el espíritu, la imaginación o la razón. Liberarnos de la tierra.

Desde que el ser humano decidió dejar de ser cazador-recolector y se ubicó en asentamientos había dependido, en mayor o menor medida, de la agricultura. Con la revolución agrícola, inició un viaje a la libertad productiva. La libertad para producir los bienes y servicios, distintos al alimento, que deseara.

En la actualidad, en Europa, el sector agrario representa entre un 1 % y un 4 % del PIB, según el Estado miembro. Solo el 4 % de la población europea trabaja en el sector primario, el 96 % restante trabaja en otras cosas.

Las necesidades más perentorias del ser humano, según la pirámide de Maslow, son alimento, abrigo y seguridad. Si nos fijamos, esos son los tres sectores en que mayor ha sido y fue la mecanización e industrialización del mundo.

Textil, alimentación y construcción centraron la atención de los avances industriales del siglo XIX, aparte del transporte. El ser humano concentró toda la inventiva en liberarse de esas tres tareas primordiales. Si lo lograba, y de hecho lo logró, la actividad productiva podría ser, a partir de entonces, cualquier cosa. Cualquier cosa que todo el mundo quisiera intercambiar.

Déjeme decirle algo que quizá resulte absurdo.

Imagine que los ciudadanos, abastecidos de comida, abrigo y vivienda, no deseásemos ocio ni viajar ni ver la televisión ni decorar nuestros hogares ni hacer ejercicio. Y que solo deseásemos recibir clases de filosofía y debatir acerca del universo y el sentido de la vida. Pues bien, una sociedad donde solo un 10 % de la producción y el empleo proveyese de alimentos, vivienda y abrigo podría organizarse para que el otro 90 % fuese intercambio de lecciones y pláticas sobre filosofía. La filosofía constituiría el 90 % del empleo y de la producción de bienes y servicios, si eso fuera realmente lo que deseáramos. Podríamos porque lo básico está cubierto con el 10 % restante.

Esto es una simplificación, un ejercicio teórico, porque tanto la alimentación como la construcción de viviendas o proveer de ropa y calor a la población precisan de toda otra serie de industrias complementarias, como el transporte, materias primas, etcétera. Pero conceptualmente sería posible.

Piénselo unos instantes. Si tenemos qué comer, dónde vivir y cómo abrigarnos, todo lo demás podría ser cualquier cosa. Como veremos en el capítulo 11, esto, que parece un brindis al sol, un pensamiento absurdo e incluso infantil, fue la base de la teoría del gasto público de Keynes para sacar a Occidente de la Gran Depresión.

La revolución agrícola fue el gran detonante que empezó a aminorar la población dedicada a producir para las necesidades esenciales. También abrió la posibilidad de que la sociedad pudiera producir cualquier cosa más allá de las necesarias para cubrir las necesidades vitales. Cualquier cosa que todos quisiéramos, por supuesto, pero cualquier cosa, al fin y al cabo.

En todo caso, volvamos a la Inglaterra del siglo XIX. La mecanización y evolución agrícola provocaron que la gente emigrase del campo a la ciudad y sin saber a ciencia cierta en qué podrían trabajar.

Dividir es igual a multiplicar
El impulso del trabajo en equipo

De modo que tenemos ya una revolución agrícola, una persistente emigración a las ciudades y un desbocado aumento demográfico. Ello se traduce, en términos económicos, en una ingente y creciente masa de trabajadores en potencia con su correspondiente gasto en bienes y servicios para cubrir sus necesidades personales y familiares. El aumento de la demanda no fue solo interior. El colonialismo y expansión de Gran Bretaña hacía necesaria también una producción adicional de productos que en las lejanas colonias era imposible fabricar.

La demanda es grande. Se necesita producir, y en enormes cantidades. Las ciudades necesitan trabajadores.

Los oficios, las profesiones de los gremios, habían evolucionado como mucho a talleres de mediano tamaño. La industria británica era eminentemente manufacturera y estaba formada por pocas personas. Hasta el siglo XIX no había habido una organización del trabajo propiamente dicha. Un sastre realizaba todo el trabajo: tomar medidas, cortar, coser y rematar la prenda. Un alfarero realizaba también todo el trabajo de cabo a rabo: amasar la arcilla, tornear la pieza, preparar el horno, cocerla y pintarla. Y así, de manera sucesiva.

El trabajo no se dividía en partes. Cada persona realizaba todas y cada una de las tareas para producir lo que fuera que fuese.

¿Por qué? ¿Acaso el ser humano desconocía la posibilidad de dividir el trabajo?

Pues no. De hecho, la primera división del trabajo tiene millones de años de antigüedad y se realizó basándose en las diferentes capacidades, cualidades y características del hombre y de la mujer, así como de la edad de cada persona.

En las primeras sociedades la mujer fue explotada, marginada, maltratada y ninguneada por el hombre. Sin duda que la primera división del trabajo debió de responder a una asignación obligada de tareas desde el hombre hacia la mujer, pero también hubo un reparto natural de funciones basado en las habilidades y constitución física de ambos sexos. En cualquier caso, lo que vengo a resaltar aquí es que la división del trabajo existe desde el origen de los tiempos. De hecho, los pueblos primitivos no conocían otro tipo de división del trabajo que no se realizase en función del sexo o de la edad.

La segunda división del trabajo se produjo cuando los seres humanos decidieron ubicarse en asentamientos y vivir de la agricultura. Como vimos en el capítulo 2, por vez primera surgió el reparto de tareas en tres funciones esenciales que fueron las clases sociales originales de muchas civilizaciones: agricultores, soldados y políticos o sacerdotes. Cultivar, defender y organizarlo todo.

Más adelante, en Egipto y Grecia observaríamos una increíble capacidad organizativa de personas. Y fue por una sencilla razón, porque tenían unas organizaciones con cientos y cientos de trabajadores: los esclavos.

La organización de personas requiere una sola cosa: que las personas sean elevadas en número. Y las tres únicas organizaciones de la historia que, hasta el siglo XIX, habían tenido cientos de personas a su cargo habían sido la corte de los reyes, las obras públicas levantadas con esclavos y los ejércitos, así como la fabricación de armas.

Es decir, el ser humano ya conocía las bondades de dividir el trabajo en partes. Los ejércitos tenían diferentes especialistas: caballería, naval, infantería, fusileros... Estaban los encargados de la munición, de la recarga de cañones, del abastecimiento de los soldados, de las comunicaciones... También en las cortes de los reyes había personas con funciones específicas asignadas. Y las grandes obras civiles se habían levantado a base de esclavos organizados según su constitución física, experiencia y habilidades. Lo novedoso de la Revolución Industrial era la división del trabajo, para fabricar lo que los pertenecientes a los gremios hacían por sí solos. La manufactura.

Los primeros talleres donde empezó a dividirse el trabajo descubrieron muy rápidamente que las mismas personas, en el mismo tiempo, podían producir más cantidad. Nació la productividad.

La productividad es una magnitud que mide cuántos bienes y servicios se producen por cada recurso utilizado en un tiempo concreto. Por ejemplo, cinco camisas por persona y semana sería una medición de productividad, en este caso del textil. Una fábrica donde la productividad es de diez camisas por día y persona arrojaría el doble de productividad que la anterior. Eso, suponiendo que no se utiliza ningún otro recurso que no sean personas.

Existen dos supuestos bajo los cuales no tiene sentido calcular la productividad. Uno, cuando tienes todo el tiempo del mundo y, dos, cuando el recurso no te cuesta dinero. Hasta el siglo XIX, la mayoría de la manufactura se realizaba de forma individual. No había casi trabajadores por cuenta ajena y lo que cada artesano producía tenía premura solo en función de que bastara para cubrir sus necesidades personales y diarias. Eso por lo que respecta al factor tiempo. Y por lo que respecta al factor trabajo, dado que los esclavos no cobran nada, durante muchos siglos no tuvo demasiado sentido medir su productividad. Si hacía falta más mano de obra, se capturaba a otro enemigo y se le esclavizaba o se los traía de otro continente. ¿Para qué calcular productividad alguna?

La productividad adquirió sentido en la historia por dos simples motivos: porque cuando la población crece de manera exponencial el factor tiempo adquiere importancia, y porque la esclavitud empezó a prohibirse paulatinamente.

La productividad es una medida de la eficiencia. Y, dado que los recursos ahora cuestan dinero, cuantos menos recursos y tiempo consuma una forma determinada de producción, menor será el coste final. Si, como vimos en el capítulo 3, ya dimos un primer paso al vincular el tiempo al dinero y nos pusimos el grillete de tener que trabajar siempre, ahora nos vamos a condenar, además, a tener prisa: a medir cuánto tardamos en realizar los trabajos que hemos de realizar.

«El tiempo es oro», «el tiempo es dinero» son frases ya acuñadas.

El que se considera primer economista de la era moderna, Adam Smith, escribió en 1776 *La riqueza de las naciones*, que recoge el párrafo más laureado y comentado de la historia económica. Allí explicaba cómo había presenciado la fabricación de alfileres dividiendo el trabajo entre pocas personas:

> (...) un hombre estira el alambre, otro lo endereza, un tercero lo corta, un cuarto lo afila, un quinto lo lima en un extremo para colocar la cabeza (...) así, la producción de un alfiler se divide en hasta dieciocho operaciones distintas (...) he visto una pequeña fábrica de este tipo en la que solo había diez hombres trabajando (...) y aunque eran muy pobres y carecían de la maquinaria adecuada, podían fabricar entre todos ellos más de cuarenta y ocho mil alfileres en un solo día (...) con lo que puede decirse que cada persona, como responsable de la décima parte de los cuarenta y ocho mil alfileres, fabricaba cuatro mil ochocientos alfileres diarios. Ahora bien, si hubiesen trabajado por separado es imposible que pudieran fabricar ni veinte alfileres en un día.

El párrafo es de una agudeza genial. La división del trabajo introducida en la industria va a modificar para siempre las funciones de un ser humano en la cadena productiva de la sociedad. Ya nunca nada será lo mismo.

Una de las cosas que más a menudo me dicen al respecto de mi profesión como escritor es que tengo suerte de poder realizar todo mi trabajo solo, en tanto que no he de compartir la escritura de un libro con otras personas. Esto no es totalmente cierto, los escritores somos un eslabón más dentro de la industria editorial, pero entiendo lo que quieren decir: que puedo trabajar desde mi casa, y que no dependo de otros para poner una idea, una trama, una historia, negro sobre blanco. Las obras dependen solo de quien las crea, pero es muy difícil vivir del arte. Excepto los artistas y algunos servicios personales (fisioterapeuta, por ejemplo), creo que no queda casi ninguna profesión donde uno no esté sometido a la división del trabajo.

La división del trabajo produce algo positivo y algo negativo en los seres humanos. Por un lado, nos proporciona la oportunidad de encontrar alguna tarea en la que destaquemos. Quien no sea bueno cortando alfileres quizá sea bueno enderezándolos; quien no destaque en una especialidad lo hará en otra. La división del trabajo ha desembocado en tal cantidad de especializaciones que es mucho más plausible que uno encuentre su lugar en el mundo laboral. Cada uno podrá, así, dedicarse a aquello en lo que despunta y que, por lo general, suele coincidir con lo que le gusta o atrae.

La parte negativa es que nos hace totalmente dependientes de los demás. Somos hormigas minúsculas en un gran hormiguero. No podemos valernos por nosotros mismos. La división del trabajo nos dio innumerables oportunidades, pero nos arrebató la autonomía profesional y laboral. Nadie puede aislarse del mundo, nadie puede trabajar por sí solo, nadie puede subsistir si no desempeña una de las tareas requeridas por el gran engranaje productivo de la economía. No puedes inventar un oficio, debes ser productivo en alguna de las tareas que la división del trabajo vigente requiera en cada momento.

Estamos hablando de algo muy importante. La división del trabajo no es una simple forma de organización para ser más productivos, es mucho más. La división del trabajo es el cerrojo a la posibilidad de trabajar en nada que no esté solicitado por la estructura productiva de la sociedad. No sé si alguna vez fuimos plenamente libres de trabajar en lo que quisiéramos, pero lo que sí sé es que, desde que la división del trabajo se extendió por todas las actividades y sectores, ya nunca vamos a poder serlo.

Pero esto no le importaba a Adam Smith. Lo que defendía es que, si queremos ser más ricos, debemos ser más productivos. Y tenía razón desde un punto de vista global, para la sociedad en su conjunto, pero no para cada una de sus partes. Porque no siempre es uno quien se beneficia de su propia productividad.

Adam Smith me rebatiría y diría que no importa si la productividad enriquece al trabajador o al capataz. Dado que una mayor productividad arroja un menor coste unitario de producción, si hay muchas fábricas de alfileres —lo que en economía se denomina competencia perfecta—, entonces los precios de los alfileres bajarán, debido a la presión competitiva. Y dado que los precios solo pueden bajar si lo hacen los costes, la productividad sumada a la libre competencia desemboca en que los ciudadanos pueden acceder a un mayor número de bienes y servicios con el mismo dinero. Puede que tengan el mismo dinero, que ganen lo mismo, pero podrán comprar muchas más cosas. Es decir, serán más ricos.

Bienvenidos a la economía clásica o liberalismo económico.

El tiempo ha demostrado que Adam Smith tenía razón. Las comodidades y lujos que puede permitirse un ciudadano europeo de clase media e incluso de clase baja supera de largo a los que podía tener un monarca en el siglo XV: calefacción, agua caliente, un mayor fondo de armario, vehículo propio motorizado, conservación en frío de alimentos...

La productividad más la libre competencia nos acabaría haciendo más ricos, pero no enseguida. La predicción de Smith no fue tan directa. Hubo muchos problemas previos antes de que productividad y competencia creasen prosperidad. Teníamos que darnos unas cuantas bofetadas antes, porque en ese camino hacia la productividad, muchos iban a ser expulsados del mercado de trabajo.

Llega la máquina.

REBELIÓN CONTRA LAS MÁQUINAS
La violencia contra el cambio

En la Inglaterra del siglo XIX coincidieron en el tiempo una serie de genios de la ingeniería. Los inventores. ¿Fue casualidad? ¿Por qué entonces y no antes? La capacidad de inventar del ser humano está en directa relación con el número de campos o disciplinas en los que se están produciendo avances. En la Florencia del Renacimiento, la familia de los Medici logró una época de gran fecundidad creativa gracias a albergar bajo un mismo techo a todo tipo de artistas, pensadores e inventores. Se llama «intersección de disciplinas». Del mismo modo, en la Inglaterra del siglo XIX confluyeron avances paralelos en variadas disciplinas que se alimentaban unas a otras: siderurgia, metalurgia, transporte y energía de vapor a través del carbón hicieron posible que se mecanizasen movimientos. La mecanización de un gesto era algo completamente nuevo sobre la faz de la Tierra, y abonó la imaginación de los inventores. Si el movimiento se podía mecanizar, el siguiente paso era, simplemente, inventar máquinas que sustituyesen los movimientos humanos necesarios para producir.

En el capítulo 2 destacábamos la inmensa importancia de la propiedad privada como principal incentivo al trabajo. Pues bien, la reglamentación y legislación sobre patentes, iniciada tímidamente en el siglo XVI, era en el siglo XIX una realidad legal. Inventar máquinas podía hacer muy rico a su creador, si esta llegaba a adoptarse en la industria. Siglos atrás se debatió en Grecia si se podía poseer una tierra; dos mil años después, incluso las ideas tenían propietario. Ser propietario de una idea a través de una patente constituía un grandísimo incentivo, pues la ley aseguraba años de réditos al propietario de cada invención.

Tenemos el entorno ideal: confluencia de avances técnicos, incentivo personal para inventar... e instrumentos económicos. En efecto, las nuevas máquinas, como los telares, precisaban de inversores. Hemos visto que la acumulación de capital se había producido entre los comerciantes marítimos, así que se reconvirtieron a industriales. En su mayor parte, el dinero para crear las fábricas llegó de personas acaudaladas que habían ganado grandes sumas de dinero con el comercio transoceánico y con las colonias inglesas. Sociedades anónimas de responsabilidad limitada, a veces financiadas por la banca, y cubiertas por seguros de incendios y otros desastres.

Solo faltaba un ingrediente: energía. Y entonces James Watt optimizó la máquina de vapor.

En poquísimos años, el mundo, que había permanecido bastante inalterado en lo que a trabajo se refiere, de pronto cambió por completo. Bastó apenas medio siglo para erradicar toda posibilidad de que un hombre por sí solo pudiera producir algo más barato que si lo hacía una máquina. Y eso no habría representado un problema si hubiera habido trabajo para todo el mundo, pero no fue así. Al igual que con la revolución agrícola, a medida que las máquinas sustituían el trabajo manual, aumentaba el despido de trabajadores. Cada vez costaba más encontrar trabajo y el desempleo hizo su aparición. La demanda de trabajo netamente superior a la oferta trajo consigo salarios a la baja. Mucha gente dispuesta a trabajar y puestos de trabajo insuficientes dieron el poder de negociación a los propietarios de las industrias y redujeron salarios. Las condiciones laborales eran equiparables a la explotación humana. Algunos esclavos del Antiguo Egipto vivieron mejor que ciertos obreros de la Inglaterra de la Revolución Industrial. Empezaron las tensiones sociales. Manifestaciones, huelgas y violencia.

Violencia contra las máquinas.

Los denominados luditas fueron artesanos descontentos con la competencia de las máquinas, así como obreros desempleados que se habían visto sustituidos por la mecanización industrial. Su reacción fue la de destrozar telares, hiladoras, cualquier máquina que quitase el trabajo de las personas.

El ludismo tiene una lógica global aplastante. Si unas máquinas están eliminando el empleo de la humanidad, la humanidad hará bien en eliminar dichas máquinas. Algo parecido al robot superinteligente HAL, del impresionante filme *2001: Una odisea del espacio*, de Stanley Kubrick. Si la máquina quiere dominar al ser humano, este deberá rebelarse contra la máquina.

Los luditas se reunían por las noches en los barrios colindantes con las localidades industriales de Inglaterra y entraban en las fábricas a destruirlo todo. Llegaron a enfrentarse al ejército británico y desempeñaron acciones propias del terrorismo, incluso con amenazas e intentos de chantaje.

Destruyamos las máquinas porque destruyen el trabajo del hombre.

La Revolución Industrial disparó la productividad a costa del empleo. La consecuencia fue cientos de miles de parados.

Un instinto desestabilizador
El ímpetu emprendedor y la destrucción creativa

¿Dónde estaba la teoría de Adam Smith? ¿Acaso no aseguró que la productividad nos haría ricos? Si división del trabajo y productividad están en la base de la riqueza de las naciones, ¿por qué Inglaterra, el país más productivo del mundo, era el de mayor tasa de paro y salarios más bajos, y condenaba a la miseria y al hambre a personas que, solo unas décadas antes, habrían dependido solo de sí mismas para trabajar?

La respuesta la dio Karl Marx. Si la productividad permite dominar un mercado a través de los precios más baratos, el capital siempre se dirigirá hacia cualquier innovación que maximice la productividad. El capital es un fabricante de eficiencia. El capital se ha adueñado del trabajo. Muerte al capital.

Liberalismo y socialismo, las dos principales ideologías actuales, surgieron a raíz de este hecho tan simple: si hay libertad para producir, el más rico será quien más pueda invertir en tecnología. Será el más productivo, y el resto quedará fuera del mercado sin empleo ni posibilidades alternativas de subsistencia.

Dedicaré al comunismo y el socialismo utópico el capítulo 12 completo. Por ahora, baste indicar que, personalmente, pienso que Marx se centró en las consecuencias de las deficiencias de la economía liberal de mercado, pero no atinó en el diagnóstico como sí lo hizo el austro-estadounidense Joseph Schumpeter.

En 1911, en su magnífico y memorable ensayo *Teoría del desenvolvimiento económico*, Schumpeter explicó que el capitalismo es por naturaleza una fuente de inestabilidad, de cambio permanente. El capitalismo nunca puede mantenerse estacionario, revoluciona incesantemente su propia existencia porque está basado en la competencia. Cuando aparece una innovación, se inicia un proceso de «destrucción creativa». El empresario, el espíritu emprendedor, no es tanto de naturaleza económica, sino de logro. El emprendedor persigue el éxito de su acción creadora. Su eterno deseo es alcanzar el éxito con su nueva idea.

Ese espíritu desestabilizará continuamente a la economía.

¿Significa que el capitalismo empeora las cosas? En absoluto. El capitalismo creará riqueza, pero, para lograrlo, deberá primero destruir. Destruir algo, llámese empresas ineficientes, llámese empleo o llámese industrias enteras. Son cambios endógenos, intrínsecos a la propia naturaleza del capitalismo. El capitalismo es innovación, cambio, ruptura, alteración y discontinuidad. Cuando una novedad aparece, desbanca al resto, y durante un tiempo gozará de unas condiciones casi monopolísticas. Será la mayor parte de su ganancia. Con el tiempo, surgirán otros competidores y, poco a poco, sus beneficios se irán reduciendo. Es el carácter desestabilizador de los emprendedores. Ese tiempo inicial es el único de que dispone para ser rentable.

Desde entonces, la relación entre el ser humano y las innovaciones, especialmente las máquinas, no ha vuelto a ser la misma. Las máquinas —llámense ferrocarril, coche, telar, ordenador o teléfono— han desempeñado un rol fundamental en la historia del mundo. Han sido los grandes disruptores del *statu quo*. Los dispositivos móviles inteligentes, por ejemplo, han desbancado a industrias enteras, como los juegos de ajedrez electrónicos, agendas, despertadores o cámaras fotográficas. Pero en su conjunto han creado más riqueza. Ahora bien, antes de hacerlo han causado estragos y cierres de empresas.

Eso sucedió por primera vez con las revoluciones industrial y agrícola. La innovación tecnológica del vapor acabó creando riqueza, mucha riqueza. Pero tenía que destruir muchas cosas antes: a los artesanos, los gremios, los pequeños talleres, la manufactura y al empleo. Los obreros ingleses del siglo XIX pagaron el pato, como se suele decir. Fue el primero, y en absoluto el último, episodio serio de destrucción creativa protagonizado por el capitalismo. La sociedad no estaba preparada para ello. La economía era una disciplina en pañales: descubría más y más sobre sí misma a cada batacazo que se daba, a cada varapalo. Unas teorías parecían ser ciertas y se desmoronaban sin ser falsas. Nadie entendía nada y la economía perdía prestigio como ciencia. «La ciencia lúgubre» fue el apelativo que le regaló a la economía el historiador victoriano Thomas Carlyle en el siglo XIX.

Si la cosa no fue a peor, fue gracias a la colonización de territorios en otros continentes. Permitió a muchos europeos encontrar trabajo en lugares remotos y escapar de una pobreza y condiciones de vida miserables, amén de la explotación obrera. La conquista de nuevas tierras y la emigración de europeos desembocaron en los imperios coloniales. El imperialismo.

La Revolución Industrial no fue un acontecimiento fortuito de la historia.

Era inevitable.

La confluencia de todos los instrumentos precisos para la industrialización de la manufactura llevaba siglos gestándose: democratización de la actividad económica, empresas anónimas, seguros que limitasen pérdidas, propiedad privada de ideas que protegían ingenios, división del trabajo y, lo más importante, una explosión demográfica sin cuya demanda no se habría justificado toda esa inversión. Explosión demográfica que, recordemos, se produjo gracias a la vacuna que salió de una pústula de viruela bovina de la mano de una lechera.

Dice la teoría del caos que el batir de alas de una mariposa puede crear una levísima alteración en el aire que sea el inicio de una variación atmosférica que, poco a poco, se transforme en un tornado en la otra punta del planeta. Una pústula en una mano dio lugar a una visita al médico, que dio lugar a un comentario sin importancia, el cual inspiró el descubrimiento de la vacuna, que erradicó las elevadas tasas de mortalidad, lo que disparó la demografía, lo que elevó la demanda de tal forma que propició la mecanización, lo que hizo de la productividad la razón por la cual el trabajo iba a estar dividido en partes para siempre y los seres humanos dependientes del sistema.

Un simple remedio sanitario lo cambió todo.

La productividad refuerza el sometimiento del hombre al sistema productivo. Ya no va a hacer falta el uso de la fuerza ni señores feudales ni ejércitos que aseguren que las gentes se sometan a las voluntades de lo que los monarcas o emperadores deseen que se produzca en sus reinos o imperios. La división permanente del trabajo a la que obliga la productividad desemboca en individuos que nos necesitamos unos a otros, que no podemos subsistir sin que otros completen nuestro minúsculo eslabón de la cadena.

La productividad va a ser una gran forma de tiranía, una dictadura que nos obligará a servir al sistema y que, a cambio, nos hará progresivamente más ricos y prósperos.

Una dictadura silenciosa, de naturaleza material y matemática, cuantitativa, más que económica. El individuo quedaba, ya para siempre, sometido al sistema productivo.

Y así continúa.

10

EL NACIMIENTO DE LA ESPECULACIÓN

WALL STREET BAILA EL CHARLESTÓN
La contagiosa alegría

Tras la Primera Guerra Mundial, Estados Unidos se convertiría en la primera potencia mundial. La Revolución Industrial modificó el aspecto de las ciudades europeas a través del crecimiento de las urbes y los suburbios de fábricas. Todo ello quedó parcialmente destruido por la contienda bélica.

Por lo que respecta a Alemania —la República de Weimar durante el periodo de entreguerras—, las sanciones impuestas la tenían sumida en la primera de sus dos crisis de hiperinflación.

En paralelo, en Estados Unidos, entre finales del siglo XIX y principios del siglo XX nacieron y crecieron las grandes urbes norteamericanas y se disparó la industrialización acontecida en Europa en las décadas anteriores. Ciudades como Detroit, Nueva York o Chicago crecían y la construcción de rascacielos generaba empleo a espuertas. Todo iba bien.

La electricidad se expandía, sustituyendo al carbón, y se popularizaron los primeros electrodomésticos para los hogares. El teléfono reemplazó al telégrafo; los automóviles, a los carruajes. Fue una época en la que ganar dinero, si tenías espíritu emprendedor, era fácil. En aquella época de cabarés y jazz, el charlestón, nacido en Carolina del Sur entre la comunidad africana, reflejaba a la perfección lo que era la economía: un baile enérgico, alegre, vivaz, sujeto a la improvisación y, sobre todo, rápido. Muy rápido. Se puso de moda y dominó en las pistas de baile. A aquella época, como se sabe, se le llamó los felices veinte.

Hubo otro fenómeno social, que no fue un baile, muy parecido al charlestón. Una acción enérgica, sujeta a la improvisación y veloz en la que participaría también la inmensa mayoría de norteamericanos: la especulación en bolsa.

Muchos años antes, en 1792, un grupo de corredores de bolsa había creado un comité llamado New York Stock and Exchange Board para controlar y concentrar la compraventa de acciones que se realizaba literalmente en la acera de la calle neoyorquina Wall Street. Poco a poco, Wall Street había ido creciendo y concentrando más volumen de negocio. Tal y como hemos visto en el capítulo 7, la compraventa de acciones se creó para que a un inversor no le preocupase que una empresa no estuviese vinculada a un proyecto limitado en el tiempo. Esto, que era la excepción en los tiempos de las expediciones marítimas, era ahora la norma. Lo extraño era que una empresa naciese con fecha de caducidad, así que se había vuelto habitual el comprar y desprenderse de participaciones de empresas en función de cómo estas evolucionasen o de sus perspectivas futuras.

En 1918, después de la Primera Guerra Mundial, Wall Street superó a la Bolsa de Londres como mercado bursátil más grande del mundo. La bolsa había ido subiendo y bajando, oscilando con tendencia alcista, pero a partir de 1928, de pronto, empezó a experimentar una meteórica subida, que a su vez comenzó a ocupar la portada de los diarios. El ascenso de la bolsa era un fenómeno social y mediático.

Empezó a invertir en bolsa cualquier ciudadano, no importaba que tuviera o no demasiados ahorros. Los peones, los limpiabotas, los obreros de la construcción hablaban de las subidas de sus títulos en las tabernas como si fueran expertos inversores financieros.

Había nacido algo nuevo en la historia del mundo: el comprar para no tener.

LA ESPECULACIÓN EN TIEMPOS DE BONANZA
La necedad de confundir valor y precio

Hasta entonces, solo se dedicaban a esto de comprar para no tener los comerciantes, cuya profesión consiste precisamente en eso: en comprar para vender y no para quedárselo y disfrutarlo. Lejos de una actividad comercial, toda compra de un activo entrañaba el deseo de posesión, conservación y uso. Incluso quien adquiría acciones de una empresa lo hacía porque consideraba que era una buena inversión, que daría un rédito a través de dividendos y que, además, sería una forma de conservar el valor del ahorro. Los criterios para comprar un activo habían sido: que conservase el valor y que proporcionase un rendimiento.

De pronto, esto dejó de ser así y las personas compraban activos solo para revenderlos. Que la compra de un activo venga motivada por una reventa no necesariamente la convierte en especulación, pues cabría argumentar que eso también es comerciar o invertir. Cierto. Lo que la convierte en especulación es algo distinto, es el hecho de que la reventa que uno tiene pensado realizar está basada en la convicción de que otras personas van a querer comprarlo más adelante, no porque el bien se esté revalorizando, sino porque, a su vez, otras terceras personas experimentarán la misma motivación que las dos anteriores. Es decir, compro porque creo que otras personas me comprarán a mayor precio, motivados a su vez estos segundos compradores por idéntico mecanismo. La reventa convirtió la especulación en una actividad económica con aparente base real. En la reventa por la reventa, sin justificación de incremento de valor, no hay crecimiento de la economía real.

La especulación es atractiva para mucha gente porque es la única forma de escapar a la dictadura de la productividad explicada en el capítulo anterior. La especulación es hija de la libertad para ganar dinero al margen de la actividad real.

Incluso en este punto, alguien podría argumentar que, si otras personas están comprando a un precio superior, el inversor está motivado por una revalorización. Al fin y al cabo, aunque sea para revender enseguida, el precio está aumentando.

En el año 2009 publiqué el ensayo *El hombre que cambió su casa por un tulipán*, que abordaba las burbujas más célebres y grandes de la historia. En él, acuñé un nuevo término para los inversores que afirman estar invirtiendo cuando, en el fondo, están especulando. Lo llamé «el síndrome del necio», tomando el célebre proverbio que acuñó Antonio Machado: «Todo necio confunde valor y precio».

Todo activo tiene rendimientos que pueden ser positivos o negativos. Es decir, acciones que arrojan beneficios o pérdidas. Y son tales rendimientos intrínsecos —es decir, los que surgen de la propia actividad de la empresa— los que se utilizan para, junto con las propiedades patrimoniales, calcular el valor de una acción. Es decir, lo que posee una empresa más lo que rinde sirve para determinar su valor. Pero cuando el valor de una empresa se define en función de lo que alguien está dispuesto a pagar por ella, estamos confundiendo el valor con el precio, y actuando como necios.

Sobre la distinción entre valor y precio han corrido ríos de tinta. Sigue siendo un debate abierto con multitud de puntos de vista. De hecho, la Administración pública fija muchas liquidaciones tributarias según el valor de un bien; por ejemplo, una donación tributa un porcentaje determinado sobre el valor del bien heredado. Cuando la Agencia Tributaria ha de reglamentar cómo calcular ese valor, a menudo especifica «valor de mercado». En otras palabras, precio.

Esto tiene su origen en que, en una sociedad de libre mercado, los agentes sociales se comportan racionalmente porque es un entorno de información perfecta. Como toda la información es conocida, los mercados pagarán por cada bien un precio que, al margen de leves desviaciones, siempre convergerá con su valor intrínseco real.

El liberalismo de Adam Smith había postulado esta teoría y durante los felices veinte todo apuntaba a que habíamos encontrado la piedra filosofal del crecimiento. Pasada la destrucción que la Revolución Industrial supuso para el empleo y absorbido este gracias a la emigración y al colonialismo, había llegado la fase creativa de la «destrucción creativa» con la que Schumpeter había descrito al capitalismo. Se había sufrido destruyendo y ahora tocaba disfrutar creando.

Así que nadie hablaba de especulación. Los mercados se comportan racionalmente. La información es perfecta. Si alguien paga por una acción en Wall Street un precio que no emana de su valor, calculado a partir de patrimonio y beneficios, significa que existen otras razones económicas que justifican ese precio. Esas razones pueden ser muchas: perspectivas de crecimiento futuro que aún no se registran en la cuenta de resultados de la empresa; o un futuro contrato que va a proporcionar ventas en los años venideros; o la adquisición de una patente que supondrá una ventaja técnica, la cual producirá beneficios que hoy no se están produciendo, etcétera. Fijémonos que siempre se habla de futuro. De las perspectivas futuras.

Aquí es donde empiezan a tambalearse los argumentos de los especuladores que se llaman a sí mismos inversores. Que los mercados manejan información perfecta sobre el pasado es ya de por sí bastante cuestionable, pero que manejen información perfecta sobre el futuro es ya mucho suponer, por no decir que nadie se lo cree. Además, ¿quién puede saber lo que deparará el futuro?

En ciencias sociales, economía incluida, solo se puede predecir bien si no hay cambios sustanciales. Los mercados pueden estimar sobre el futuro mientras sean similares o una prolongación de los hechos pasados, pero somos incapaces de calcular los efectos de novedades de contratos, de las oportunidades, de las nuevas patentes, de las invenciones o de las expansiones empresariales. Aun así, existe la creencia popular, y también en el mundo financiero, de que los mercados se adelantan a lo que va a pasar. Es la célebre frase en el argot bursátil y financiero de que «los mercados se anticipan a la economía». Esto no es siempre así. A veces, los mercados bursátiles y los precios de las empresas están en relación con la evolución de la economía real, pero en otras ocasiones no es así.

La disociación entre valor y precio de las cosas es un hecho ya aceptado en los mercados financieros. Por muy racionales que sean los mercados, que no lo son; o por mucha información perfecta de la que dispongamos, que nunca lo es; o por mucho futuro que podamos predecir, que no podemos, el crac del 29 fue la primera demostración de que el precio de las acciones en los mercados bursátiles podía llegar a disociarse y distanciarse de su valor intrínseco de una forma alarmante.

Uno de los más importantes índices que resumen la evolución de la Bolsa de Nueva York, Wall Street, es el famoso Dow Jones. Poca gente sabe que ese índice lo crearon dos socios: Charles Henry Dow y Edward David Jones. Nacido en Connecticut en 1851, Dow fue el hijo de un granjero. Perdió a su padre a los seis años y desde muy joven hubo de trabajar como obrero para ayudar a su familia. Fue después reportero y periodista, se especializó en economía y a los treinta y un años fundó una agencia de consultores financieros bajo el nombre Dow, Jones & Company: en esa empresa, publicaba un breve sumario de apenas dos páginas con los datos bursátiles más relevantes de la jornada, que ya recogía el famoso «índice Dow Jones». A partir de 1889, ese resumen alzaría el vuelo para convertirse en el aún vigente diario económico *The Wall Street Journal*.

El caso es que Charles Henry Dow, aparte de crear índices únicos que reflejasen el nivel de precios de la Bolsa de Nueva York, dedicó toda su vida a intentar comprender cómo se movían los precios de las acciones. Desarrolló la llamada teoría de Dow, que trató de explicar cómo se originan los cambios de tendencia de las cotizaciones, por qué pasan de subir a bajar y viceversa. También quiso entender los distintos horizontes temporales en que estas tendencias se producían. Fue el primero que empezó a trabajar sobre gráficas y a establecer pautas y principios que predijesen el siguiente movimiento del precio.

Toda esta aproximación recibe hoy el nombre de análisis técnico. En bolsa, hay dos tipos de análisis. El técnico y el de fundamentales. El de fundamentales utiliza la información de la empresa para calcular el valor de la acción. En cambio, el análisis técnico, desarrollado por Dow, prescinde de lo que ese negocio factura, gana o tiene, y en su lugar trata de prever cómo va a evolucionar la curva del precio en función de una serie de patrones observados en el pasado: las llamadas tendencias. Si dichos patrones, si dichas reglas de oro sobre la oscilación de los precios de las acciones no incorporan información alguna sobre la actividad de las empresas... ¿qué demonios miden?

Lo diré sin ambages.

Miden el miedo y la codicia.

Tratan de encontrar las leyes que rigen la psicología de las personas.

Charles Henry Dow murió en 1902 y no llegó a presenciar el derrumbe de Wall Street. Si lo hubiese vivido, habría considerado que todas las leyes y criterios hallados sobre evolución de precios eran erróneos porque ninguno de ellos habría podido prever la hecatombe. En su defensa diré que un modelo no puede reflejar una realidad que nunca se ha producido.

Cuando saltó el crac de 1929, los precios de las acciones se desplomaron. Durante los años siguientes se daban de vez en cuando algunos rebotes efímeros, pero enseguida la bolsa volvía a caer en picado. En tres años, los precios habían bajado un 90 %. Es decir, lo que en 1929 valía cien, en 1932 valía diez.

Las consecuencias sobre la economía y la política internacional son de sobra conocidas: la Gran Depresión.

Este es el nombre que se dio a la primera gran crisis económica de envergadura de la historia. En Estados Unidos, el desempleo aumentó hasta los doce millones de personas; las importaciones descendieron a un tercio de su valor, al igual que las exportaciones; el comercio mundial se vio fuertemente afectado y la sociedad estadounidense perdió una tercera parte de su producción. Las consecuencias fueron devastadoras.

Y no solo en Estados Unidos. El impacto de Wall Street, a través de la economía real, se trasladó a otros países. Habíamos descubierto algo nuevo: a través del comercio internacional y los mercados financieros, las crisis son susceptibles de expandirse entre países.

La Gran Depresión afectó intensamente a Alemania, lo que dio alas al malestar nacional que acabó encumbrando a Adolf Hitler. Muchos pensadores incluyen la Segunda Guerra Mundial entre las consecuencias del crac de 1929.

Pero hay otra consecuencia más, de corte intelectual: la crisis de la teoría liberal.

LA LIBERTAD COMO SISTEMA DE DESFALCO
El estupor y la duda del Homo economicus

La teoría económica había estado afirmando que había que dejar libre al mercado, que la libre competencia estaba en la base de la prosperidad, y que la información era transparente en los mercados financieros, los cuales tomaban decisiones lógicas y racionales.

Fue así durante apenas tres o cuatro décadas, pero en octubre de 1929 no solo cayó la bolsa, también cayó la confianza en la teoría liberal. Se ancló la creencia de que nadie sabía nada, de que los economistas desconocían los porqués del funcionamiento del dinero, de los mercados, de las finanzas. De que toda la libertad otorgada a la banca, a los brókeres, a los inversores, a las grandes empresas y a los financieros había permitido una apropiación indebida de unos pocos a los depositantes y ahorradores. Al haber minimizado la interferencia del Estado en la economía, se había dado vía libre a los ladrones de guante blanco, a los estafadores y especuladores. La especulación bursátil había derivado en un derrumbe sin precedentes de los mercados financieros, en quiebras bancarias en cascada y en la pérdida de los ahorros por parte de los depositantes.

La libertad como sistema de desfalco.

Fue el desprestigio del liberalismo económico. El liberalismo trajo primero la falta de empleo y, después, la falta de dinero. El debate abierto a finales del siglo XIX entre socialismo y liberalismo que parecía haber ganado este último se avivó de nuevo.

Los marxistas sonreían, la mano invisible no era invisible. Sencillamente, no existe tal mano. La economía no se regula por sí sola. Esa era la conclusión. Al menos, por el momento.

«La libertad es más que una palabra», reza un precioso poema de Agustín Goytisolo. El ser humano llevaba veinte siglos luchando por su libertad: libertad de competencia, libertad de mercado, libertad de producción, libertad de consumo, libertad de comercio y libertad de trabajo. Esas libertades parecían haber sido la causa del mayor bienestar y prosperidad económicos registrados en una civilización, y la norteamericana la estaba protagonizando. Llevábamos siglos de sometimiento a todo tipo de tiranías y dictaduras: faraones, emperadores, monarcas, príncipes, señores feudales, el Estado monárquico absolutista… Siglos en que unos pocos habían aplastado y dominado al resto. Nos hacían creer que sin ellos no éramos nada, que los seres humanos necesitamos recibir órdenes y ser dirigidos, que nuestros destinos van irremediablemente ligados a la clase social en que nacemos. Tantos años de sufrimiento y de privación de libertades y cuando por fin la sociedad estaba demostrando que la libertad conducía a la prosperidad, sobreviene la crisis más grave de la historia.

El varapalo a la humanidad fue muy muy grande. La Ilustración había supuesto el triunfo de la razón, de la luz sobre la oscuridad. El mundo de las ideas podía modificar el orbe entero. El viaje que la Ilustración emprendió a inicios del siglo XVIII parecía haber culminado en el *Homo economicus*. El *Homo economicus* constituía la razón natural por la cual los mercados libres eran perfectos. Sostenía que el ser humano se comporta de forma racional ante estímulos económicos, que su inteligencia procesa la información que recaba y en base a ello toma decisiones. Eso es lo que permitirá a la humanidad alcanzar el máximo bienestar posible.

Este punto es importante. La economía liberal se sustenta en una concepción muy concreta del ser humano: la racional. Toda la construcción ideológica del *Homo economicus* se había derrumbado.

El crac del 29 y la Gran Depresión no solo fueron una debacle y crisis sin parangón. No solo sumieron a medio mundo en la recesión y acabaron provocando la segunda contienda mundial: el crac del 29 modificó las creencias que teníamos sobre nosotros mismos y, en consecuencia, alteró nuestras conductas. Retrocedimos varios pasos. Se desmontó la idea de que se nos podía dejar solos. Parecía haberse confirmado que los hombres y mujeres tenemos que ser domados. Apareció los «espíritus animales», los *Animals Spirits*.

Este es el término que John Maynard Keynes utilizaría siete años más tarde del crac de 1929 en su célebre ensayo *Teoría general de la ocupación, el interés y el dinero*. Más que un *Homo economicus* racional, sostiene Keynes, el ser humano actúa movido por la emoción y los sentimientos. La visceralidad y no la racionalidad. En nosotros reside ese espíritu animal, propio de los seres irracionales. Ese espíritu en apariencia dormido, parapetado tras la racionalidad, es el que en verdad nos dirige, el que en última instancia utilizamos para tomar decisiones.

Recojo directamente el párrafo de la *Teoría general* de Keynes donde aparece por vez primera el término:

> Aun haciendo a un lado la inestabilidad debida a la especulación, hay otra inestabilidad que resulta de las características de la naturaleza humana: que gran parte de nuestras actividades positivas dependen más del optimismo espontáneo que de una expectativa matemática, ya sea moral, hedonista o económica. Quizá la mayor parte de nuestras decisiones de hacer algo positivo, cuyas consecuencias completas se irán presentando en muchos días por venir, solo pueden considerarse como el resultado de los espíritus animales —de un resorte espontáneo que impulsa a la acción de preferencia a la quietud, y no como consecuencia de un promedio ponderado de los beneficios cuantitativos multiplicados por las probabilidades cuantitativas—.

Más claro, el agua. Un resorte espontáneo establece nuestras preferencias. Y no un cálculo matemático de beneficios esperados.

No le faltaba razón a Keynes. El reconocimiento de un espíritu animal tiene consecuencias sociales y políticas muy precisas. Alguien ha de amansar a las fieras. Si los seres humanos podemos llegar a tomar decisiones de millones de dólares, libras o euros que hundan la economía, alguien ha de controlar lo que hacemos. La libertad total no es posible porque no somos racionales.

Burbujas que no son de champán
La irracionalidad del Animal Spirit

La bebida por excelencia de los felices veinte fue el champán francés. Se servía bien frío en los cabarés mientras sonaba el charlestón y alegres muchachas bailaban al son de la música. Si uno contempla de cerca una copa de champán observará que unas burbujitas arrancan en la base y se elevan con un impulso casi mágico hacia arriba. Cuando llegan a la superficie, simplemente, explotan y desaparecen.

El crac del 29 fue la primera burbuja colosal de la historia, pero no había sido la única. Las burbujas son uno de los fenómenos más asombrosos de las sociedades de masas y, al mismo tiempo, de los más seguidos por el público general. Tienen algo de épico y trágico al mismo tiempo. Rezuman dramaturgia grecorromana, la historia del hombre que se hace rico sin esfuerzo, como por arte de magia y, de pronto, lo pierde todo. Son episodios increíblemente atractivos por su ascenso y declive. Contienen la épica del triunfo y el drama de la ruina.

En este libro sobre las emociones y los instintos humanos en la historia del mundo es imposible no detenerse en las burbujas. Son un fenómeno antieconómico y profundamente humano. No tienen nada, o casi nada, de *Homo economicus* y lo tienen todo, o casi todo, de *Animal Spirit*.

En mi libro *El hombre que cambió su casa por un tulipán* describí cinco burbujas históricas, las más curiosas y las más grandes.

La burbuja de los tulipanes fue con toda seguridad la más curiosa, pues la especulación se produjo en torno a las semillas de los tulipanes: ocurrió en Holanda en 1636 y, como refleja el título de mi ensayo, consta documentada una transacción por valor de una vivienda a cambio de un solo bulbo de tulipán. La burbuja de los Mares del Sur fue la primera que se produjo alrededor de activos financieros propiamente dichos y consistió en una titulización de deuda pública: el Gobierno británico canjeó deuda soberana a cambio de títulos de una de las compañías marítimas más rentables cuyo valor se había disparado en el mercado; los ingleses entregaron los bonos y pagarés que tenían en su poder a cambio de acciones de la Compañía de los Mares del Sur totalmente sobrevalorados por la burbuja, los precios se derrumbaron, el Gobierno inglés se quitó de encima la deuda pública y los ingleses se quedaron con unas acciones que no valían nada. El crac del 29 fue la primera gran burbuja global y también la que más influyó sobre la evolución del pensamiento económico, produciendo cambios asimismo en las políticas monetarias y de gasto público: el keynesianismo. Este será precisamente el objeto del próximo capítulo.

La burbuja de Japón en los noventa se produjo alrededor del sector inmobiliario. Durante la misma, Japón, que es veinticinco veces más pequeño que Estados Unidos, registraba un valor inmobiliario, tasado a precios del momento, cinco veces superior a todos los activos inmobiliarios estadounidenses. Solo los activos inmobiliarios de Tokio y su área metropolitana igualaban el valor de todas las propiedades inmobiliarias de Estados Unidos. El palacio imperial japonés valía más que todo el estado de California.

El de Japón fue un precedente clarísimo de la burbuja inmobiliaria que después se registró en Estados Unidos y en muchos países europeos a inicios de 2000 y que estalló en 2008. Si el crac de 1929 desencadenó el keynesianismo y redibujó para siempre la política monetaria y normativa financiera del mundo, la burbuja inmobiliaria estadounidense, conocida como burbuja *subprime*, también produjo cambios y novedades: la política de expansión de creación de dinero más grande y duradera de la historia, la cual aún continúa.

A inicios de 2000, el mundo experimentó también otra burbuja alucinante. La burbuja de las puntocoms. La burbuja tecnológica se produjo alrededor de los negocios de internet. La divergencia entre valor y precio de las puntocoms ha sido la mayor de la historia; empresas que no tenían ni un año de historia, que no tenían todavía clientes, que perdían dinero a espuertas y no facturaban más de un millón de euros llegaron a valer más que una petrolera o una compañía aérea internacional solo porque eran digitales. Valores injustificables que, en plena burbuja, se consideraban apropiados, olvidando los métodos fundamentales para valoración de empresas.

Y ha habido muchas otras burbujas, como la de 2018 en las criptomonedas. Burbujas grandes y pequeñas, alrededor de inmuebles, acciones u otros títulos financieros. En todos los casos, las burbujas presentan ascensos meteóricos del precio del bien o el activo alrededor del cual se produce la especulación, se llega a un punto álgido y, de pronto, por algún motivo irrelevante, el precio de desploma en poquísimos días. Caídas descomunales donde los bienes especulados experimentan bajadas de precio de doble dígito que, en muchos casos, llevan a los propietarios que no han salido a tiempo de la burbuja a perder entre el 50 % y el 90 % de lo que desembolsaron pocos días atrás.

Durante cada una de las fases de la burbuja se observan varias creencias, actitudes y comportamientos exclusivos del ser humano. Ha ocurrido en todas las burbujas de la historia. Pero es en el crac del 29 cuando estas creencias, actitudes y comportamientos se incorporaron a la humanidad de una forma ya permanente.

LOS MILAGROS ECONÓMICOS SUELEN TERMINAR EN DESASTRES FINANCIEROS
El ansia del pelotazo precede al pánico

El crac de 1929 hizo que la humanidad realizase un descubrimiento: la especulación podía socializarse. Especular no era algo nuevo, lo novedoso era que la especulación pudiese abarcar a toda la población e incluso superase fronteras. La burbuja de Wall Street fue el primer fenómeno especulativo global. Estábamos descubriendo que los países no necesitan forzosamente el comercio internacional para interconectarse. Ni siquiera el dinero. Basta con la creencia. Lo que se espera acerca del futuro en cualquiera de las potencias mundiales es emulado o reproducido en otros países. Las expectativas cruzan fronteras.

El campo de la psicología social estudia cómo la sociedad condiciona y determina las conductas y comportamientos individuales. El crac de 1929 fue el primer acontecimiento económico global de naturaleza irracional. Era preciso comprender ese *Animal Spirit*. El estudio de las modas, de las preferencias, de las normas sociales, de las creencias nucleares sobre la familia, el trabajo o el dinero solo podría hacerse a través de la psicología de las sociedades. La disciplina como tal acababa de ver la luz muy recientemente, en el último tercio del siglo XIX, con la irrupción del concepto de *Völkerpsychologie*, la «psicología de los pueblos», del alemán Wilhelm Wundt. Estereotipos, prejuicios, valores, expectativas, atracción o conformidad podían explicar por qué las personas se comportaban de una u otra forma en los acontecimientos sociales.

Al convertirse la especulación en fenómeno social, se introdujeron en la humanidad una serie de nuevas creencias que, hasta el momento, no habían existido.

La primera de ellas es el «glamur inversor». El que una prenda de ropa o una forma de vestir o una determinada decoración o ciertos objetos de arte se pusieran de moda era algo que venía ocurriendo desde siglos atrás. Pero… ¿glamur en inversiones?

Quien durante una burbuja no compra acciones o no adquiere un inmueble parece estar, desde un punto de vista de psicología social, desconectado del mundo. Como se dice hoy día, estar *out*, fuera de órbita, lejos de lo que cualquier persona medianamente informada e integrada en la sociedad debería estar haciendo. A partir de 1930 se derrumbó el mito de que una persona debe dedicarse a una profesión determinada. Hasta entonces, cada uno tenía una formación, un oficio, una profesión. Recordemos que el mundo ha descubierto la especialización. Por supuesto que, puntualmente, una persona podía en un momento determinado de su vida cambiar de oficio, pero esto es distinto. La posibilidad de invertir en cualquier sector de actividad a través de la bolsa y enriquecerse con ello significaba que la prosperidad podía estar a la vuelta de la esquina, en cualquier parte. Y que acceder a ella era posible si uno era rápido y listo. Además, los mercados financieros proporcionaban la posibilidad de hacerlo incluso sin tener el dinero.

Hacerse rico sin dedicarse a lo que sabes hacer y con dinero prestado era posible.

Esta creencia cristalizó y continúa viva a pesar de que cientos de miles de personas se arruinasen. Ser ricos durante unos meses significaba que, saliendo a tiempo de la burbuja, uno habría conseguido no tener que trabajar nunca más en lo que le resta de vida. Solo algunos logran salir a tiempo de las burbujas. Unos pocos afortunados. Por lo tanto, el milagro es difícil, pero no imposible. Eso hace que la creencia persista.

Nacen así dos fenómenos, dos ideas que no habían existido hasta entonces y que se quedaron para siempre, formando parte de la culturilla de la población general.

Me refiero al milagro económico y al vulgarmente llamado «pelotazo».

Un milagro se define como un suceso extraordinario y maravilloso que no puede explicarse por las leyes regulares de la naturaleza y que se atribuye a la intervención de Dios o de un ser sobrenatural. O bien, en su segunda acepción, como un suceso extraordinario que provoca admiración o sorpresa.

En el mundo, hasta 1929, en el ámbito económico no se había producido milagro alguno. Se habían producido avances, cambios, descubrimientos y revoluciones como la agrícola e industrial del siglo anterior, pero no ondas expansivas en las que un bien pudiera experimentar un 500 % de incremento de valor o que una persona de la escala social más baja pudiera hacerse rica. Durante la burbuja previa al crac, el limpiabotas de Rockefeller le recomendaba a este por qué valores debía apostar. Muchos norteamericanos se pasaban el día en la bolsa o en corrillos o visitando a los brókeres, mirando embobados las cotizaciones en las pizarras, viendo cómo se enriquecían sin hacer absolutamente nada, y descuidando sus propios negocios. Estaban tocando un milagro con sus propios dedos, por lo que la acción humana de trabajar podía ser abandonada.

Desde entonces, cuando una sociedad experimenta algún tipo de burbuja, se observa en la población una especie de hipnotismo o embobamiento y regresa la creencia de que trabajar no tiene sentido, y que por fin la humanidad ha hallado la piedra filosofal de la prosperidad infinita.

El concepto de «milagro económico» se emplea en la actualidad para describir crecimientos rápidos en la economía de un país. Crecimientos reales, de producción y empleo, no especulativos. La sociedad ya sabe que la especulación no es un milagro. Es, sencillamente, especulación. Pero esto no lo sabrá a ciencia cierta hasta que pinche la burbuja.

Que los milagros económicos son posibles sigue siendo una creencia popular.

Esta creencia fomenta una esperanza en las sociedades modernas: la esperanza de dar un pelotazo. El término hace referencia a un enriquecimiento rápido en lo personal, gracias a una operación especulativa. Cada equis tiempo aparece en los medios de comunicación alguien que ha dado el pelotazo, y se convierte en la envidia de todos. Cierras el periódico y piensas: qué suerte, ojalá yo encontrase una oportunidad para dar un pelotazo. Y pasamos unos días examinando otros sectores, otros oficios, otras posibilidades.

Había nacido la esperanza en convertirse en ricos de la noche a la mañana.

La codicia y la envidia son dos sentimientos profundamente humanos. Por supuesto que no eran nuevos. Lo novedoso en la historia del mundo fue que la envidia y la codicia pudieran satisfacerse a través de instrumentos especulativos.

Hasta la fecha, en la historia de las civilizaciones, imponerse al propio destino era casi imposible: uno nacía en una clase social y ahí se quedaba toda la vida. Si bien a partir de los mercaderes italianos de la Baja Edad Media se abrió la posibilidad a ganar dinero, ese enriquecimiento se producía a través del emprendimiento y del trabajo, no a través de un milagro económico.

Si uno quería hacerse rico de la noche a la mañana, solo había estas opciones: robar, matar o que te tocase la lotería. De pronto, el mundo incorporaba a su elenco de instrumentos unos mecanismos que hacían posible enriquecerse en pocas semanas sin delinquir. Los mecanismos financieros que, de facto, permiten tal posibilidad pueden hacer mucho daño a una sociedad produciendo pérdidas en otros ciudadanos. Pero eran y son legales. La especulación había venido para quedarse.

Uno de los motivos por los cuales en la actualidad permitimos la especulación es que mantiene abierta la posibilidad de que cualquiera de nosotros decida formar parte de ella. Aceptamos que alguien pueda reunir una fortuna en muy poco tiempo, sin trabajar, con dinero que no es suyo y especulando porque tal vez un día sea algo que nos interese o nos atrevamos a hacer nosotros. Es parecido al mecanismo por el cual uno contrata un seguro o compra lotería: «¿Y si cae aquí?».

La especulación no es solo la versión económica de la codicia. Constituye una de las fuentes de esperanza de la ciudadanía para avalar al libre mercado. Satisfacer la codicia y la envidia, pecados capitales, se convirtió en algo legítimo, legal y quedó para siempre circunscrito al campo de la economía, desapareciendo del resto de disciplinas o acciones humanas.

Apalancamiento: palanca y miento
La desmesura al traer el futuro al presente

El supuesto milagro económico a través de la especulación no responde a ninguna razón sobrenatural e inexplicable. Surge de aplicar a la creatividad la más básica de las matemáticas.

El apalancamiento, me dijo en cierta ocasión un gran profesor que tuve en la universidad, consta de dos términos: palanca y miento.

La palanca la proporciona el pago aplazado.

El miento lo proporciona el crédito basado en un futuro irreal.

El pago aplazado es un mecanismo mediante el cual permitimos que alguien compre algo sin desembolsar el cien por cien del precio. Eso hace posible que alguien pueda adquirir cien mil euros de acciones de una empresa desembolsando solo diez mil euros. En una fecha determinada deberá abonar los noventa mil euros restantes, pero como el título ya le pertenece, puede, antes de la fecha establecida, revender esas acciones a un precio mayor. El beneficio se produce sobre los cien mil euros, pero la rentabilidad, sobre los diez mil. Es decir, si compras a cien mil y antes del vencimiento vendes con un 10 % de ganancia, tu venta es por ciento diez mil. Has ganado diez mil euros. Habías depositado diez mil euros como paga y señal, y ahora tienes veinte mil. Una ganancia del 10 % de algo que no he desembolsado plenamente se convierte así en una rentabilidad del 100 %.

Este es, simplemente, el mecanismo del apalancamiento.

Este mecanismo funciona a la perfección mientras los precios suben. Pero cuando bajan, las pérdidas operan con la misma rentabilidad, solo que negativa. Una bajada del 10 % en las acciones llevaría a perder los diez mil euros aportados.

Por eso, apalancarse supone un gran riesgo. Una posible enorme ganancia, poniendo poco, pero una pérdida de todo lo avanzado, si se produce una ligera variación en el precio del bien cuya compra está por completar.

Dicho esto, las empresas más apalancadas del mundo son los bancos. Prestan los depósitos de sus clientes, guardando solo una pequeña proporción en la caja para atender las necesidades de tesorería puntuales y diarias de los depositantes. En el mundo se ha aprendido mucho sobre ello, y la regulación ya establece toda una serie de requisitos para evitar que un banco quiebre, pero en 1929 toda esa regulación estaba en pañales. Recordemos que estamos en pleno liberalismo y se da por demostrado que la libertad nos hará ricos; cuanta más libertad y cuanto más apalancamiento, más ricos seremos, se pensaba.

El problema no es solo la «palanca». El problema es, sobre todo, el «miento».

En el Wall Street de los años veinte, y todavía en la actualidad, cuando hay crecimiento, plena ocupación y todo va bien se produce una creencia ciega en un futuro que es siempre mejor que el presente.

Y esa creencia, mientras se va viendo refrendada por indicadores que continúan mejorando con cada mes que transcurre, proporciona la seguridad necesaria para considerar que prestar dinero para la especulación no es peligroso. El prestamista le hablará de inversión porque considera que todo va a seguir yendo bien en el futuro, y que él no está especulando. Aunque, de hecho, no sea cierto.

No estoy hablando de algo teórico. Fue real.

Reproduzco un párrafo de mi libro sobre burbujas:

> Los suculentos beneficios de comprar acciones sin desembolsarlas y recibiendo además un préstamo para cubrir la fianza provocaron que se desatase una espiral especulativa sin precedentes en la Bolsa de Nueva York. No estamos hablando de unas pocas operaciones: el volumen de préstamos suministrados por los agentes de cambio para operaciones de esta naturaleza se multiplicó por seis en ocho años, pasando entre 1920 y 1928 de 1.000 a 6.000 millones de dólares.
>
> Tras pedir el préstamo para adquirir acciones, la gente vendía siempre con beneficios, pues, en efecto, «la bolsa solo sube, caballero». Por tanto, todo el mundo devolvía religiosamente el préstamo y los intereses. (...) No se registraba impago alguno, lo que animó a los bancos de medio mundo y estos, atraídos por la posibilidad de prestar dinero al 12 % con una tasa de morosidad nula, desembocaron en Wall Street para participar de tal bacanal financiera: desde 1921 hasta 1929 en Estados Unidos se concedieron créditos por un valor superior a los 8.500 millones de dólares, ¡una cantidad mayor al dinero en circulación que el país tenía en aquel momento! (...)
>
> Banca internacional y empresas no fueron las únicas fuentes de crédito para adquirir acciones, también lo fue la propia Reserva

Federal. El Banco Central de Estados Unidos cedía dólares al 5 %. Los bancos los prestaban al 12 %. La gente obtenía rentabilidades del 25 %.

El mundo había descubierto algo. Era posible convertir el futuro en beneficio actual. ¿Lo era? Sí, naturalmente que lo era. El dinero, ya lo hemos explicado en capítulos anteriores, incorporó el tiempo en los billetes y monedas. El crédito es, por tanto, un dinero que no hemos ganado aún y que tendremos que devolver. El dinero es tiempo futuro. Si utilizamos tiempo futuro hoy, estamos trayendo al presente el beneficio de mañana. El mecanismo es casi mágico y por eso parece que produce milagros. Y, de hecho, es magia pura. Por eso la economía resulta tan fascinante y por eso a la gente, en general, le cuesta tanto comprender los asuntos del dinero.

El problema no reside en que no sea posible anticipar riqueza futura y traerla al presente. Eso es factible. El problema reside en cuánto futuro podemos traer al presente. La creencia en un futuro que siempre va a ser mejor es el desencadenante de que traigamos demasiado futuro al presente en forma de pagos aplazados y que el esquema se desmorone.

Las entidades más apalancadas del mundo fueron las que prestaron dinero para especular con acciones, a su vez, mediante apalancamiento (desembolsos parciales). Apalancamiento sobre un apalancamiento. Ahí tiene usted el milagro. Si con una sola operación de apalancamiento una subida del 10 % produce réditos del 200 %, imagine con una segunda operación sobre este apalancamiento. La explosión monetaria es geométrica y traemos al presente una cantidad de futuro totalmente desbocada.

La quiebra de los bancos llevó a que muchos depositantes perdieran sus ahorros. Cuando la banca presta dinero para especular, en realidad se está especulando con el dinero de los depositantes. Es decir, otros especulan con su dinero. Más magia, más milagros...

Hemos aprendido mucho desde 1929, y se han diseñado muchos mecanismos para evitar estos episodios. A pesar de ello, a partir del siglo XX, en todas las burbujas ha vuelto a haber desembolsos parciales y créditos. Es decir, sigue sucediendo. El motivo de que sistemáticamente aparezcan burbujas es simple: la ilimitada capacidad del ser humano para olvidar y la ilimitada capacidad del ser humano para codiciar.

La crisis laboral de la Revolución Industrial fue un varapalo social.
El crac de 1929 fue un varapalo financiero.
Se tambaleó la teoría económica.
El mundo necesitaba un salvador.
Y apareció Keynes.

11
EL DOCTOR ESTADO CURARÁ SUS MIEDOS

MARX, 1 – SMITH, 0
La rigidez como traba para el desarrollo

La recesión que continuó al crac de 1929 no había tenido parangón. En Europa, la crisis se había iniciado incluso antes y el desplome de la economía norteamericana no vino sino a agravar la situación. En Inglaterra, la recesión se había iniciado en 1921 y Alemania todavía estaba recuperándose de su hiperinflación de 1923.

El descontento social, el desempleo, las huelgas y la hostilidad, en general, se adueñaron de los países industrializados.

Marx estaba ganando la partida a Adam Smith. Muchos ciudadanos asumieron la idea de que, tal y como había vaticinado el alemán, el capitalismo, paradigma del liberalismo, estaba condenado a la desaparición, que era un sistema insostenible por estar basado en un esquema de concentración de capital que cada vez requería de más capital para seguir funcionando. Marx había predicho que el capitalismo era un castillo de naipes que se desmoronaría, y su predicción había resultado ser cierta.

La URSS se había creado en 1922 y la comparativa de la evolución del nivel de vida en la república socialista respecto a la de Estados Unidos no ofrecía lugar a dudas. El éxito económico que en sus primeros compases experimentó la URSS parecía dar la razón al autor de *El capital*. Mientras Estados Unidos se desplomaba, la URSS crecía exponencialmente. El asunto tenía calado. Lo que se debatía de trasfondo era si la raza humana evolucionaba mejor bajo esquemas de libertad o bajo sistemas de control.

Los liberales pidieron calma. No había que alarmarse, solo había que esperar y se produciría enseguida una recuperación que traería de vuelta el pleno empleo y el equilibrio, como en los felices veinte. Las personas, actuando libremente, llevamos la sociedad al óptimo global.

Sin embargo, ese día no llegaba. La crisis no hacía sino agravarse y los niveles de desempleo superaban cualquier previsión. Mientras tanto, en la URSS, todo el mundo tenía un empleo. Un nivel de vida y retribución menores, pero con empleo, al fin y al cabo. Los economistas liberales culparon a los sindicatos y a los monopolios. La rigidez de los salarios no ayudaba a las contrataciones ni al emprendimiento, decían. Por otro lado, las prácticas cuasi monopolísticas de ciertos sectores clave no otorgaban a los precios la flexibilidad que tienen en perfecta competencia. Por culpa de ambas cosas, la economía no regresaba al equilibrio. Y no porque el liberalismo no fuera un buen sistema, sino porque no se permitía a las fuerzas sociales y económicas actuar con libertad. Eso decían.

Los Gobiernos no sabían cómo actuar. Se produjeron devaluaciones y surgieron políticas proteccionistas, pero aquello empeoró el asunto. El comercio internacional se redujo y las políticas proteccionistas fueron por completo estériles.

A LARGO PLAZO, TODOS MUERTOS
La clave de la inmediatez

En medio de aquella situación, apareció el que probablemente haya sido el economista más influyente de todos los tiempos: John Maynard Keynes. Su aportación fue mucho más que económica. Fue política. Y, sobre todo, social. Con él, el devenir de la humanidad adquirió un rumbo nuevo. En ese debate entre liberales y comunistas, las ideas de Keynes sobre el comportamiento y la psicología humana desembocarían finalmente en las socialdemocracias, actualmente el mejor de los sistemas conocidos y sin las cuales con toda probabilidad el mundo habría vivido más fascismos de derechas e izquierdas. Gracias a Keynes, lo mejor del liberalismo (la fuerza de los incentivos) y lo mejor del socialismo (los derechos de los trabajadores) pudieron aunarse en un único sistema social.

Keynes argumentó y demostró que el capitalismo no estaba condenado a desaparecer. Simplemente había que corregir sus defectos. Y su principal defecto era bien simple: la economía no se comporta como la física porque no está sujeta a las leyes de la naturaleza. La economía se comporta según la psicología, porque está sujeta a las leyes de la naturaleza humana.

Le dio un vuelco al pensamiento económico, y lo hizo de una forma absolutamente brillante porque puso de nuevo al ser humano en el centro.

Keynes no negaba la posibilidad de que, a la postre, un mercado libre acaba por recuperar el equilibrio por sí mismo. El problema era cuánto tiempo podía tardar en hacerlo y cuáles eran los costes sociales y políticos de ese plazo de tiempo. Su célebre frase «a largo plazo, todos muertos» recogía ese sentir. Cuando todo se haya arreglado, habremos ya fallecido y el sufrimiento no habrá sido paliado cuando era necesario hacerlo. Hay veces en que es necesario actuar antes.

Keynes se propuso explicar por qué el mercado no siempre se regulaba a sí mismo. La respuesta, según el economista, estaba en que los supuestos de partida de la mano invisible y el *laissez faire* no eran forzosamente ciertos.

Para el pensamiento del momento, atesorar dinero era algo irracional. Consideraban que retener el dinero era algo que nadie se plantearía nunca: el dinero se gasta, se ahorra o se invierte, pero nadie lo aparta del sistema. Y, por tanto, con un dinero en movimiento constante, toda economía regresa siempre al equilibrio.

Sin embargo, recordemos la definición de dinero que hicimos en el capítulo 3: el dinero es medio de intercambio, pero también un depósito de valor. Los liberales daban prioridad a lo primero. Keynes, en cambio, puso toda la atención en lo segundo. Demostró que las personas, en circunstancias extremas, guardan y apartan mucho más dinero del que deberían para protegerse de lo que pueda pasar y para que su capital no pierda valor. Keynes lo llamó el motivo especulativo. Expectativas negativas son también una forma de especulación. Veamos.

El nacimiento de las expectativas
El pesimismo como freno

Hay tres motivos por los que el ahorro y el dinero no circulan.

El primero es la creencia en que los tipos de interés que te dan por tus ahorros subirán más adelante. Si un ahorrador piensa que los tipos acabarán subiendo, retendrá el dinero y esperará para invertir cuando el dinero dé más rentabilidad.

El segundo motivo que adujo Keynes es que, si los empresarios albergan expectativas negativas respecto al futuro, difícilmente van a pedir préstamos para invertir. La expectativa se antepondrá a cualquier otro factor.

Y, en tercer lugar, si la propia banca piensa que la crisis es muy grave y va a registrar impagos, también preferirá retener la liquidez y prestar ese dinero a las empresas y emprendedores cuando las perspectivas mejoren.

En los tres casos, el dinero se retiene debido a un instinto humano. El flujo de dinero depende esencialmente de que la gente piense que las cosas van a ir bien. Las políticas de tipos de interés poco pueden hacer para estimular la economía cuando las expectativas son aciagas. A eso se le llamaría la «trampa de la liquidez» y fue uno de los descubrimientos económicos, tal vez deberíamos decir psicológicos, más importantes del siglo XX. Se resume en que da igual que la liquidez del sistema sea suficiente, mientras los agentes sociales tengan miedo al futuro.

Keynes demostró de este modo que el atesoramiento no es una acción irracional, como sostenían los clásicos, sino una reacción humana ante una expectativa determinada. El ciudadano especula con un eventual futuro que le lleva a inmovilizar su dinero para que no pierda valor.

La conclusión era muy importante porque arrojaba una terapia radicalmente distinta a lo que imperaba. Si, debido a expectativas negativas, la iniciativa privada tenía retenido el dinero, alguien debía poner en marcha la sociedad invirtiendo y fabricando. Y ese alguien, cuando el sector privado no mueve su dinero, no podía ser otro que lo público. Esto es, el Estado. Las inversiones estatales, mediante una política de gasto expansivo, serían las que elevarían la inversión, generarían empleo y volverían a poner en marcha la circulación del dinero, erradicando las expectativas pesimistas sobre el futuro.

Había nacido el gasto público, uno de los pilares de la organización de las sociedades democráticas de los dos últimos siglos en el mundo.

Gastar más de lo que se recauda es desequilibrar los presupuestos del Estado, y Keynes sabía que algo así iba contra toda la ortodoxia del momento. Pero era necesario hacerlo.[18] Él proponía el uso deliberado del déficit. En su día, esto supuso toda una revolución.

Este es uno de los párrafos más célebres de su *Teoría general del empleo, el interés y el dinero*:

> Si el Estado llenara botellas viejas con billetes de banco, las enterrara a suficiente profundidad en minas de carbón abandonadas (...) y dejara a la iniciativa privada del *laissez faire*, el cuidado de desenterrar nuevamente los billetes (...) desaparecería el desempleo y, con ayuda de las repercusiones, la renta real de la comunidad, así como su riqueza capital, se harían, probablemente, mucho mayores de lo que son en la actualidad. Claro está que sería más sensato construir hogares o cosas por el estilo, pero si existen dificultades políticas y prácticas para realizarlo, el procedimiento anterior sería mejor que no hacer nada.

Es decir, que el Estado gaste más de lo que ingresa con tal de que la iniciativa privada se ponga en marcha. ¡Aunque fuera enterrar botellas con dinero para que se creasen nuevas empresas desenterradoras de botellas! ¡Si no se encontraba algo mejor, el Gobierno debía hacerlo!

Contra lo que muchos han pensado, Keynes no defendía un Estado intervencionista. De hecho, consideraba que las inversiones públicas no debían ser las que ya pudiese acometer el sector privado, pues, en tal caso, el Gobierno estaría desplazando al empresario (si el gasto público anula el sector privado, el crecimiento logrado gracias al dinero público se vería restado por la actividad privada destruida y estaríamos como al principio). Keynes sostenía que el Estado debía hacer aquello que la iniciativa privada no hace en absoluto.

---

[18] Keynes aseguraba que la elevación de la renta nacional a través del gasto público proporcionaría más adelante los ingresos públicos necesarios para reequilibrar las cuentas de la Administración pública.

Keynes tampoco abominaba del capitalismo, como igualmente se ha interpretado. El economista inglés creía en el sistema capitalista, pero consideraba que, en determinadas circunstancias, debía ser corregido. Precisamente si no se intervenía para corregirlo, era cuando se ponía en riesgo al capitalismo: un elevado desempleo prolongado en el tiempo conduce a las masas a preferir una dictadura socialista que les dé de comer.

Fijémonos que introdujo un camino alternativo a la dicotomía social del momento: liberalismo o comunismo. Por eso la figura de Keynes fue tan importante para la evolución del mundo. Y es que Keynes desmontó muchos mitos.

El primero, que la economía no se mueve como la física, al son de las leyes naturales del equilibrio y las fuerzas ocultas, como la gravedad. La mano invisible no siempre opera. Demostró que, en las situaciones más críticas, el factor explicativo de los desequilibrios económicos era la psicología humana. Eso lo cambió todo. Él daba más importancia a las expectativas, la especulación o el miedo al futuro que a las herramientas económicas.

Demostró también que el capitalismo era inestable, continuando la línea de Schumpeter, pero esta vez no a través de la destrucción creativa que producen la tecnología y la innovación, sino a través de los impulsos y expectativas de las personas, que hacen fluctuar la economía y alteran la producción. El capitalismo era inestable porque estaba influido por las expectativas y la especulación. Influido, en definitiva, por las emociones. Demostrar que las economías puedan estar por debajo de su nivel normal y que haya un estancamiento estructural debido a causas psicológicas supuso un importantísimo cambio de mentalidad ante la ciencia económica, que fue trasladada del cajón de las ciencias puras al cajón de las ciencias sociales.

Si bien aclaró que el liberalismo económico no era del todo erróneo y que solo debía ser corregido, Keynes hizo que el mundo liberal dejase de ser un mundo ideal. La actividad de una sociedad funcionará siempre que el Estado cure las expectativas negativas de las personas. El Estado, lo público, hará lo que las personas libres no hagan debido a, precisamente, ser personas libres. *Touché*. El liberalismo quedaba tocado de muerte en su esencia. Imagine la cara de los liberales y adalides de la mano invisible. Era como decirles: «Tranquilos, el capitalismo sigue siendo un buen sistema económico para crear riqueza, sigamos dando libertad a las personas, pero cuando estas no hagan lo que tienen que hacer, los poderes públicos gastarán más de lo que ingresen: utilizaremos el déficit estatal para paliar la inactividad privada. Si lo hacemos así, si los dirigentes actúan cuando el liberalismo entra en fallas, este podrá seguir su camino».

Cuando publicó su *Teoría general* en 1936, él sabía de sobra que iba a ser una aportación totalmente revolucionaria. Keynes dio paso a la aparición del estado del bienestar y la participación de lo público para superar los problemas económicos y alcanzar los objetivos de pleno empleo.

Desde entonces, el déficit público sistemático se ha convertido en algo normal, malinterpretando por completo su función. La puerta abierta que dejó al desequilibrio presupuestario del Estado abonó el campo para que casi un siglo después todavía haya partidos políticos que consideren no solo normal, sino adecuado, gastar de manera sistemática más de lo que se recauda. Keynes estableció y delimitó los términos en los cuales el Estado debía o no intervenir y cómo, pero jamás defendió que debía estar en permanente déficit.

Lo alucinante es que los instintos y emociones humanos sean la razón para gastar más de lo que se recauda, lo cual va contra lo prudente. Como las personas no somos racionales, hay que actuar irracionalmente desde el Estado.

La controversia que esto supone sigue viva. A partir de su *Teoría general*, surgieron múltiples corrientes antagónicas que trataron de rebatir los argumentos de la otra parte: keynesianos, monetaristas, clásicos, neoclásicos, liberales, socialistas…

La gente no dio crédito a los encarnizados debates entre economistas sobre la causa de los problemas y las recetas para solucionarlos. ¿No era la economía una ciencia? ¿Cómo podía haber teorías tan opuestas para unos mismos hechos?

En realidad, con Keynes descubrimos que las leyes económicas dependen de las situaciones. No es que las leyes económicas tengan mil excepciones, sino que cada situación se explica por un conjunto de leyes determinadas que en otras situaciones no necesariamente se cumplen.

Hasta entonces, los economistas habían sido dioses.

Desde entonces, hay chistes sobre economistas.

Lo que la economía de guerra enseña a la economía de paz
El instinto de destrucción

En 1939, solo tres años después de la publicación de su *Teoría general*, tuvo lugar el inicio de la Segunda Guerra Mundial.

Los historiadores consideran que los periodos de guerra son una anomalía social, dado que el estado natural de un país no es el de estar en beligerancia militar. Sin embargo, la Segunda Guerra Mundial sí produjo varios aprendizajes importantes que luego se incorporaron al funcionamiento de las sociedades en periodos de paz.

El primero de ellos fue la incorporación de la mujer al mundo laboral. Durante la contienda, fueron tantos los millones de personas que se alistaron como soldados que hizo falta reemplazar muchísima mano de obra, tanto para la producción necesaria para la población como para el abastecimiento de los ejércitos y producción de armas.

Recordemos el famoso cartel «WE CAN DO IT!» de Estados Unidos, con una mujer, pañuelo de lunares en el pelo, exhibiendo la fuerza de su brazo.

Gracias a las mujeres, la actividad productiva se sostuvo. Si bien es cierto que al acabar la contienda muchas de ellas abandonaron las fábricas y regresaron de nuevo a ocuparse de sus hogares y sus hijos, la participación femenina en el mercado de trabajo continuó registrando una tasa superior a las preexistentes y quedó ya puesta la pica en Flandes. Desde entonces las mujeres han conquistado por méritos propios el mundo laboral y profesional que en gran parte se les había vetado.

El segundo aprendizaje fue que, tras una guerra, era fácil que un país experimentase una época de expansión y pleno empleo. Los felices años veinte anteriores se habían debido, en buena medida, a la enorme cantidad de necesidades que tuvo Europa tras la contienda y para las cuales había menos millones de trabajadores, ya que habían muerto combatiendo en la guerra. Una reconstrucción con menos mano de obra arroja bonanza. El crecimiento que se había registrado entre 1919 y el crac de 1929 tuvo más que ver con la reconstrucción tras la contienda mundial que con las bondades del liberalismo económico.

Miles de años antes, el ser humano había decidido intercambiar para dejar de matar. Ahora descubría que matándose unos a otros, se volvía a intercambiar. ¡Qué ironías!

ESTADOS UNIDOS EJERCE DE POLICÍA MUNDIAL
La búsqueda de limitaciones

Acabó la guerra.

Y sobrevino una inquietud. Era tentador para muchos países expandirse monetariamente para financiar la reconstrucción o devaluar sus monedas con tal de abaratar sus productos en el extranjero. Se corría el peligro de volver a vivir episodios de elevada inflación como en las hiperinflaciones europeas posteriores a la Primera Guerra Mundial que ya hemos narrado.

Por tal motivo, los países vencedores decidieron reunirse en Bretton Woods, en el estado de Nuevo Hampshire (Estados Unidos), las tres primeras semanas de julio de 1944. La idea era coordinar una serie de políticas mundiales que evitasen hiperinflaciones y desequilibrios. Keynes acudió en representación del Reino Unido. Faltaban solo dos años para su fallecimiento, de un infarto. Aunque no llegó a presenciar cómo sus políticas se aplicaban en el mundo, sí pudo contribuir a algunos de los acuerdos de Bretton Woods.

Se sabía que para controlar la inflación era preciso limitar la cantidad de dinero que los bancos centrales debían emitir. Adoptar el patrón oro para todos era imposible porque muchos países requerían cierta holgura y libertad monetaria, así que lo que se decidió en Bretton Woods fue que la divisa de referencia fuese el dólar estadounidense, en tanto que era la moneda más fuerte y correspondía no solo a la primera potencia mundial, sino al país desarrollado menos devastado por la guerra y menos necesitado de una reconstrucción, a pesar de las bajas humanas.

El dólar respondería a unas reservas de oro determinadas, mientras que el resto de las divisas del mundo establecerían su valor de cambio en los mercados internacionales en función del dólar. Vinculando el patrón oro al dólar, Estados Unidos se convertía en el guardián de la política monetaria mundial. Las referencias al dólar de las divisas de todos los países eran una especie de anclaje de la economía. Los Gobiernos no podían hacer demasiadas tonterías con su dinero. Ni malgastarlo ni darle a la máquina de imprimir dinero. Si lo hacían, el valor de sus monedas caería en picado.

Funcionó. La inflación tras la Segunda Guerra Mundial fue elevada, pero acabaría controlándose y esta vez no se produjeron las hiperinflaciones anteriores. Fijémonos lo rápido que el mundo había cambiado respecto al dinero. En 1661 Palmstruch creaba el primer billete de la era moderna (como vimos en el capítulo 4) y en 1944 todos los billetes del mundo ya estaban vinculados a uno solo, el de Estados Unidos, que se vinculó al oro.

El mundo se había monetizado y globalizado.

El dinero se hace infinito
La fe tras el adiós del patrón oro

Estamos llegando ya casi al final de nuestra historia del dinero, uno de los inventos sociales más importantes de la era moderna.

Durante la década de 1950, los acuerdos de Bretton Woods aportaron la estabilidad necesaria. Sin embargo, en los años sesenta empezó un movimiento especulativo alrededor del oro. Dólares estadounidenses fueron convertidos masivamente en oro y se produjo un importante deterioro en las reservas de oro de la Reserva Federal norteamericana. El mundo comenzó a desconfiar del dólar y el sistema se hizo insostenible.

No fue lo único que sucedió. La demografía crecía tras la guerra. La cantidad de dólares en circulación debía aumentar al ritmo que la población. Imaginemos una isla con diez personas y diez dólares en circulación: si nacen diez personas más y además los precios aumentan, con diez dólares es imposible que haya dinero suficiente para funcionar; si en la isla está prohibido crear más dólares sin su respaldo en oro, se produce una insuficiencia de líquido. Eso es lo que le pasó a los Estados Unidos. Además, tenía que afrontar la guerra de Vietnam, que había comenzado en 1955. Necesitaba crear dólares más allá de las reservas de oro.

En 1971, el presidente de Estados Unidos, Richard Nixon, asesorado por el que cinco años después sería nobel de Economía, Milton Friedman, decidió romper con los acuerdos de Bretton Woods y desvincularse definitivamente del oro.

Desde entonces, en el mundo no se ha vuelto a regresar al oro como respaldo de las monedas y billetes de un país.

Y, así, el dinero pasó al último de sus estadios: dinero fiduciario o dinero fíat, que significa que una moneda está ya solo respaldada por la autoridad que la emite.

Fin del dinero respaldado por algo que no sea la confianza en el emisor.

Adiós al patrón oro.

Es algo que nos afectó más de lo que pensamos.

El patrón oro era mucho más que un mecanismo para fijar relaciones de cambio o proporcionar un respaldo a las monedas. Era el mecanismo que permitía protegernos de las decisiones de un mal político sobre nuestro ahorro. Digamos que el patrón oro equivale en la práctica a pequeñas mociones de censura monetarias que, efectuadas por todos los ciudadanos al mismo tiempo, limitan la capacidad del Estado para crear dinero sin respaldo alguno. Si entre todos reclamamos nuestro oro, el Estado queda sin respaldo de reservas para la emisión de más moneda. El oro es el seguro del valor de nuestro dinero. Ahora podemos darnos cuenta de lo que se nos despojó al abandonar el patrón oro. Se nos quitó la posibilidad de defendernos de los bancos centrales politizados.

Abandonado el patrón oro, el dinero tiene hoy en día como único respaldo la confianza en el país que lo emite. Si es un país de pandereta, corrupción e ineficiencia, su dinero nos quema en las manos. Si es un país serio, que protege al ahorrador, que no malbarata recursos públicos y no se vuelve loco con la creación de dinero y la deuda, confiamos en su divisa.

El dinero pasa a ser un acuerdo. Ni siquiera billetes y monedas, porque el porcentaje de efectivo en manos del público es ínfimo.[19] El dinero es una anotación contable, e informatizada la banca, es un registro en el disco duro de un ordenador.

El dinero fiduciario fue el siguiente gran paso en la construcción de nuestra gran catedral social. Dinero que se basa en una fe. Fiduciario, del latín, *fidus*, «fe». La fe en la buena fe del prestatario, de los depositantes y de la entidad emisora.

---

[19] Es ínfimo en relación con la totalidad de masa monetaria de un país, que incluye las cuentas bancarias, depósitos a plazo y otros instrumentos financieros, tales como fondos del mercado monetario.

El dinero no es nada. Es aire. Es, más que nunca, una convención, un acuerdo.

Que el dinero no tenga respaldo y solo sea una «creación» de los bancos centrales es algo trascendental en la historia de la humanidad y en nuestras vidas. Sí, en la vida de usted, de su vecino y en la mía.

Y lo es porque la creación de dinero destinada al endeudamiento de los Estados o a tapar los agujeros de las pérdidas especulativas de entidades financieras son sustracciones legales de su ahorro. Es como cuando los bandidos limaban monedas o los falsificadores fabricaban billetes falsos. Recordará el lector que los falsificadores son los ladrones más justos porque roban a cada persona en proporción al dinero que posee. Pues cuando los bancos centrales crean dinero de la nada están haciendo algo parecido.

Esto a pequeña escala es irrelevante, pero se está produciendo a una escala global y desorbitada. Lo vivido desde el año 2001, con tal de soliviantar las burbujas de este siglo (puntocom, *subprime*, inmobiliaria...), no tiene parangón con nada que hayamos visto antes.

La aparición del dinero fiduciario creó la mayor de las paradojas. Hizo el dinero ilimitado e infinito, teniendo disponible en billetes y monedas una limitadísima cuantía y que apenas crece. El 98 % de la masa monetaria no existe físicamente ni existirá jamás. Y como no lo vemos, nos hemos creído que se puede crear tanto como queramos.

La conclusión es devastadora. Cuanta más confianza hay depositada en la forma de dinero que las sociedades adoptamos, mayor es la capacidad de los políticos para robarnos. Un papel moneda sin respaldo es el mayor de los actos de confianza que pueden pedirnos a la ciudadanía. No solo acabamos de convertir en infinito el dinero, sino la posibilidad de que Gobiernos corruptos, ineficientes, manirrotos o populistas nos empobrezcan sin límite material ni temporal.

Bancos centrales: los emperadores del siglo XXI
La connivencia ante los excesos bancarios

Esta creación de dinero sin respaldo ha otorgado un poder incalculable a los bancos centrales.

En la actualidad, estos tienen tres objetivos principales que deben regir su política. Uno, la estabilidad de precios y del valor del dinero: deben asegurarse de que la inflación no se desboque, tenerla controlada. Dos, asegurar la estabilidad de la economía para evitar los pánicos financieros. Tres, asegurar la estabilidad financiera y el buen funcionamiento de los pagos o compensaciones de saldos entre bancos.

Si bien estos objetivos deberían estar al margen de los intereses sociales, políticos o ideológicos del Gobierno de turno, resulta que los bancos centrales se han convertido en los amos y señores de los Gobiernos. Son los emperadores del siglo XXI.

La Reserva Federal o el Banco Central Europeo tienen tanto o más poder que el presidente de Estados Unidos o de la Unión Europea. Los países desarrollados se encuentran desde hace años en un déficit permanente que está siendo absorbido por el balance del Banco Central. Es decir, los bancos centrales se han dedicado a financiar los desequilibrios presupuestarios de los Gobiernos hasta unas cotas impensables. En Japón, la cosa ya clama al cielo: el Banco de Japón, entidad pública, es el principal inversor privado de la Bolsa de Tokio; o sea, no solo lleva treinta años sosteniendo el déficit público del Estado nipón, sino que además se ha dedicado a comprar valores financieros privados.

Sinceramente, es difícil precisar cómo va a terminar esta situación. Buena parte de la deuda adquirida por el Banco Central Europeo a los Estados miembro de la Unión va a ser refinanciada una y otra vez, convirtiéndose en una especie de deuda perpetua. Como si fuera una línea de crédito de la que solo se pagan los intereses y cuyo principal nunca se amortiza. Una deuda deja de ser deuda en el momento en que no se ha de devolver. Pero el dinero creado de la nada, aunque hoy en día sea invisible y electrónico, sigue siendo dinero. Y ese dinero adicional empobrece al ahorrador y eleva los precios por encima de lo que la gente puede pagar.

Es cierto que esta flexibilidad otorgada a los bancos centrales ha servido para aminorar la repercusión en el empleo a raíz de episodios como la crisis sanitaria de covid, que todavía estamos sufriendo en el momento en que escribo estas líneas. Es cierto que la creación de dinero sin contrapartida ha permitido socorrer a ciudadanos, empresas y Gobiernos.

Pero en el resto de los episodios, tales como burbujas, especulación y rescates bancarios, los bancos centrales han actuado posponiendo un dolor que es, a la postre, inevitable. Y, además, favoreciendo a quienes especulaban o perdían el dinero de todos.

ERRADICANDO EL TÉRMINO *SUFRIMIENTO* DEL DICCIONARIO
El hedonismo por bandera

Un rasgo del siglo XXI es que se ha anclado la creencia en la sociedad de que podemos erradicar el dolor de nuestra existencia. Que todo puede arreglarse. Esperamos de los médicos que sanen cualquiera de nuestras dolencias. Esperamos de la tecnología que logre resolver cualquier reto que podamos definir. Esperamos incluso que la muerte sea un problema resoluble. Y esperamos de la economía que solvente cualquier exceso o problema. No queremos sufrimiento, no estamos dispuestos a pasar travesías de ningún desierto. Así que la posibilidad de hacer ilimitado el dinero se ha convertido en la mejor medicina para anestesiar nuestros problemas económicos.

Las finanzas han adquirido más importancia que la propia economía, en el sentido de que hemos llegado a la errónea conclusión de que las herramientas financieras solucionan problemas económicos. Y no es así. Los instrumentos financieros son vehículos, mecanismos que permiten modular la repercusión en el tiempo de un problema económico y dar tiempo a absorberlo. Pero no erradican el problema.

Sin embargo, esta verdad está aparcada, la sociedad la niega: preferimos vivir felices mirando hacia otro lado y pateando el problema hacia delante. Keynes tenía razón: el doctor Estado tiene la capacidad de curar miedos a través de estimular la demanda agregada vía gasto público. Pero de ahí hemos pasado a la creencia de que el doctor Estado, con la connivencia ya mencionada de los bancos centrales, puede erradicar las consecuencias de los excesos y curar nuestro dolor eternamente.

La política de creación casi ilimitada de dinero es la versión económica de la creencia social de que la vida es eterna.

Como no queremos dolor hoy, aceptamos que se traiga al presente todo el futuro que sea preciso. Incluso el de las próximas generaciones. Sí, los seres humanos, en nuestra alocada historia del mundo, hemos sido capaces de crear mecanismos para trasladar sacrificios propios a nuestros hijos, debido al instinto de elusión del dolor y de la muerte.

Sea como sea, ¿por qué esta connivencia entre bancos centrales y Gobiernos?

Los Gobiernos actuales de las socialdemocracias están conformados por políticos. Los políticos viven de ser elegidos. Para ellos, la democracia es el mecanismo que define y cuantifica los ingresos de sus partidos. La democracia es el menos malo de los sistemas políticos conocidos hasta el momento. Tiene sus defectos y carencias, pero por lo menos deposita en la ciudadanía la potestad última de decidir qué se hace y quién lo hace. Pues bien, los bancos centrales son, por lo menos hoy, el sostén principal de este mecanismo. Los bancos centrales son los que sostienen en verdad las democracias. La Unión Europea se aguanta, principalmente, debido al Banco Central Europeo. Los Estados que quisieran abandonar la UE deberían renunciar al euro. El nivel de incertidumbre y riesgo al que se someterían sería tal que ni se plantean salir de la Unión Europea.

Cabría preguntarse si esta connivencia entre el dinero y la política responde a un instinto de perpetuación en el poder.

¿Recuerda cuando en el capítulo 9 expliqué que la productividad se convirtió para los humanos en un grillete? Pues bien, podría establecerse un paralelismo entre la atadura que para los seres humanos supuso la productividad, con la atadura que para una treintena de países entraña la dependencia del euro. Dependemos del euro. Y el euro depende del Banco Central. El Banco Central sostiene el sistema político vigente. Sostiene a las democracias y representa la gran barrera de cualquier país europeo que quisiera modificar su sistema político.

De ahí, indirectamente, la gran presión política a la que están sometidos los bancos centrales, avocados a la política, además de a la economía.

Jamás el ser humano habría pensado que el invento del dinero, de las monedas, de los billetes y, finalmente, del dinero fiduciario iba a ser el principal instrumento de perpetuación de un sistema político determinado.

Pero así es.

En la actualidad, el dinero —por lo menos en Europa— sostiene a las democracias. Y al dinero ilimitado lo sostiene el deseo de no sufrir. Lo de la confianza ya casi ha pasado a un segundo plano.

Y por eso la aparición de las criptomonedas es, en realidad, una amenaza al sistema. Son un golpe de Estado. Y lo son porque, precisamente, se trata de dinero fiduciario que puede prescindir del respaldo de un país o una institución. Es la más reciente fase del desarrollo del invento llamado dinero. A ello dedicaremos el último capítulo del libro.

Una ley para cada situación
La circunstancialidad manda

Sostienen algunos economistas que la principal obra de Keynes, *Teoría general del empleo, el interés y el dinero*, debería haberse llamado *Teoría especial del empleo, el interés y el dinero*, dado que la trampa de la liquidez y la inoperancia de los tipos de interés para estimular la economía aplica tan solo a determinadas situaciones de estancamiento y crisis.

Como he explicado, con Keynes nace formalmente en el mundo la macroeconomía y, desde su aparición, asistiremos a toda una serie de corrientes y escuelas, que niegan las ideas de las otras.

Esto no ha dejado de causar estupor entre los legos en la materia. Es como si varios físicos siguieran sin ponerse de acuerdo en por qué se atraen los astros o por qué a elevadas temperaturas se evapora el agua. Keynes convirtió la economía en una ciencia social y aun así los economistas hemos querido conservar su halo de ciencia física, sometida a leyes predecibles y mesurables. El intento de predecir el futuro por parte de los economistas es algo que se ha logrado solo en determinadas circunstancias, pero no en todas. Cuando el entorno anda revuelto, los algoritmos no predicen bien. Del mismo modo, en determinadas circunstancias, ciertas escuelas económicas están en lo cierto, pero en otras circunstancias dejan de ser una adecuada explicación de cómo funciona la economía.

En el capítulo 1 afirmé que una de las pocas verdades universales en ciencias sociales es que los seres humanos respondemos a incentivos. Pues bien, a veces las circunstancias hacen que esos incentivos no funcionen en la forma, tiempo e intensidad en que deberían. Las circunstancias determinan el funcionamiento de la sociedad porque las circunstancias determinan el comportamiento de las personas.

Permítame decir algo que a muchos disgustará: la economía es la ciencia de las circunstancias.

Ese fue, en el fondo, el gran descubrimiento de John Maynard Keynes.

12
EL TIMO DEL SIGLO

UN SISTEMA FALLIDO PUEDE ENSEÑARNOS MUCHO DE NOSOTROS MISMOS
El pensamiento utópico

El capítulo 2 de este libro arrancaba con la conversación entre Yeltsin y Gorbachov el día en que el Parlamento ruso votaba a favor de la propiedad privada en la URSS y ponía en un brete las teorías de Karl Marx, entre otros. Quiero ahora dedicar este capítulo entero a lo que considero que constituye el mayor timo del siglo XX: el comunismo. Comunismo soviético: millones de muertos, millones de talentos desechados y desperdiciados, relaciones personales y familiares rotas, millones de ilusiones pisoteadas, vidas enteras de personas que jamás pudieron ni siquiera alcanzar sus sueños porque estaban al servicio de la ensoñación utópica de unos pocos iluminados.

En un libro sobre la historia de los inventos que han procurado prosperidad a la raza humana es imposible que no haya un capítulo dedicado a los que más pobreza, carestía y desastres han procurado a su población. Las actitudes y las conductas que mueven al mundo no se desvelan únicamente en los sistemas sociales que funcionan. También en los que fracasan. De hecho, especialmente en los fracasos están las claves y explicaciones de las cosas.

La historia de los comunismos es la historia del peor de los sistemas posibles. La comprensión de su ineficacia, mal funcionamiento y defectos estructurales que lo hacen inviable como medio de organización, producción, empleo y consumo contribuye a comprender por qué funciona lo que sí funciona. Y demostraré en estas páginas que los motivos son profundamente humanos, no económicos ni políticos.

Creo en las socialdemocracias, en un liberalismo controlado o bien regulado. Pero creo en ello porque, ante todo, soy un humanista y considero que la prosperidad está intrínsecamente asociada a la libertad. Cuanta más libertad, más prosperidad. Y las injusticias que en el camino se produzcan, que las hay, deben ser corregidas. Por supuesto que lo deben ser.

Creo también que Keynes estaba en lo cierto cuando afirmó que la forma de preservar el liberalismo era corrigiendo sus disfunciones, y no sustituyéndolo por sistemas que, bajo un respetable afán de justicia social, lo que hacen es llevarse por delante todas las libertades individuales. La justicia social es un mecanismo que debe articularse dentro de un sistema de libertades, porque si se antepone a ellas, se anula al individuo. No podemos ignorar que las sociedades están formadas por individuos: la sociedad no es un ente abstracto, es una suma de personas. Si esas personas carecen de libertades, es imposible conformar sociedades justas, porque la ausencia de libertad es la primera de las injusticias de una sociedad.

Y dado que soy un humanista, aborrezco de todo sistema que, en su esencia, viola las características intrínsecas del ser humano. En este sentido, el comunismo atenta contra la dignidad del ser humano bajo el pretexto de insertarlo en una sociedad justa.

El capitalismo es corregible.

Pero el comunismo es incorregible.

Keynes lo descubrió y desde entonces la socialdemocracia es el menos malo de los sistemas conocidos.

Se ha escrito mucho ya sobre la historia de la URSS, y poco aportará este autor a lo que grandes historiadores han publicado sobre la materia. Sobre lo que se ha escrito menos es sobre la repentina y pacífica disolución de la URSS. ¿Por qué un sistema que durante más de setenta años fue rígido, inquebrantable, totalitario y violento de pronto se desmoronó sin apenas resistencia, sin violencia y a una velocidad inusitada?

El pueblo ruso, como todas las etnias y civilizaciones, tiene sus características. Sus cualidades y defectos. Los rusos son apasionados, artísticamente geniales, tecnológica e intelectualmente brillantes. Es una nación de personas sensibles, valientes y sufridas. Su historia, sin embargo, es la de un pueblo sometido a la violencia y el miedo. Primero por parte de los zares y, más tarde, de los sóviets. En la actualidad, los gobierna una oligarquía heredera de las leyes no escritas del Partido.

No voy a narrar las etapas de la URSS ni la sucesión de mandatarios desde Lenin y Stalin hasta Gorbachov. Lo que pretendo es identificar únicamente aquellos episodios y decisiones que causaron los problemas que llevaron a la URSS a su colapso. La mayoría de ellos se originaron en la propia arquitectura de la economía soviética, en sus fundamentos. Desde esos problemas originales se fueron tomando toda una serie de decisiones equivocadas. Presentaré la historia de la URSS de una forma un tanto deslavazada porque no me interesa tanto su exhaustividad como las cuestiones conductuales que no funcionaron ni funcionarán jamás.

LA COLECTIVIZACIÓN OBLIGA A LA CENTRALIZACIÓN
La sed de igualdad

La revolución rusa que acabó con los zares estaba basada en una serie de simples principios. El primero de ellos, que los medios de producción se colectivizan. Sin embargo, una colectivización no exime, y más bien obliga, a que alguien haya de dirigir y organizar la producción. La centralización va a ser la principal forma de política económica. Todo va a estar predefinido: los precios, lo que se fabrique, cuánto se fabrique, quién lo fabrique, a cambio de qué, la capacidad adquisitiva de cada persona. La llamada economía planificada. El mercado libre queda fuera de la distribución de bienes y servicios.

Una de las consecuencias de esta colectivización es que cualquier premio o ventaja que alguien pueda conseguir gracias a sus ideas, asunción de riesgos o esfuerzo laboral queda erradicado del sistema. En tanto que todo pertenece a todos, el comunismo imposibilita los beneficios del individuo. Haga uno lo que haga, consiga lo que consiga, logre lo que logre, su retribución vendrá determinada de antemano.

La ausencia de premios al esfuerzo individual tiene una sola justificación: asegurar la igualdad, la justicia social, el pleno empleo y enrasar clases sociales en una sola: el camarada. Y eso, aseguraba Marx, aseguraría la felicidad del individuo. De hecho, Marx defendía que el socialismo era una fase temporal que permitiría después «entrenar» al individuo en el bien común y que llegaría un momento en que las personas adquirirían por sí mismas una compasión automática. Pero no fue así. Renunciar a los méritos individuales no solo trajo la miseria, sino también la desesperación. La soviética acabó siendo una de las sociedades más alcoholizadas del mundo, como veremos. El vodka fue el remedio contra la desesperación y la desmotivación individual. La única droga legal posible.

ECUACIONES SIN SOLUCIÓN
El afán de planificar

Dale a una persona una oferta y una demanda, y ya tienes a un economista... Este viejo chiste tiene su parte de cierto: la oferta y la demanda son las dos fuerzas principales de la actividad económica. Los economistas han debatido mucho tiempo qué era primero, si la demanda o la oferta, si el huevo o la gallina. La ley de Say, base del pensamiento liberal, reza que la oferta acaba creando su propia demanda. Con Keynes, en 1936, se acabó por imponer lo contrario: la demanda agregada es la fuerza que pone en marcha a la producción. El deseo de intercambiar, comprar e invertir es lo que incentiva a producir, dijo Keynes.

Hace ya casi cien años que las economías modernas se gestionan a través de la demanda, poniendo el foco en cómo mantener su vigorosidad. Pues bien, la lógica comunista parte del lado contrario. Piensa que, planificando la producción, la oferta, se gestiona la economía. La experiencia ha demostrado que es rotundamente falso. La demanda antecede a la oferta.

Cuando los bolcheviques se hicieron con el poder en 1917 tenían un objetivo: convertir a la URSS en una potencia industrial. En aquel entonces, más de tres cuartas partes de la economía soviética dependía de la agricultura. Bajo los zares, la Revolución Industrial acontecida en Inglaterra y el resto de Europa aún no había tenido lugar. Los bolcheviques querían ponerse al nivel del resto de potencias. Su objetivo era demostrar la supremacía de Rusia ante

Estados Unidos o Inglaterra, de manera que era urgente industrializar el país.

Stalin puso en marcha la llamada reforma agraria, que incluyó la expulsión del campo de millones de personas, bajo el terror y la represión. La expropiación de los campos permitió al Estado dedicar todos los excedentes de la agricultura a la exportación. En el capítulo 2 he explicado cómo los excedentes fueron la base para la aparición del intercambio individual. Por inspiración de *El capital* de Marx, los bolcheviques convirtieron el excedente en un bien público: la expropiación del excedente es la colectivización del valor que cada persona crea y de ese modo queda abolido todo intercambio que el Estado no haya previsto. Se despojó a los rusos de la capacidad de intercambiar libremente entre sí: los ciudadanos solo podrían comprar productos al Estado, y el Estado sería el único que podría intercambiar excedentes con otros compradores que, como es lógico, solo podían ser otros Estados. El feudalismo y el comunismo son bien distintos, pero en los efectos sobre el excedente y la libertad de intercambio registran pocas diferencias.

Los bolcheviques necesitaban divisas para adquirir toda la maquinaria industrial y tecnología necesarias para industrializarse. Se las comprarían a Occidente porque, contra lo que se ha escrito y afirmado, a la URSS no se le aisló del mundo, todo lo contrario. La URSS utilizó el excedente agrario para industrializarse a través del comercio internacional.

La colectivización agraria tuvo un increíble coste humano: hambrunas y enfermedades se llevaron por delante a varios millones de personas en tres episodios, acaecidos entre 1921 y 1947. La producción agraria se confiscaba y transportaba hasta las ciudades soviéticas que se estaban industrializando, así como a otros países occidentales para poder adquirir su maquinaria y equipamiento: solo en la primera década de la URSS se desarrollaron más de seis mil proyectos industriales. Eran los años en que la Gran Depresión azotaba Estados Unidos y Europa. La URSS escalaba posiciones en el *ranking* mundial. Nadie podía imaginar que, sin saberlo, estaba dilapidando su estructura económica y la base de su riqueza.

La URSS fue el único país del mundo en que no hubo revolución industrial surgida desde la sociedad. Hubo una revolución bolchevique y, desde el terror y la dictadura, se procedió a industrializar el país a la fuerza.

Más allá de las conclusiones morales y éticas de las políticas agrarias bolcheviques y sus millones de fallecidos, quiero concentrarme en cómo afectó esto al funcionamiento de la sociedad. La reconversión forzosa de un país —sin responder a criterios reales de eficiencia, intercambio libre o lógica de mercado— constituye la mayor de las aberraciones. Te llevas por delante la estructura económica nacional.

Si un país tiene una estructura económica determinada, se debe a algún motivo. Ni es casualidad ni es resultado de la estupidez o incapacidad de sus habitantes. Toda estructura económica cambia y evoluciona, por supuesto, pero debe hacerlo al mismo ritmo que los recursos: los recursos naturales, los recursos técnicos y los recursos humanos. Una estructura es el reflejo de una realidad.

La agricultura de la URSS tenía el tamaño que tenía en 1917 porque producía lo que la población precisaba para alimentarse. Al ser forzada e ineficiente, la industrialización de la URSS trajo escasez de alimentos y derivó a su vez en racionamientos y hambrunas, que fueron una constante hasta inicios de los años sesenta.

La industrialización de la URSS se hizo a espaldas de los mercados internacionales y de los incentivos individuales. Y eso produjo una industria con defectos de calidad. Por tal motivo, la exportación de productos industriales fuera de la URSS siempre tuvo dificultades.

Por resumirlo, los bolcheviques se cargaron la economía agraria para crear industrias que no lograrían ser lo bastante competitivas en los mercados internacionales y que, por tanto, abocarían al hambre a su propia población. Ese error de partida arrastraría multitud de conflictos y sería, a la postre, el problema de base del cual emanarían muchas otras disfunciones económicas.

Bravo por la planificación de la economía.

No, la economía no puede planificarse. Primera lección.

Y no puede planificarse por una simple razón física. Porque el consumo de bienes y servicios está sujeto al caos determinista. El caos determinista da lugar a trayectorias de evolución temporal muy irregulares, las cuales, pese a no ser azarosas y provenir de causas y efectos, resultan imposibles de predecir. La suma de decisiones de los individuos es impredecible. Es una ecuación irresoluble. Los marxistas prefirieron cerrar los ojos a esta realidad, y por eso una y otra vez incumplían sus planes quinquenales.

En cincuenta años, el comunismo sí había logrado igualar una cosa entre todos los ciudadanos: el hambre.

La gran represión de Lenin y Stalin impidió que la gente se manifestara en las calles. Hasta los años sesenta, la población soviética no expresó el malestar social al que la abocaba la falta de alimento, pero a partir de Nikita Jruschov, incluso los soldados rusos apoyaban a los manifestantes y llegaban a sumarse a ellos en las protestas. Siguiente lección: las personas harán lo que sea para luchar por sus derechos.

Con tal de apaciguar los ánimos, la URSS se vio obligada a importar alimentos del exterior, pero tenían verdaderos problemas para obtener divisas porque, como he mencionado, sus fabricaciones no gozaban ni de la aceptación ni de la calidad ni del atractivo funcional o de diseño que exigían los mercados internacionales.

El error había sido catastrófico. Habían acabado con la agricultura, y ahora debían importar víveres de otros países, a los que no tenían cómo pagar.

La decisión de trasladar recursos del campo a la industria por decisión gubernamental se basaba en la premisa de que, como no dependo de los mercados, puedo estructurar la economía de mi país como me parezca oportuno. Pero se les olvidaba algo: los recursos son limitados. El comunismo nunca hizo posible la competitividad y los recursos naturales de la agricultura habían sido abolidos por orden del Estado.

La correcta asignación de los recursos no es una ley económica. Es una ley natural. Los recursos mal empleados son una forma de derroche y todo derroche se acaba transformando en pobreza. Si un Estado centralizado decide en qué asignar la totalidad de los recursos, está contraviniendo una de las características esenciales del ser humano: que cada persona, por sí misma, ya sabe y buscará en qué y dónde es más eficiente. Cuando cada persona administra libremente sus recursos, incluido su esfuerzo y tiempo, los recursos no se derrochan porque nadie quiere perder su dinero. El comunismo no solo fracasó por la carencia de incentivos y premios, sino por la ausencia de responsabilidades. Cuando se dice a la gente que es el Estado quien va a decidir a qué se dedica cada uno, el individuo desconecta y pasa de ser eficiente o de asignar recursos. Se convierte, simplemente, en un esclavo legal.

De hecho, es bien sabida la rápida obsolescencia de la maquinaria y vehículos, así como la degradación de los bienes públicos en la URSS. Cuando a un trabajador le entregaban una maquinaria, dado que pertenecía al Estado, no la cuidaba como si fuera suya. El Estado, que todo lo provee, ya me entregará otra cuando esta se estropee. Esta es la mentalidad del «bien común». Ya lo dije en el capítulo 1 en boca de Aristóteles: si todo es de todos, al final nada es de nadie.

Todo esto llevó a la URSS al borde del colapso.

Y justo cuando estaba entrando en barrena, los soviéticos tuvieron un golpe de suerte: encontraron petróleo.

El hallazgo de reservas petrolíferas en Siberia lo cambió todo. Se encontró petróleo y gas en abundancia y la URSS se concentró en su explotación a toda velocidad. En 1980, dos terceras partes de sus exportaciones se obtenían a través del crudo.

Aquello les brindó un oxígeno inestimable. Encontraron de dónde obtener las divisas que precisaban para complementar el abastecimiento de su población. De no haber sido así, la URSS habría colapsado quince años antes. Pero, en realidad, la aparición del petróleo tapó los problemas de base e impidió que se hiciesen los cambios necesarios cuando, tal vez, habría habido tiempo. Como en Venezuela, el petróleo se convirtió en el financiador de un sistema imposible.

No deja de ser una paradoja que el dinero que el sistema capitalista le bombeó a la URSS fuese la excusa para defender que el sistema comunista funcionaba bien. El comunismo soviético, basado en la exportación de petróleo, se aguantaba gracias a la emergente sociedad de consumo posterior a la Segunda Guerra Mundial.

El petróleo aportaba el excedente que faltaba, y además en forma de divisas, así que los soviéticos descuidaron la productividad, las reformas necesarias y los aumentos de calidad que más tarde iban a necesitar.

La obediencia como forma de medrar
La falsa lealtad

Con el petróleo sosteniendo un modelo insostenible, y a falta de un sistema de incentivos individual, las personas se entregaron a la única forma de medrar que quedaba a su alcance: la lealtad al Partido.

Así, el principal modo de prosperidad individual era apoyar al Estado para controlar la vida de los individuos. La URSS devino en un increíble aparato burocrático, de papeleo y normas administrativas. Gran parte de los recursos humanos de la URSS estuvieron dedicados al control y sostenimiento de su propio sistema. El comunista es el sistema que más recursos consume para asegurar su propia supervivencia.

La burocracia no existe sin Estados mastodónticos, es un invento del siglo XX y consiste en la dedicación de recursos a algo que aporta un casi nulo valor económico: el papeleo y el control. Hasta entonces, el peso de las tareas administrativas o el tiempo que los ciudadanos debían dedicar a realizar trámites para el pago de impuestos o para acceder a cualquiera de sus derechos era mínimo o, cuando menos, ajustado a lo necesario.

En lo que respecta a los Estados, cuantos más recursos manejen y asignen a sus ciudadanos, más obligados están al control. El peso burocrático es proporcional al tamaño del Estado, así como a la ineficiencia de sus procesos y desmotivación de sus funcionarios. Cuanto más grande es un Estado y más ineficiente, más recursos deberá asignar a administrar el valor producido. Más derroche, más pobreza.

Y esta fue otra de las causas del colapso de la URSS.

Un sistema cuya organización y control detrae los recursos que la economía precisa acaba siendo menos competitivo y termina por quedarse aislado del comercio internacional. Y eso fue lo que le sucedió a la URSS cuando, a mediados de los años ochenta, Arabia Saudí aumentó notablemente la producción de barriles, derrumbó los precios y acabó con el chollo de las exportaciones como sustitutivo de la competitividad internacional.

La baja productividad y la falta de competitividad de los soviéticos no se debía solo a la burocracia ni a que fuesen peores profesionales que los occidentales, asiáticos o norteamericanos. El motivo es la ausencia de motivación. ¿Para qué esforzarse si uno va a ganar lo mismo dedicando más horas al trabajo? En la segunda mitad de la URSS se puso en marcha un incentivo laboral, llamado «premio»: consistía en un sueldo adicional, a cambio de un mejor rendimiento o productividad, pero el premio era irrisorio e insuficiente comparado con el esfuerzo adicional que había que realizar.

La falta de meritocracia individual promueve la apropiación indebida del éxito personal por parte del superior jerárquico. Lo más desesperante no es comprobar que hacer bien las cosas no sirve de nada, sino testimoniar cómo el éxito de uno va a ser expropiado por tu camarada superior. En un sistema centralizado y jerarquizado, no solo se expropian los medios de producción; también se expropian los éxitos. Pero de eso no se dan cuenta quienes piensan que pueden planificarlo todo. Olvidan que un premio corresponde a quien lo merece, y que en economía los precios los asigna la oferta y la demanda. Lo escaso y altamente demandado obtendrá mayor recompensa que lo abundante o poco solicitado. Las personas, con tal información, ya dirigirán sus esfuerzos según sus posibilidades, probabilidades y talentos.

La planificación de premios es tan estéril como la planificación de la economía. Si a un niño difícilmente lo engañamos una sola vez con el premio de una chuchería para lograr que haga algo que no desea o que le supone un esfuerzo, imagine qué vamos a lograr ofreciendo un insulso incremento de su retribución a millones de adultos trabajadores y profesionales.

Por otro lado, los famosos «planes quinquenales», donde se planificaba toda la producción de la URSS para los siguientes cinco años, producían una paradoja en la propia actividad industrial. Lo importante para los mandamases del Partido era que los trabajadores cumpliesen las cantidades que se les encomendaba fabricar.

Es una sociedad basada en la producción, no en la demanda. Por tanto, para no tener problemas, lo que cada persona hacía era alcanzar las cifras de producción exigida, al margen de la calidad del producto. La propia presión sobre la productividad se convertía en la principal fuente de incompetencia. Entrego lo que se me exige, sin importar demasiado si lo que produzco es defectuoso o imperfecto.

Por otro lado, si algún responsable de alguna industria trataba de innovar y lo lograba, no obtenía premio alguno. En cambio, si ese intento de innovar le dificultaba alcanzar los planes de producción asignados, se veía reprendido o destituido. En resumen, ningún incentivo positivo y todos los incentivos negativos para la innovación.

Aun así, los soviéticos son y han sido grandes inventores e ingenieros. Nunca sabremos lo que una gran nación como Rusia podría haber aportado al mundo de haber tenido la libertad necesaria para hacerlo. Pero, claro, había que eliminar la lucha de clases y asegurar la igualdad. Una igualdad que se llevaba por delante al individuo y reducía la posibilidad de generar riqueza.

La Guerra Fría como maniobra competitiva
El desgaste como estrategia

Algunos ejemplos de la baja competitividad de las repúblicas soviéticas: en Estados Unidos, una fábrica se construía en un año, mientras que en la Unión Soviética terminar la misma fábrica podía suponer una década. La URSS extraía ocho veces más hierro que Estados Unidos, pero una vez fundido, ya solo era tres veces más; convertido en acero, ya solo era el doble, y convertido en maquinaria, similar a la producción estadounidense; es decir, la URSS necesitaba ocho veces más materia prima para llegar al mismo resultado final.

Los norteamericanos sabían que la falta de competitividad podía ser una forma de derrocar a los soviéticos. ¿En qué sector de actividad podían vencerlos gracias a su superior competitividad?

La respuesta la halló en una industria en la que esa oculta intención iba a pasar desapercibida: la industria armamentística. La Guerra Fría consistió en una descomunal escalada de producción de armas entre Estados Unidos y la URSS.

Si bien la carrera espacial se llevó la atención de los medios de comunicación y era vehículo de propaganda de superioridad para ambas potencias, los recursos destinados al sector de la aeronáutica no fueron nada en comparación con los que se llevaron el ejército y la producción de armas. Nunca sabremos cuál fue el peso real de la industria del armamento en la URSS porque fue una información vetada. Se fabricaban tanques en fábricas de tractores y se confeccionaban uniformes militares en industrias textiles donde se elaboraba la ropa de la población. Se mezclaba la producción civil con la militar. Obligada a igualar el número de misiles o de tanques o submarinos de su rival, la URSS tuvo que dedicar demasiados recursos a la Guerra Fría. Estados Unidos fabricaba las mismas armas con mucho menor esfuerzo, así que cada tanque de más que forzaba a fabricar a la URSS se convertía en menos automóviles, tractores o electrodomésticos para su propia población. Los americanos sabían que cuanto más intensa fuera la escalada bélica, más descontento social y presión interna recibiría la URSS, como así fue.

Resultó una estrategia inteligentísima: crearon una especie de mercado competitivo en el armamento. La Guerra Fría fue una forma de someter a los soviéticos a las reglas de la libre competencia, pero sin comercio libre. La necesidad de igualar el arsenal enemigo se convirtió en el mecanismo para que la falta de competitividad soviética se cebase sobre sus propios habitantes.

El miedo a ser invadidos se convirtió en su perdición. Para el ser humano, el miedo, lo hemos visto ya en varios capítulos, es, junto al incentivo positivo, una de las grandes herramientas de persuasión.

PERESTROIKA O EL ROMPECABEZAS IMPOSIBLE
El silencio como comunicación

En 1985, con el precio del crudo bajando vertiginosamente, llegó al poder Gorbachov, el último presidente de la URSS. La crisis en la Unión Soviética era muy aguda y Gorbachov no tenía demasiadas opciones. Elevar los precios no era una posibilidad, porque habría empobrecido todavía más a la población. Además, la URSS se había vanagloriado siempre de su estabilidad de precios, en contraste con el capitalismo; se pavoneaba de no tener los episodios inflacionarios y la inacabable lucha contra la inflación que se observaba en los países occidentales.

Y era cierto. Los precios en la URSS estaban permanentemente estabilizados porque los prefijaba el Estado.

Aquí quiero hacer un importante inciso. Frente a lo que muchas personas piensan, los precios no son solo el valor que se nos pide para adquirir algo. Los precios son el sistema de información más eficiente que existe porque contienen toda la información sobre los costes de fabricación de algo y sobre lo que podemos exigir de plusvalía por ese bien o servicio, en función de cuán superior sea a su competencia o sustitutivos. Los precios son la información que las personas empleamos para una eficiente y correcta asignación de recursos.

Los precios de los productos en la URSS no reflejaban información, sino que venían justificados por hacia dónde querían los dirigentes orientar las preferencias de los ciudadanos. Utilizaban los precios como una forma de control de los deseos de las personas. Y sí, los precios se mantuvieron estables, o al albur de los deseos de los dirigentes económicos, pero la contrapartida fue que, al no transmitir los precios información alguna, la ineficiencia en la asignación de recursos quedó tapada, escondida, parapetada en un aparente éxito político, durante décadas. Ese modo artificial de fijar los precios crea una cantidad increíble de disfunciones porque altera por completo la asignación del valor. La estabilidad de precios, aparente éxito económico, fue el escondite de los fracasos económicos.

Una de las razones de que la URSS se pudiera disolver en pocos días, con la aceptación silenciosa y pacífica de veinte millones de afiliados al PCUS (Partido Comunista de la Unión Soviética) y sin violencia, tras haber sido el soviético uno de los Estados más crueles y despiadados con sus disidentes, fue que todos conocían y aceptaban la imposibilidad del funcionamiento.

Y eso nos deja otra lección. La realidad siempre emerge. La realidad es tozuda. Si tratamos de esconder un hecho tapándolo con otro, el asunto saldrá a relucir por otro lado.

La historia de la URSS es la historia del camuflaje de múltiples incapacidades, ineficiencias, errores camuflados y decisiones pospuestas.

Pero estábamos con Gorbachov. Este no tenía demasiadas opciones. No podía plantearse subir los precios. Mejorar la productividad requería importación de bienes de equipo, pero el petróleo ya no generaba suficientes divisas. Reducir la fabricación de armamento le habría llevado a enfrentarse con los generales, además de provocar elevadas tasas de desempleo en las ciudades y poblaciones rusas donde se ubicaba la industria armamentística. Solo quedó una opción: endeudarse, pedir prestado en los mercados internacionales.

La URSS siempre había sido un buen pagador, así que recibió el crédito internacional y con el crédito se importaron y fabricaron productos de consumo para dar más calidad de vida a la población. Se dio alguna alegría al pueblo a través del consumo. No deja de ser una paradoja que la anestesia social fuera, precisamente, aquello de lo que aborrecía el sistema comunista que los regía: la sociedad de consumo.

La crisis siguió agravándose, porque recibir crédito solo suponía ganar tiempo. Si la economía real soviética no cambiaba, no había nada que hacer. Bajo los célebres términos perestroika (reforma o reestructuración) y glásnost (transparencia), Gorbachov trató entonces de introducir cambios. Y eso fue el final.

Gorbachov facilitó y legalizó la adopción de mecanismos de mercado dentro de un sistema socialista. Por ejemplo, se permitió la asociación libre en forma de cooperativas o arrendar maquinaria al Estado, para producir y vender en el mercado libre. Era la locura. Había tres mercados paralelos: el mercado de bienes públicos, a precios subvencionados, pero con cartillas de racionamiento; el mercado libre, donde los productos eran más caros, pero no estaban racionados; y el mercado negro, donde se vendía de manera ilegal aquello que no era posible encontrar en ninguna otra parte.

Uno de los más curiosos exponentes de cómo las personas van a encontrar sistemáticamente un subterfugio para satisfacer sus necesidades es lo que aconteció cuando Gorbachov, entre otras medidas, puso en marcha el programa antialcohólico. El consumo de alcohol entre los rusos, en especial de vodka, era un problema crónico. El alcoholismo reducía la productividad y generaba auténticos estragos en la ya de por sí maltrecha economía soviética. Pues bien, ante la reducción en la producción de licores y bebidas destiladas, la gente aprendió a fabricar alcohol en casa, empleando el azúcar como ingrediente principal. Justo lo mismo que había ocurrido en el Estados Unidos capitalista tras la Ley Seca de 1920: una prohibición siempre lleva aparejada una grieta. El consumo de azúcar en la URSS se disparó y llegaron a tener problemas de abastecimiento. Como resultado, finalmente la URSS tuvo que asignar cuotas de consumo y cartillas de racionamiento de azúcar a la población.

Introducir elementos de mercado dentro de un sistema centralizado es un rompecabezas imposible. China ha sido el único país capaz de implementar de manera progresiva elementos de economía de mercado manteniendo la arquitectura política del comunismo. Lo hizo muy despacio, sin endeudamiento y estudiando muy bien el capitalismo antes de abrirse comercialmente al mundo. Gorbachov no disponía ni de ese tiempo ni de ese dinero mientras negociaba con Helmut Kohl, el canciller alemán, y con los Estados Unidos, la condonación y renovación de créditos internacionales. El líder ruso gozaba de la simpatía de Occidente, y exigía apoyo internacional para su política de apertura y progresiva democratización.

Por su parte, la política de transparencia favoreció la libertad de expresión y la aparición de partidos políticos distintos al PCUS. El malestar civil había propiciado el auge de los nacionalismos, en especial en las pequeñas repúblicas soviéticas. Al abrir la libertad de expresión salió a la luz una crítica feroz al sistema comunista, a la propia URSS. Paulatinamente, los partidos políticos alternativos se fueron haciendo más grandes y populares, y ganaron algunas alcaldías. Enseguida, parte de las repúblicas propusieron escindirse de la URSS.

En aquel momento, podía haber estallado una guerra civil, pero Gorbachov era un hombre pacífico y aborrecía la violencia. Entendió que preservar el comunismo, insistir en una ideología que se veía fallida desde hacía tiempo, no podía justificar el sufrimiento y los millones de muertos que supondría una guerra fratricida o sacar al ejército rojo a contener a los independentistas.

Además, dentro de la propia URSS, en ciertos estamentos, existía la creencia de que los países comunistas satélite —incluidos Vietnam, Cuba, Camboya o Corea del Norte— costaban demasiado dinero a Rusia. Al fin y al cabo, Rusia era la más grande de todas las repúblicas soviéticas. Se consideraba que el resto eran un lastre, así que algunos miembros dirigentes vieron con buenos ojos el desmembramiento de la URSS.

¿SOCIALISMO UTÓPICO O EMPIRISMO MARXISTA?
El ego del síndrome del salvador

El propio Marx siempre sostuvo que toda teoría política debía ser probada en la práctica, lo contrario era «escolástica» y pura teorización. Como contó el periodista y escritor Carlos Alberto Montaner en una magnífica conferencia pronunciada en Madrid en febrero de 2005, sobre por qué fracasó el comunismo, el propio Marx exigía que la realidad debía imponerse a las ideas, y que, si el socialismo utópico era verdaderamente el camino a la felicidad de la civilización y la justicia social, así debía probarse.

Pues bien, pocas veces hemos gozado de una prueba de laboratorio tan perfecta en un campo como las ciencias sociales donde es tan difícil demostrar las cosas. En el caso de los comunismos, disponemos de pares de países escindidos por mor de la ideología comunista y liberal, que nos permiten comparar sus resultados al cabo del tiempo.

Así tuvimos (o tenemos) dos Alemanias (una capitalista y otra comunista); dos Coreas (una capitalista y otra comunista); dos Chinas: Hong Kong y Taiwán versus la China continental (dos capitalistas y otra comunista), el Imperio austrohúngaro escindido en Austria versus Hungría y Checoslovaquia (una capitalista y dos comunistas). Todos estos pares de territorios son equiparables en población, capacidades y recursos naturales; la única variable diferencial es el sistema económico adoptado.

La comparación del nivel de vida, PIB y renta per cápita de todos ellos tras varias décadas de implementación de liberalismo y comunismo haría sonrojar a cualquier marxista. El nivel de prosperidad, de desarrollo, de comodidades, de libertades, incentivos y bienestar alcanzado no tiene parangón en los países liberales respecto a los socialistas.[20]

Como anécdota y para acabar de demostrarlo, todos los movimientos migratorios se han producido desde los países comunistas hacia los capitalistas. Nunca al revés. Por algo será.

Como vimos al inicio del capítulo 2, solo quedan cinco países cien por cien comunistas en el mundo: Corea del Norte, Venezuela, Cuba, Vietnam y Laos. El resto de los comunismos han desaparecido o bien se han ido transformando en sistemas mixtos que combinan el libre mercado, el comercio internacional o mecanismos de propiedad privada.

Sorprende cuando todavía aparecen intelectuales idealistas que se meten en política y defienden que el comunismo puede ser un sistema válido. Su argumento es que el marxismo se ha aplicado incorrectamente. En el fondo, son ignorantes cargados de buenas intenciones a quienes un afán de erradicar diferencias sociales lleva a negar la evidencia empírica de que el comunismo es un timo, el timo del siglo XX. Un invento social que es imposible en economía. A las clases más desfavorecidas se las ayuda dándoles igualdad de oportunidades a través de la educación, la sanidad y el acceso al crédito. No privándoles de la libertad de medrar.

---

[20] El éxito de China a partir del año 2001, que podría contradecir estas comparativas, se explicará en el capítulo 14 por otras cuestiones bien distintas: una competencia desleal de seguros sociales y condiciones laborales.

El que todavía haya personas que defienden que el comunista es un sistema social posible cuando toda la evidencia empírica ha demostrado lo contrario resulta increíble. Esta insistente creencia proviene del deseo de corregir las injusticias del liberalismo. Sí, el capitalismo ha de ser corregido, estamos de acuerdo, y ya lo he dicho al inicio del capítulo, pero el comunismo es incorregible.

El capitalismo será inestable, pero el comunismo es autodestructivo.

Carlos Alberto Montaner tuvo la oportunidad de entrevistar en Moscú a Aleksander Yakovlev, uno de los principales dirigentes de la URSS en el momento de su disolución, que había sido embajador de la URSS en Canadá y que fue mano derecha de Gorbachov durante su mandato.

La última pregunta de la entrevista que le formuló Montaner resume a la perfección lo que aquí he pretendido recoger en cuanto a andamios humanos de la economía se refiere.

Reproduzco literalmente las palabras del escritor:

> Tras la descripción histórica de los hechos, que consumió casi toda la entrevista, le hice a Yakovlev una pregunta final: ¿en definitiva, por qué fracasó el comunismo? Se quedó pensando unos segundos y me dio una respuesta probablemente correcta, pero que hay que abordar con cuidado y en extenso: «Porque —me dijo— no se adaptaba a la naturaleza humana».

Demostrémoslo con siete conductas humanas.

Uno, los flujos económicos no pueden planificarse porque están sujetos al caos determinístico de las decisiones individuales. Dos, las personas respondemos de lo que es nuestro, mucho más que de lo que no lo es. Tres, la compasión específica, con seres queridos o cercanos, es un rasgo humano, pero la compasión universal es un concepto teórico que apenas se traduce en acción. Cuatro, la ausencia de incentivos conduce al desinterés. Cinco, la centralización de decisiones conduce a errores porque los individuos son los que están en mejor disposición de administrar recursos. Seis, la ausencia de ilusiones y libertades desemboca en la embriaguez, la drogadicción o la muerte prematura. Y siete, la justicia social sin libertades es, sencillamente, una fuente de injusticia personal y dolor.

Estos siete motivos bastarían para demostrar que los comunismos no se adaptan a la naturaleza humana. Y, por ende, todavía menos a la naturaleza económica.

No lo digo yo, que soy un demócrata, sino uno de los líderes comunistas de la extinta Unión de Repúblicas Socialistas Soviéticas.[21]

---

[21] Quiero agradecer y mencionar en la fase de documentación de este capítulo los trabajos acerca del comunismo del escritor y periodista Boris Cimorra, así como de Carlos Alberto Montaner. Bajo mi personal punto de vista, sus análisis sobre el colapso de la Unión Soviética son de lo más certero y diáfano.

13
LA RELIGIÓN DEL CONSUMO

INFINITAS ZANAHORIAS
La obsesión por la posesión

En el año 2012, una empresa puso a la venta latas de aire puro de Islandia. Hablamos de la posibilidad de atesorar una lata de aire de unas latitudes donde no llega la polución y mantenerla en una estantería de nuestro apartamento en la ciudad totalmente cerrado para siempre. Tal cual. En el interior no hay nada. Solo aire. Eso sí, de Islandia. Buenísimo, purísimo, una maravilla. Y hay gente que las compra porque todavía pueden adquirirse, nueve años después.

¿Por qué la gente las compra? Pues porque nos hemos acostumbrado a que todo, incluso lo etéreo, pueda poseerse. El consumidor de una lata de aire de Islandia se considera a sí mismo el poseedor único e indiscutible de una pequeña porción de oxígeno de la isla con el aire más puro del mundo. ¿Qué utilidad tiene? Ninguna. ¿Qué valor? Ninguno. ¿Es posible su reventa? Difícil. ¿Es escaso? Tampoco, porque en el mundo hay todo el oxígeno que se desee y, en cualquier caso, no habría envases suficientes ni materia prima para introducir dentro todo el oxígeno del planeta. Entonces, ¿por qué alguien adquiere una lata de aire puro de Islandia? Respuesta: porque, adquirido, ese aire es solo suyo. Amamos consumir. Amamos poseer.

Más cosas imposibles de vender y que, sin embargo, se compran: desde 1979, van apareciendo con cierta frecuencia empresas que venden estrellas de esta y otras galaxias. Puedes incluso regalarlas a la persona amada: le pones un nombre, te emiten un certificado y te dan un título de propiedad y un librito con la situación y fotografía de la estrella en cuestión. Es un gran negocio, más que nada porque en realidad el único organismo con potestad para poner o cambiar el nombre de las estrellas es la IAU (International Astronomical Union).

Así que la venta de estrellas por parte de empresas privadas es un timo, pero, todo sea dicho, un timo precioso, con el que miles de personas duermen felices, creyéndose propietarias de una estrella, cuya propiedad nadie les va a discutir.

¿Por qué lo hace la gente? ¿Por qué alguien se gasta un dinero en regalar una estrella que ni siquiera podrá ver, mostrar, entregar y, menos aún, visitar?

Por el mismo motivo por el cual compramos latas de aire: para establecer una relación de consumo con el bien adquirido. De nuevo: amamos consumir.

A mediados del siglo XX, emergió con una gran fuerza la llamada sociedad de consumo. El consumo se ha convertido en los últimos cien años en la madre del cordero económico, la gran plantación de infinitas zanahorias.

Desde que el ser humano inventó la posesión privada, hemos ido añadiendo a la lista de propiedades cosas impensables. Desde el inicio de los tiempos el ser humano se ha hecho con toda clase de propiedades: desde personas (algo hoy perseguido por la ley y profundamente inmoral) hasta la propiedad privada de bienes como tierras, casas, vehículos y negocios, por ejemplo; la lista de cosas de las que se puede ser propietario único aumenta cada año. Pero ¿consumimos realmente para poseer? ¿Existen impulsos y conductas humanas que hayan convertido el consumo en casi una religión, a la vista de la devoción y número de entusiastas que concentra?

UNA CASA QUE RELLENAR
La fuerza de la familia

A la sociedad de consumo le costó un poco arrancar. Tuvo dos primeros intentos, cada uno de ellos interrumpido por las contiendas mundiales. La fiebre por consumir, adquirir, comprar y poseer que se dispara en Occidente a partir de 1950, acabada la Segunda Guerra Mundial, se experimentó cuarenta años antes con la misma intensidad, pero no fraguó.

Tres fueron los grandes detonantes de la sociedad de consumo en la década de 1920: las viviendas de propiedad, los automóviles y los grandes almacenes a los que acudir con los automóviles para adquirir todo aquello con lo que equipar, decorar y nutrir las viviendas de propiedad. Sí, un sistema que se retroalimentaba.

Si bien las dos contiendas mundiales interrumpieron el nacimiento de las sociedades de consumo, a partir de la Segunda Guerra Mundial, alcanzada la paz y estabilizadas las economías y relaciones internacionales dentro de Europa y con Estados Unidos, el consumo como motor principal se puso ya entonces en marcha con una fuerza imparable que se prolongaría hasta nuestros días.

Este es un libro sobre la historia de las conductas e instintos, así que lo que nos interesa no es tanto explicar cómo ha evolucionado la sociedad de consumo, qué es y en qué consiste, sino profundizar en los rasgos humanos que sostienen esa forma de vida y, casi, de religión.

Cabría decirse que la sociedad de consumo arranca con el automóvil.

Ford, con su modelo T, inaugura lo que podríamos llamar la llave al lujo masivo. La visión de Ford fue que cualquier trabajador estadounidense pudiera tener un coche. Eso era algo impensable, pues los coches solo estaban al alcance a los más adinerados; a nadie le cabía en la cabeza que las capas sociales medias o bajas pudieran tener acceso a uno. Hoy nos parece lo más normal del mundo, pero recuerde que los primeros coches requerían chófer, es decir, conductor. Era un lujo para los más pudientes. La sociedad de consumo va asociada a la producción en cadena, pero sus anclajes no son esos, sino otros de tipo psicológico y social.

Pero antes había que crear algo más. La gente no podía abonar un coche así como así y al contado, así que enseguida surgieron los créditos al consumo. Al principio en forma de letras, y más adelante como una financiación que no solo proveían entidades financieras, sino los propios fabricantes de automóviles y, en el caso de productos de equipamiento para el hogar, los grandes almacenes que los vendían. Occidente acababa de vivir de primera mano el desastre de las compras de valores bursátiles a crédito en Wall Street y huía de todo lo que sonaba a préstamo, pero la compra de productos a plazos era otra cosa. Era, de hecho, todo lo contrario. En lugar de endeudarse para especular, se trataba de endeudarse para estimular la demanda.

Al final de la Segunda Guerra Mundial, crédito, consumo, demanda y desarrollo económico se habían convertido en sinónimos. Consumir estaba bien visto. Y consumir a crédito era contribuir al país, ser un patriota y forjarse un camino en la sociedad.

El siguiente detonante de la sociedad de consumo fue el acceso a la vivienda en propiedad y, con ella, la posibilidad de formar una familia. El concepto de familia durante el siglo XX estaba intrínsecamente vinculado al de vivienda: coche y casa —un piso, un apartamento, un adosado, un chalé, según el país y la región— se convirtieron en los dos medios fundamentales para la autorrealización de cualquier ciudadano de clase media. Y, más adelante, de prácticamente cualquier persona. La ventajosa posición de Estados Unidos tras la Segunda Guerra Mundial ayudó a que se exportase el modo de vida americano: vehículo, vivienda y familia.

Es por estos motivos que, en sus inicios, la sociedad de consumo no estaba «mal vista» o no tenía connotaciones acerca de las motivaciones reales para consumir o de si el consumo podía generar adicción o dependencia. Nada de eso. El consumo era la actividad principal de un ciudadano que quería realizarse en la vida, y lo haría a través del trabajo, la familia y la aceptación social.

Es decir, el consumo era un medio para el desarrollo personal y, en última instancia, desde un punto de vista agregado, para la consecución de una sociedad pacífica y estable. Recordemos que veníamos de dos grandes guerras: consumir era alimentar la maquinaria de la paz, y por eso no había críticas al consumo.

Por tanto, los instintos humanos que en sus primeros compases favorecieron la sociedad de consumo son muy simples: el deseo de paz, el deseo de contribuir al desarrollo de todos y el deseo de formar una familia. Recordemos también que las guerras mundiales habían diezmado la población europea. Repoblar Europa era necesario, al igual que lo fue tras la peste negra, en el Renacimiento. Si entonces fueron la creatividad y el nacimiento de las ideas los que impulsaron la actividad, ahora era el consumo mediante la compra a plazos. Y es que la venta a plazos se popularizó. Los historiadores

Mansel G. Blackford y K. Austin Kerr afirman que en 1929 se pagaron a través de cuotas el 60 % de los automóviles, el 80 % de las radios, neveras y aspiradoras y el 90 % de las lavadoras y máquinas de coser.

La adquisición de la vivienda trajo aparejado el consumo de electrodomésticos. La electricidad llegaba a todos los hogares y era posible automatizar el duro trabajo del hogar de barrer, lavar o cocinar.

Nace la modernidad.

Se ha prestado muy poca atención al electrodoméstico en la formación de la religión del consumo. Yo lo considero algo fundamental; de hecho, la piedra angular. Hasta el momento, la tecnología irrumpía en lo industrial, en las fábricas. Automóviles y construcción. Es verdad que el automóvil se convirtió en un producto masivo, pero digamos que su rol social era el de crear empleo y desarrollar la economía. Tener un coche no era tanto un símbolo de modernidad como de progresión, de logro. Accedo a lo que antes solo algunos podían permitirse.

En cambio, el electrodoméstico ya nació como producto de masas. Era sinónimo de modernidad. Un hogar equipado con electrodomésticos era, sin lugar a dudas, un hogar moderno. Significaba estar al día, que la tecnología había entrado por la puerta de esa casa y que su propietario experimentaba entre sus cuatro paredes los pinitos iniciales de la humanidad hacia el descanso absoluto.

Los primeros análisis sociológicos acerca de los cambios sociales que traerían las lavadoras, neveras, batidoras y aspiradores auguraban que en el plazo de dos o tres décadas el ahorro de tiempo que tales aparatos proporcionaban supondría una liberación tal, que las personas podrían trabajar solo tres días a la semana. Nada más lejos de la realidad. En la base de las arquitecturas de la economía está el eterno deseo del ser humano de poseer más y más. Así empezó este libro y ese es el origen de todo. Así que los analistas sociales yerran una y otra vez en sus diagnósticos, como sucedió con los ordenadores personales y con la economía digital. Sistemáticamente, cuando irrumpe una tecnología que ahorra tiempo humano, se especula sobre la posibilidad de dejar de trabajar. En cambio, cada vez trabajamos más. Quizá no tantas horas como en el siglo XIX, por supuesto, pero la productividad no hace más que aumentar y, a pesar de ello, nos mantenemos ocupados las mismas horas.

Durante los inicios del siglo XX, el principal motivador a la compra de un electrodoméstico no era, sin embargo, el ahorro de tiempo y la comodidad. Esa era la explicación oficial. Se compraban lavadoras o aspiradoras o batidoras bajo el pretexto de dejar de lavar, barrer o batir a mano, pero el motivador —lo que los expertos en psicología del consumo llaman *driver*— fue la modernidad. Sentirse moderno. Sentir que uno tenía lo último, lo más reciente, lo más actualizado, lo mejorado. Mejorado ¿respecto a qué? Mejorado respecto a la lavadora del vecino, la cortadora de césped del amigo o la batidora de la cuñada.

Y, así, el consumo pasó de ser acceso a lo exclusivo a ser modernidad y de modernidad a símbolo de superioridad social. «Soy mejor que tú porque mi coche o mi cortadora o lavadora u horno o batidora hacen cosas que el tuyo no hace». La envidia.

Es el mismo mecanismo que arrancó para empezar a matar y que preferimos dejar de hacer para intercambiar. Sin darnos cuenta, el consumo arraigó en lo más hondo del instinto humano, pero de una forma mucho más profunda y, a la vez, sutil. Si bien la envidia motivó a desear lo ajeno y derivó en intercambio, era envidia por bienes esenciales: excedente, abrigo y reproducción. Ahora, en cambio, la envidia era el propio producto adquirido. La sociedad de consumo consume, sobre todo, envidia. Es una máquina de satisfacer egos, de cubrir una necesidad psicológica, no material. Y este matiz es uno de los que subyacen en la fortaleza de la sociedad de consumo y que hará que se mantenga durante años.

UN GRUPO DEL QUE FORMAR PARTE
El sentido de pertenencia y la construcción de la identidad

¿Había algo de nuevo en esta envidia respecto a otras formas de consumo observadas en siglos anteriores? ¿Acaso en la época de Mozart un burgués no anhelaba adquirir un hermoso traje o sombrero que los demás admirasen y lo aupase de clase social? Sí. Pero ahora había algo nuevo.

Hasta el siglo XX, las clases sociales estaban predeterminadas de nacimiento, no había ascensor social, y la adquisición de prendas o vestidos estaba más destinada al reconocimiento externo que a una necesidad interna de pertenencia. Digamos que, en el siglo XVII, por ejemplo, la pertenencia a una determinada clase no se la cuestionaban, mientras que en el siglo XX la pertenencia a una clase había que demostrarla.

Así que lo que distingue el consumo de masas del consumo de otras épocas de la historia es la naturaleza de la motivación que incita al consumo.

Lo interesante es que el fenómeno del consumo proporciona herramientas, nos otorga posibilidades para separarnos de ciertos grupos y vincularnos a otros. Desde un punto de vista perceptual, las personas necesitamos signos para todo ello. Signos reconocibles y fácilmente identificables, que nos permitan asignar a cada persona que conocemos o con la que nos relacionamos a una determinada clase social. Ese signo podría ser un color, un corte de ropa determinado, un estilo. Pero las empresas encontraron algo mucho mejor.

Encontraron las marcas.

Las marcas empezaron siendo signos de garantía, de unas determinadas calidades. Pero muy pronto las empresas se dieron cuenta de que la calidad técnica o física de un producto era menos importante que la atribución simbólica que los consumidores le otorgaran. Por supuesto que la calidad del producto alimenta la fama de la marca. Es difícil justificar que una marca es de élite si el producto no es bueno o superior. Pero lo alucinante es que, superado un determinado nivel mínimo de calidad, el consumidor va a atribuir a la marca valores superiores en función del nivel de deseabilidad, de la publicidad y de los estratos sociales que se adhieran a la misma. Y no de su verdadera superioridad técnica. Muy pocos son capaces de distinguir las calidades del cosido, acabado o materiales de un bolso de una marca de lujo respecto a una normal. Incluso aceptando que su confección sea mejor, a lo sumo el coste de fabricación será el doble. Pues siendo dos veces más costoso de fabricar, en cambio, el precio puede ser diez o veinte veces superior, porque no se paga un producto físico, se paga el sentido de pertenencia. La marca es el signo, el vehículo que permite demostrar a los demás que uno posee dinero suficiente como para poder llevar un bolso determinado y no otro.

Nace algo completamente nuevo.

El consumo, que en términos económicos no es otra cosa que la demanda privada de bienes y servicios, va a tener ahora la función de proporcionar formas al ciudadano de «ubicarse en» y «distinguirse de» los diferentes grupos sociales según nivel adquisitivo o clase social. De esta forma, el consumo entra en una tercera dimensión actitudinal o instintiva.

En la primera fase sirvió para cubrir necesidades esenciales: vestimenta, comida, calor, cobijo. En la segunda, como forma de realización de un plan personal de vida y de contribuir a la construcción de una sociedad pacífica. En esta tercera, el consumo se convierte en una forma de filiación, de la construcción de la identidad. A través del consumo construyo mi ser y lo ubico en relación con los demás en el mundo. Es una necesidad humana preexistente. Lo novedoso es que el ser humano la había satisfecho a través de otros mecanismos, nunca a través del consumo.

¿Qué elemento perdió esa función de filiación y construcción de la sociedad que ahora desempeña el consumo? ¿Quién ejercía y perdió esa capacidad?

Esa función la perdieron los ideales.

Hasta el siglo XX, el sentido de identidad y la construcción del ser se unificaba y homogeneizaba en la sociedad a través de los ideales. Los comunismos fueron un sistema incompatible con la naturaleza humana desde el punto de vista económico, tal y como hemos visto en el capítulo anterior. Pero la caída de los comunismos supuso también el final de los ideales, de las utopías. Los seres humanos necesitan de estos ideales. Las utopías son necesarias, al menos para cohesionar y construir un sentido de identidad. Las utopías no son peligrosas per se; lo son en la medida en que decidimos implementarlas hasta las últimas consecuencias. Los ideales, que habían transitado por la Ilustración, el romanticismo y el socialismo utópico, abandonaron ese camino y se afincaron definitivamente en las religiones. Cada religión, así, pasó a representar un ideal determinado.

Quizá lo más interesante de esta nueva función del consumo —la de pertenencia y construcción social— es que los ciudadanos pierden la identidad de individuos para adquirir la de consumidores. Y la diferencia no es baladí, porque si la identidad depende, en parte, de la función de consumo y esta se ve influida por la publicidad, el marketing, las marcas y el diseño, de alguna manera las empresas podrán moldear o dirigir nuestra identidad.

Es decir, a la oferta, pura función de fabricación y comercialización, se le suma la de construir identidades para que el sujeto se ubique en la sociedad a la que pertenece.

De hecho, en los departamentos de marketing de las grandes empresas de productos de consumo se realizan estudios sociológicos donde, a través de las técnicas demoscópicas, se identifican grupos sociales en función de su relación con el consumo. Cada uno de estos grupos recibe el nombre de segmento. Un segmento es un «trozo» de sociedad: grupos de consumidores homogéneos entre sí y heterogéneos en relación con otros segmentos.

Ha habido toda una evolución en las llamadas técnicas o criterios de segmentación. Las primeras segmentaciones se realizaban partiendo de criterios puramente demográficos. Es decir, se empleaban rasgos tales como el nivel de estudios, nivel de ingresos, estructura familiar o hábitat; variables propias de individuo, más que de consumidor. Sin embargo, enseguida las empresas se percataron —y ahí nació el marketing— de que el consumo había adquirido la capacidad de satisfacer necesidades. Hablaron de *necesidades* y no de deseos. Y la distinción tiene más calado del que parece.

Un deseo es algo a lo que la voluntad aspira. En cambio, una necesidad es un vacío que hay que llenar. Lo primero es proactivo, es un impulso; lo segundo es reactivo, en el sentido de que es una respuesta a algo externo, no necesariamente propio. Por supuesto que hay necesidades propias de la persona. Abraham Maslow identificó a mediados del siglo XX la jerarquía de necesidades de los seres humanos: hay unas necesidades perentorias y fisiológicas que, una vez cubiertas, dan paso a necesidades de seguridad, sociales, de reconocimiento, de autoestima y, finalmente, de realización.

Pues bien, el poder de influencia del marketing y las técnicas de persuasión publicitaria se encaminó a crear vacíos. Si creamos vacíos, la gente necesitará llenarlos. Se crearon, de este modo, necesidades que debemos satisfacer. Y así nacieron las segmentaciones de consumidores basadas en las necesidades en lugar de en rasgos demográficos. Fue el resorte definitivo, el punto de apoyo de la palanca que permitió mover el mundo y convertirlo al consumo. Al segmentar por necesidades, las empresas encontraron todo tipo oportunidades para persuadir. Identificaron tres tipos de necesidades: funcionales, vivenciales y simbólicas. Las primeras respondían a las fisiológicas, las segundas a las de relación y de experiencias, y las terceras a las de reconocimiento y autoestima. El abanico de necesidades de Maslow iba a verse satisfecho por todo tipo de marcas a través de un sinnúmero de productos y servicios.

A menudo, cuando adquirimos un producto pensamos que estamos distinguiéndonos de otras personas, que estamos haciéndonos especiales y perfilando nuestra identidad, haciéndonos únicos. En realidad, estamos actuando como millones de personas junto a quienes conformamos segmentos de consumidores perfectamente identificados y cuantificados por los departamentos de marketing de las grandes empresas.

El paradigma de esto fue el teléfono móvil. Hoy es algo que ni nos planteamos no tener porque es más que una herramienta de comunicación; es un pequeño procesador de información y un instrumento para la gestión de todas nuestras relaciones, así como de la información que deseamos recibir del mundo y de determinadas personas, conocidas o no. Pero a inicios del siglo XXI se discutió mucho acerca de la auténtica necesidad de tener un móvil. Muchos defendían que era algo innecesario y, sin embargo, la penetración de teléfonos móviles entre la población solo ascendía y ascendía hasta que incluso quienes prometían que jamás tendrían uno acabaron sucumbiendo.

Hubo numerosos debates acerca de si el teléfono móvil era una necesidad creada o preexistente. ¿Necesitábamos un móvil? ¿Es nuestra vida ahora mejor o peor?

Y eso nos conduce a una gran pregunta: ¿qué necesidades son imprescindibles y cuáles no lo son? ¿Cuáles son necesidades creadas por la sociedad de consumo y qué necesidades son inherentes a nosotros y emergen de nuestros deseos?

Recordará que en el capítulo 9 expliqué cómo la liberación del ser humano de la dependencia de la agricultura y ganadería nos permitiría dedicarnos a lo que quisiéramos, y puse el ejemplo de que, si todos estuviésemos de acuerdo, podíamos intercambiar clases de filosofía. Pero no deseamos clases de filosofía, queremos otras cosas. En realidad, poco importa si lo que consumimos es algo que realmente deseamos o no, si nuestras compras responden a necesidades creadas o superfluas. Qué más da si el móvil fue una necesidad creada o preexistente. En última instancia, sea por uno u otro motivo, compramos, adquirimos. Lo que no se necesita se desea. Y el deseo ha acabado por fundirse con la necesidad.

Si en lugar de móviles «comprásemos» clases de filosofía, ¿sería este un mundo mejor? Decir sí sería un ejercicio de vanidad; que la intelectualidad proporcione más felicidad que un dispositivo móvil será para muchas personas indiscutible, pero para muchas otras tal vez no.

Lo finalmente relevante es que la economía, a través del consumo, ha adquirido una función psicológica y conductual inimaginable. Con la Revolución Industrial, el modelo eran las relaciones de producción. Con el advenimiento del marketing de masas, ahora el modelo son las relaciones de consumo. El consumo moldea nuestras vidas.

Sin consumo, desaparecería la identidad. Es así de tremendo. Y si no lo cree, piense en un eremita en una cueva, dedicado a la meditación: ¿qué identidad le otorgaríamos? Se nos antoja un ser extraño, espiritual sin duda, pero nos sentiríamos incapaces de asignarle una identidad. En cambio, de una persona vestida con unos vaqueros Levi's, zapatillas Adidas y un polo Lacoste podemos casi adivinar dónde vive, en qué trabaja y cuáles son sus valores y creencias. El consumo deja de ser una relación entre personas y productos adquiridos, para convertirse en una relación a través de la cual el individuo moderno se autodefine y que, al mismo tiempo, va a utilizar para definir e identificar a los demás.

Por eso he titulado este capítulo *La religión del consumo*. Se ha asentado en nuestras vidas con la misma fuerza que una creencia religiosa. El consumo no responde a una necesidad económica, ni siquiera de estructura económica. Responde a una necesidad vital.

Consumir permite elegir cómo deseamos que nos perciba el mundo.

Capitalismo de emociones
La necesidad de sentir

El consumo se ha acercado mucho a la religión porque en el acto de consumir nos enfrentamos a miedos y deseos, a sensaciones, anhelos y sentimientos de toda índole que estamos conminados a resolver. Nos engañamos y pensamos que surgen de nuestro interior, pero lo cierto es que surgen de la propia sociedad. En el acto de consumir resolvemos afectos. Afectos a nosotros mismos, a quienes nos rodean. Hay sensaciones, ilusiones, logros, proyecciones de nosotros mismos, nuestros sueños y frustraciones.

De hecho, además de los sentimientos de identidad y pertenencia, del acto de consumir surgió otro sentimiento. El de referencia.

Es la aspiración. Y responde a lo que me gustaría ser y no puedo ser, tanto en clase social como en aspecto, físico o estilo. Incluso en carácter. «Pertenezco a», pero «aspiro a».

El consumo permite amortiguar, siquiera temporalmente, nuestro desafecto a una carencia física, defecto o incapacidad propias. En un karaoke nos sentimos un cantante famoso. Comprando la misma marca que un deportista de élite sentimos cercano y hacemos nuestro su éxito y logro; nos convertimos en deseables, dignos, y podemos acariciar por un instante la perfección de aquel campeón. Realizamos un viaje exótico o comemos en un restaurante lujoso donde apareció en una revista un actor célebre y durante unas horas vivimos y adquirimos la sensación que proyectó en nosotros cuando lo vimos fotografiado en una revista.

El paradigma del sentimiento de referencia lo constituye en la actualidad Instagram, la red social por antonomasia donde las personas muestran a sus relaciones la imagen que desean proyectar. Y no solo la imagen, sino lo que sienten, lo que experimentan y lo que consiguen. Por ejemplo, cuando se comparte en dicha red social un brindis con unos amigos, rodeados de cervezas en una playa soleada, luciendo moreno y bañador amarillo, lo que se desea no es informar a nadie de qué estamos haciendo, dónde y con quién, sino de lo que estamos sintiendo: siento amistad, premio vacacional a mi duro trabajo, me siento atractivo gracias a las horas de baños de sol y siento en este preciso segundo —dentro de un minuto quizá no, pero ahora sí— una inmensa felicidad. Os informo: soy feliz. He accedido por unos instantes al sentimiento de referencia que necesitaba aplacar. Eso es Instagram.

Lo importante no es la red social, sino que para inmortalizar ese momento y que todas nuestras amistades y familiares «compren» mi segundo de felicidad, necesito reservar una mesa en el chiringuito de la playa, haberme comprado el bañador amarillo en un centro comercial, haber solicitado una marca de cerveza que esté a la altura de la escena, dado que saldrá en la foto, y unas gafas de sol a la moda. De lo contrario, la instantánea no surtirá efecto y yo me sentiré fracasado y desdichado. Fijémonos en que todos los objetos de consumo con los que me he relacionado para aplacar el sentimiento de referencia han tenido que ser adquiridos y escogidos no en base a sus características físicas, sino a la relación simbólica, emocional y afectiva que tienen conmigo y con quienes me rodean.

Este ejemplo quizá le parezca una exageración o una deformación, pero no es así. Es real, cotidiano y universal. El consumo está revestido de una pátina de emociones que hace de él una experiencia real. No es imaginaria, no es etérea. Y ese instante de felicidad compartido nos hace sentir vivos. ¿Cómo no vamos a depender vitalmente ya del consumo para sobrevivir en el plano emocional?

El consumo pasó así de ser una forma de filiación a una forma de afecto y un vehículo diario para la gestión de nuestras emociones. Utilizamos el consumo como un arma poderosa, con la que podemos incluso alterar el estado afectivo de nuestros conocidos y familiares. La compra de productos no sustituye a las relaciones o afectos, sino que los constituye y acaba por convertirse en el garante de la plenitud afectiva.

Es a través de todo ello que acabamos por consumirnos a nosotros mismos y a los demás. Es decir, el consumo nos define, nos proyecta, sirve para alterar emociones propias y ajenas. Consumir ya no es solo satisfacer necesidades, es una forma de vida, de dar respuesta a la propia cuestión existencial.

Todo ello se ancló en el individuo durante el siglo XX. Y no fue suficiente. En la primera década del siglo XXI se añadió una nueva capa al consumo. El consumo de experiencias. Así, lo importante no era el vino que degustábamos, sino la experiencia que había detrás del consumo de ese vino. Lo importante no es que sea mejor, más añejo, de mayor o menor calidad, sino qué es exactamente lo que voy a experimentar durante su compra y consumo.

No solo me refiero a la experiencia en un restaurante temático, en un parque de atracciones, en un crucero o en un destino turístico. Se trata de que el propio acto de comprar se convierta también en una experiencia que debemos consumir. Consumimos compras, el acto de comprar se convierte en sí mismo en un acto de consumo.

La aparición de fenómenos como Ikea —a los que mucha gente acude en masa a pasar la tarde de un sábado para al final adquirir una toalla y un vaso— simbolizan a la perfección lo que trato de expresar. Para comprar un solo producto en Ikea hay que realizar un recorrido específico a lo largo de toda una serie de sets de decoración de rincones de un hogar. Completarlo puede llevar alrededor de una hora y aunque es posible saltarse parte, muy pocos lo hacen, porque lo atractivo es visitarlo todo e imaginar rincones de la propia vivienda de acuerdo con lo que Ikea ofrece. Como si de una línea de producción se tratase, avanzamos por el serpenteante recorrido dispuestos a experimentar hogares ideales. «Redecora tu vida», rezaba uno de los eslóganes publicitarios de esta empresa.

Tomemos el ejemplo de los centros comerciales, que hacen posible que el acto de comprar sea un objeto de consumo. Consumimos una experiencia que se llama «ir de compras». Un centro comercial es un lugar donde se visitan decenas de franquicias que constituyen, cada una en sí, un universo social. Un estilo de vida, un sexo, una edad, una forma de ser y de vivir.

En el propio centro comercial hay distintos conceptos de restauración de comida rápida; salas multicine en las que, además de ver la película, se construye toda una experiencia de compra de elementos de *merchandising*, selección de butaca y adquisición de palomitas o golosinas; hay espacios lúdicos, pasatiempos, bolera, juegos y máquinas recreativas, lugares de encuentro para jóvenes y adolescentes... Las catedrales de la socialización de la segunda mitad del siglo XX —bares, pubs y discotecas— fueron abatidas por los centros comerciales. Igual que les ocurrió a los grandes almacenes, que experimentaron un declive porque, pese a haber modernizado sus conceptos para enriquecer la experiencia de compra, no dejan de ser almacenes de productos. Y las personas ya no quieren solo productos. Quieren experiencias a través de la compra. El consumo es socialización. Más que nunca. Y a todos los niveles.

Uno pasea por un centro comercial como quien transita por un parque de atracciones, deseoso de descubrir la siguiente atracción. El siguiente escaparate no es solo el de una tienda, es un estímulo que anhelamos para nuestros sentidos, una sorpresa, un divertimento, una distracción, un descubrimiento. Si el próximo establecimiento del pasillo del centro comercial nos divierte y conmueve, acabaremos seguramente adquiriendo algo. Porque la experiencia antecede al producto.

El resultado es que hemos convertido cualquier cosa en un objeto de consumo: los lugares, el tiempo, las emociones, los afectos y las experiencias. En resumen, durante la primera fase del consumo, la marca se impuso al producto físico. En la siguiente fase, la marca ofreció experiencias. Y en el consumo de experiencias es donde se adquieren los significados, que fue la última fase.

El consumo se transformó así en la construcción de un imaginario. Cuando un aficionado al tenis se gasta cinco veces más en una cinta para el pelo de la marca Nike que en otra cualquiera que desempeñaría perfectamente su función, está requiriendo de una simple goma elástica recubierta de algodón trenzado que, gracias al símbolo dibujado (la marca), represente los valores, sentimientos, anhelos de los tenistas profesionales que la llevaban cuando se coronaron campeones en un torneo. Pasamos del producto (cinta) a la marca (símbolo) y de esta al significado (triunfo) a través de la experiencia (partido de tenis con un amigo). Nos sentimos Rafa Nadal gracias a un dibujito reconocible por el cual pagamos un precio diez veces superior a lo que costaría una goma de algodón trenzado estándar. No lo ignoramos. Nadie nos ha engañado. Sencillamente, es lo que deseamos porque lo que nos interesa es adquirir un significado, y no una cinta para el pelo. Bueno, la cinta para el pelo sí que la queremos, pero equipada con significado. Y eso justifica el precio.

Lo importante de todo este proceso es que un simple significado adquiere valor de consumo y, dado que los significados son infinitos, el consumo se «infinitiza». Las empresas, a través de los significados, pueden vender infinitas cosas.

Muchas personas piensan que la sociedad de consumo perdura tantos años y se ha hecho tan enorme debido a que es motor del empleo y la producción. Cierto. Pero el mecanismo conductual e instintivo que subyace en la sociedad de consumo no es ese: es el de la necesidad de las personas de construir imaginarios, experimentar significados y afiliarse a un grupo social concreto. Esos son los verdaderos pilares del consumo de masas.

Esta mercantilización de vínculos emocionales supone un paso importantísimo en la historia del mundo porque hemos hecho posible separar las emociones del sujeto que las siente, con lo que desde las empresas podemos controlarlas, depurarlas, moldearlas, clarificarlas. La abstracción y despersonalización de emociones permite comerciar con ellas. Y por eso hablamos de un capitalismo de las emociones. Porque todo, absolutamente todo se convierte en objeto de lo mercantil.

Así, a finales del siglo XX e inicios del siglo XXI surgió el marketing de experiencias, el marketing de ciudades, el marketing de museos, el marketing del arte, el marketing deportivo, el marketing de oenegés, el marketing de ayuntamientos, el marketing de turismo. Todo, absolutamente todo es susceptible de convertirse en mercancía. Marketing, del inglés *market*. Para todo hay un mercado.

El marketing es economía
La persuasión para endeudarse

Jamás de los jamases habríamos pensado los economistas que la demanda de productos y servicios, magnitud fundamental de la macroeconomía, considerada un frío agregado, pasaría a formar parte de los entresijos psicológicos y existenciales del ser humano.

De hecho, a los economistas les disgusta que algo tan mundano y persuasivo como el marketing pueda considerarse motor de demanda. No. La demanda es la demanda y el marketing es otra cosa, nos dicen. Hay una especie de rubor o urticaria a considerar los fenómenos sociales explicativos del consumo como parte de la macroeconomía. Sí, por supuesto, nos dirá un macroeconomista, claro que el marketing acelera el consumo, pero nosotros ya consideramos al consumo como una de las magnitudes que, junto a la inversión, el gasto público y las exportaciones, constituyen la demanda agregada. Lo que pasa es que nosotros, los economistas, operamos con grandes números y magnitudes, no con conceptos psicológicos.

Sin embargo, Keynes ya nos lo advirtió. Nunca podemos considerar la demanda de productos y servicios como una ley o una fuerza parecida a la de una ley física gravitacional. El *Animal Spirit* es lo que todo lo mueve. Nos guste o no, hoy en día no se puede hablar de economía sin considerar la sociedad de consumo, su religión, la dependencia que el sujeto ha desarrollado respecto al acto de consumir.

El consumo no es algo potente porque es importante para la economía, sino porque es importante para nuestras vidas.

Solo así podemos explicar el fenómeno de la compra a plazos y del consumo anticipado. El consumo anticipado, concepto que ya avancé en *El libro prohibido de la economía*, consiste en elevar un mes la capacidad de gasto gracias a las tarjetas de crédito. Las tarjetas de crédito, como se sabe, son en realidad préstamos instantáneos por una cuantía limitada, por lo general equivalente a tu ingreso mensual. El destino de ese préstamo instantáneo y electrónico es consumir.

Uno puede entender que alguien se endeude para adquirir una vivienda, porque es casi imposible desembolsarla al contado. O para un coche e incluso para un electrodoméstico. Eso no es un consumo anticipado, eso es financiación. Ahora bien, endeudarse para consumir —esto es, para poder ir al cine cuando no me queda saldo o ir al restaurante con el compromiso de pagar la comida con el sueldo del mes siguiente— es, lisa y llanamente, avanzar tiempo de consumo desde el futuro hasta el presente.

Endeudarse para consumir.

Léalo de nuevo.

Endeudarse para consumir.

Si lo piensa por unos instantes, se dará cuenta de la auténtica aberración que supone, del contrasentido que entraña. Vivir con lo del mes siguiente se ha convertido, a pesar de la aberración, en un acelerador de demanda. Tal es la fuerza de la religión del consumo, que nos parece normal gastar el dinero que he de ganar en el futuro para comprar consumibles que desaparecerán hoy.

Gracias a eso, tenemos años de doce meses naturales con trece meses de salario.

La sociedad de consumo parecía no tener rival. Jamás iba a desaparecer. Pero la historia nunca se detiene. La globalización, que catapultaría la fuerza de las marcas, gestaría en paralelo su propia amenaza de destrucción.

Lo abordaremos en el próximo capítulo.

14
DE FRONTERAS Y CONTRABANDISTAS

LA MANÍA DE PONERLE VALLAS AL CAMPO
La xenofobia también es económica

Levantado en la noche del 12 al 13 de agosto de 1961, rompiendo familias en uno y otro lado, el de Berlín es con toda seguridad el muro fronterizo más famoso del mundo. Sin embargo, no es el único. Élisabeth Vallet, investigadora de la Universidad de Quebec, es especialista en muros que separan países o territorios. Vallet ha contabilizado un total de setenta muros fronterizos en el mundo, de los cuales únicamente quince se pueden considerar estructuras fijas que separan territorios.

La principal función de un muro es evitar los movimientos migratorios de población, pero bajo argumentos migratorios en realidad subyacen motivos de índole económica. Cuando se decide separar a dos países mediante un muro es porque su estructura económica, productiva, laboral o nivel de renta es dispar. De esta suerte, los trasvases de población de uno a otro territorio —siempre del más pobre hacia el más próspero— se traducen en problemas sociales, laborales y de seguridad en el país destino. Un muro es una frontera. Y una frontera no únicamente delimita un sistema político y legal con entidad propia, sino que es un cortafuegos a una cualidad que nunca debemos olvidar: que las sociedades, a través de la economía, son vasos comunicantes. Un muro, e incluso una aduana, es un grifo cerrado al vaso comunicante de dos economías conectadas.

De entre los muros que en la actualidad persisten en el mundo tenemos el muro de México, que Donald Trump ordenó terminar. Estamos hablando de más de 3.000 kilómetros de frontera, de los que mil ya se encuentran divididos. Marruecos levantó uno de 2.700 kilómetros para impedir el paso y las incursiones de los saharauis. Grecia lo erigió para separarse de Turquía; Israel y Cisjordania; Corea del Norte y Corea del Sur. En otras ocasiones, los muros se construyen en el interior de un país para separar, en este caso, a clases sociales y barrios concretos, como sucede en Brasil o Perú.

El Muro de Berlín cayó en 1989. Duró veintiocho años. La apertura de fronteras entre Austria y Hungría hacía absurdo separar Berlín Oriental de Berlín Occidental porque cualquier alemán podía emigrar a través de la nueva frontera austrohúngara. Levantar muros es como ponerle vallas al campo. Al final, el mundo es redondo, y si no se puede acceder a un país por una zona amurallada, se hará por otro extremo.

Pero los muros caen porque hay algo que ningún sistema económico o político puede evitar: el deseo de establecer contacto personal, físico, comercial y social con quienes tenemos cerca. Un extranjero lo es hasta que deja de serlo. El tiempo convierte a los extranjeros en conocidos y a los enemigos en amigos, siempre ha sido así. Incluso el ancestral enfrentamiento entre judíos y palestinos pasará algún día a la historia. Quizá no lo veremos nosotros, pero así será. No hay odio que dure eternamente y es un hecho que los distintos pueblos tienden puentes, tienden al olvido y que, impulsados por la globalización actual, el odio entre naciones es algo que poco a poco irá desapareciendo. Quedarán rivalidades, quedarán bloques. Pero la tendencia será que en un futuro el mundo sea uno solo.

La humanidad ha necesitado milenios para eliminar o reducir el número de fronteras que nos separan. En la prehistoria no las había y nuestros antepasados se desplazaban libremente por las distintas geografías y lugares. A medida que se fueron constituyendo las diversas civilizaciones y se organizaron políticamente, surgió el concepto de nación o de país. Inicialmente, vinculado a la raza o etnia, un país es un invento. Una frontera es una división arbitraria que podría ser otra, o simplemente ninguna. El caso es que a medida que transcurra el tiempo, el planeta volverá algún día a ser completamente abierto, sin apenas fronteras, como cuando el *Homo sapiens* se movía con total libertad. El ser humano habrá realizado un camino de milenios para regresar, a ese respecto, al punto de partida.

Ahora bien, en ese tránsito, los países, etnias y culturas han tenido un rol determinante en la historia del mundo. La fijación de fronteras delimitaba no solo a una población, sino también unos recursos naturales y clima de los cuales emergió la especialización de las naciones.

DAVID RICARDO Y LA ESPECIALIZACIÓN DE LAS NACIONES
La adaptación al medio

A pesar de que estamos ya en los últimos compases de esta historia del mundo a través de las conductas y los instintos humanos, y que acabamos el capítulo anterior con los pies ya en el siglo XXI, permítame por unos momentos retroceder en el tiempo para describir los ancestrales mecanismos humanos que subyacen a la globalización.

El evolucionismo darwiniano proporcionó una aproximación al análisis de la historia que no solo nos sirvió para comprender a las especies, sino para explicar los fenómenos de muchos otros campos, incluso los sociales. Darwin demostró que las condiciones naturales, climatológicas y de adaptación determinan la supervivencia o muerte. Y que los que mejor se adaptaban al entorno eran los que salían adelante. La adaptación es más útil que la fuerza bruta. No sobreviven los más fuertes, sino los que mejor se adaptan.

En el ámbito humano, la adaptación al medio se traduce en la explotación y transformación de los recursos naturales al alcance de la mano de quienes habitan un territorio. Los esquimales levantan iglús porque el hielo es, en determinadas latitudes, el único material posible. En los grandes bosques, la madera será el material de construcción predominante, por encima de la piedra. El clima y orografía determinan que un país se especialice en café, patatas, avellanas o tomates. Ninguna raza o etnia fue mejor que otra en su área de especialización debido a que tuviera unas capacidades o facultades superiores. Fue a la inversa: la fauna, la geografía, el clima, los recursos disponibles propiciaron que los habitantes de un lugar deviniesen grandes especialistas en criar caballos, plantar cereales, construir barcos, fermentar vinos o tejer túnicas.

La especialización de las naciones es heredera de la diversidad natural del planeta. El ser humano se adapta a lo que tiene y le rodea, y sabemos por Darwin que la capacidad de adaptación del ser humano es enorme. Nuestra especie sobrevivió a otras mucho más grandes y fuertes porque nuestra inteligencia nos permitió desarrollar las habilidades que en cada momento se precisaron para salir adelante en un hábitat determinado. La especialización de las naciones es heredera directa de la geografía en la que se ubica la nación.

Naturalmente, a partir de ahí entra en juego la experiencia, el perfeccionamiento, el desarrollo de las capacidades, la propia competencia interna, la búsqueda de la excelencia y, en último término, la creatividad y la inventiva aplicadas a lo que ya de por sí una nación hace mejor que otra.

Desde los primeros compases de la historia, quienes viajaban a tierras lejanas se fascinaban al descubrir hasta qué punto era distinto lo que otros confeccionaban, plantaban o fabricaban. El impulso natural fue emular, tratar de llevar al país propio aquella especialidad. Si los ingleses armaban buenos barcos, los portugueses deseaban aprender a armarlos. Y si los portugueses hacían buenos vinos, los ingleses querían también ser igualmente capaces.

Algunas cosas era imposible realizarlas en el país de origen, ya fuera por falta de los recursos naturales necesarios o por la geografía y el clima. E incluso siendo posible, la pregunta era si eso era lo óptimo.

Esto supo verlo muy bien David Ricardo, un inglés que vivió a caballo entre los siglos XVIII y XIX y a quien se considera uno de los primeros economistas de la historia. Ricardo analizó a fondo las bondades y ventajas del comercio entre naciones como fuente de riqueza y postuló, entre otras, una interesante tesis fruto de la observación.

Su teoría de la ventaja comparativa es tremendamente paradójica pero bien sencilla: si, por ejemplo, los ingleses son más eficientes dedicando su tiempo a armar barcos y los portugueses haciendo vino, ambos países serán más ricos si cada uno se dedica a lo que hace con menos recursos que el otro y después comercian entre sí. No tiene sentido que los portugueses dediquen más horas a armar un barco ni que los ingleses dediquen más horas a hacer vinos. Que cada país se centre en las actividades donde es más productivo y, así, entre ambos países, dedicando las mismas horas tendrán más barcos y vino que haciéndose en ambos países los dos productos. Esta es la mejor explicación de las ventajas del comercio internacional.

La ineficacia de uno se convierte en una oportunidad para el otro; ser improductivos en algo nos hace más ricos porque, si encontramos a alguien que haga rápido lo que yo hago más despacio, y yo sé hacer más aprisa lo que él hace más lento, podemos cada uno dedicarnos a lo que mejor hacemos. Tendremos más vino y más barcos, gracias a que cada uno tiene una ventaja comparativa sobre el otro. En otras palabras, el que uno sea mejor que otro en algo, cuando sucede en ambas partes, es fuente de crecimiento económico, de aumento de riqueza.

Gracias a que el otro es mejor que yo, me hago más rico.

Increíble.

Aun así, no todos los países han compartido esta forma de verlo y han tratado de ponerle freno de diversos modos y bajo diversos argumentos...

EL TRASFONDO DE LA AUTARQUÍA
De la insolidaridad a la pobreza

La globalización es la forma más avanzada de intercambio y tiene, por tanto, una cualidad que no a todo el mundo le viene bien: obliga a toda una sociedad a ser buena en algo, a ser mejor que otros países en determinadas tareas.

Ahora bien, ¿qué sucede si un país no es bueno en nada? Sucede que el comercio internacional lo empobrece porque todo le sale muy caro. Apenas logra intercambiar con otros países. Para hacerlo y que sus productos sean interesantes a los extranjeros, habrá de pagar salarios muy bajos a su propia población. Ya que fabricarlos les lleva más tiempo que en otras naciones, necesitará que las horas se paguen muy por debajo de lo que se paga en otros países. Será la única forma de ser más baratos. Su ventaja comparativa no está en su habilidad sino en sus bajos costes.

Esto explica muy bien por qué en los países más pobres casi siempre gobiernan tiranos, presidentes reelectos reiteradamente de forma sospechosa, reyes absolutistas, príncipes sagrados o meros dictadores. En estos países triunfan quienes aíslan al país del exterior bajo un aparente proteccionismo. Incluso queriéndolo, estos mandatarios «triunfadores» no pueden ser liberales, pues han de impedir y castigar el libre comercio internacional. Los dictadores son el escudo idóneo de los inútiles y, una vez encumbrados al poder, eliminarán toda forma de competencia exterior.

Los grandes dictadores del siglo XX —Mussolini, Hitler o Stalin— consideraban que un país no debía depender de otros y debía autoabastecerse, puesto que la dependencia del exterior te convierte en débil. Así, los dictadores optan por economías cerradas, no abiertas al exterior. Es una política orquestada desde el miedo, no desde la cooperación. Cabe suponer que estos dictadores, agresivos por naturaleza, daban más importancia al primer andamio, el de la envidia y la violencia, que al de la paz y la cooperación entre naciones. Esa es la razón por la que los sistemas absolutistas siempre, sistemáticamente, acaban empobreciendo a los países donde imperan. Las autarquías te convierten en autosuficiente, pero también en pobre. No dependo de nadie para tener menos de lo que podría tener.

Patético.

Hay dictadores que logran evitar el comercio internacional simplemente prohibiéndolo. Por ejemplo, en Corea del Norte, Kim Jong-un no permite la entrada de determinados productos extranjeros. Su importación clandestina puede derivar en una condena de muerte o trabajos forzados, porque se considera que atenta contra la economía nacional y perjudica a los camaradas que trabajan en aquella industria que produce lo que has traído de estraperlo.

La segunda opción de los tiranos es no prohibirlo, para no aparecer ante los ojos del resto del mundo como un retrógrado y, en cambio, desincentivarlo mediante aranceles. En España, durante la dictadura de Franco era muy difícil acceder a un whisky escocés o a un coche de fabricación alemana. Se podía, pero eran tremendamente caros porque estaban gravados con un arancel a la importación. De ahí que el apelativo «de importación» se convirtiera en un reclamo publicitario. Si era de fuera era bueno porque era más caro.

David Ricardo se dio cuenta de todo esto: si ponemos un arancel al vino (un extracoste) y un arancel a los barcos (otro extracoste), los súbditos de ambos países serán más pobres porque tendrán que trabajar más horas para obtener lo mismo.

Desde tal punto de vista, cualquier arancel o impuesto aduanero que se aplica a un producto en el comercio internacional constituye una distorsión a la asignación natural de recursos. Se está encareciendo de manera artificial el precio y se está eliminando la ventaja comparativa de la que ambos países gozaban antes. Los aranceles son en realidad un mecanismo que pretende corregir el que hagamos peor las cosas que en el extranjero a base de penalizar lo que en otras latitudes hacen con mayor eficacia. Un arancel es, literalmente, el castigo que imponemos a un productor por hacer las cosas mejor que nosotros y cometer el pecado de no residir en nuestro territorio.

Por eso los liberales defienden el libre comercio internacional. Se considera que toda actividad aduanera, a largo plazo, limita y reduce la cantidad de prosperidad que podría alcanzarse entre todos los países.

El argumento es intachable. Entonces, ¿por qué todavía en el siglo XXI se construyen muros entre países y por qué de vez en cuando emergen presidentes y primeros ministros que recuperan los aranceles?

Aranceles cargados de pereza
La reticencia y la aversión a reaprender

Donald Trump, nombrado presidente de Estados Unidos en 2017, decidió imponer aranceles a la importación de productos con los que su país no podía competir. Durante muchos años, Estados Unidos, cuna del liberalismo económico, abogó por el comercio libre entre naciones. Naturalmente, a una potencia industrial como la norteamericana le interesaba acceder a todos los mercados internacionales. En el momento en que, debido a costes más reducidos de mano de obra y a una industrialización más eficiente y de bajos costes laborales, como la china, el comercio internacional ha perjudicado a ciertas industrias estadounidenses, los ciudadanos norteamericanos consideraron apropiado votar a un partido con medidas anticomercio en su programa electoral.

Lo que en un momento nos parece justo, porque nos beneficia, en otro momento, cuando nos perjudica, nos parece injusto. ¿Por qué ocurre esto?

El Banco Interamericano de Desarrollo realizó un interesantísimo experimento que publicó en el otoño de 2019.[22] Quisieron evaluar cuáles eran las reacciones de la ciudadanía cuando se les exponía las ventajas e inconvenientes del comercio internacional.

En dieciocho países latinoamericanos se encuestó a la población acerca de su posición favorable o contraria al comercio internacional. Se realizaron cuatro tipos de encuestas que variaban en la formulación de la pregunta. En el grupo de control la pregunta era totalmente neutra: «¿Está a favor o en contra de que su país aumente el comercio con otros países?». Un 73 % de los encuestados se declaró a favor.

En un segundo grupo se introducían factores positivos y se les planteaba la cuestión en estos términos: «¿Está a favor o en contra de que su país aumente el comercio con otros países de manera que disminuyan los precios y aumente la variedad de productos que usted puede comprar?». Pues bien, estos argumentos, que incluidos en la formulación de la pregunta nos llevarían a pensar que el porcentaje de respuestas a favor del comercio internacional superaría el 73 % del anterior grupo, no tuvo efecto alguno. Se obtuvo el mismo nivel de aceptación que si no se esgrimiera argumento a favor alguno. ¿Por qué? Pues porque ese argumento en apariencia positivo —precios más bajos y mayor variedad de elección— se asociaba a un perjuicio interno en el empleo y el nivel de salarios. Lo que la gente deducía era que, si los productos importados eran más baratos, los productores nacionales de esos productos se verían obligados a bajar los precios para igualarse con lo que viniese de fuera. Esa reducción de precios de productos nacionales supondría a la larga salarios más reducidos o, eventualmente, despidos y pérdida de empleo.

Esta reticencia se vio confirmada cuando a un tercer grupo se le expusieron estos factores negativos directamente en la pregunta: «¿Está a favor o en contra de que su país aumente el comercio con otros países, aunque se pierdan empleos en otros sectores importadores?». El interés en aumentar el comercio internacional cayó del 73 al 46 %.

A un cuarto grupo se le incluyeron en la pregunta tanto los factores positivos como los negativos y resultó que se observó un

---

[22] Ernesto Stein y Razvan Vlaicu. «La psicología del apoyo al comercio», en el blog del BID *Ideas que Cuentan*, 11 de octubre de 2019.

nivel de aceptación muy parejo al del grupo solo expuesto a lo negativo.

En otras palabras, los argumentos positivos prácticamente no tienen incidencia en la postura de la población respecto al comercio internacional, mientras que los negativos sí que la tienen.

Y eso nos lleva al principal obstáculo que ha experimentado el comercio internacional a lo largo de los siglos: el miedo a perjudicar a los más cercanos, a los nuestros, a nuestros compatriotas. La solidaridad mal entendida, por tanto. No es solo una cuestión de empatía con el vecino. La afectación del nivel de salarios y empleo internos acaba perjudicándonos a nosotros mismos, sea porque la bajada general de la actividad nos salpique directamente, sea porque se traduzca en aumentos de impuestos para prestaciones adicionales de desempleo. Impuestos que deberemos pagar entre todos. Así, la lectura que realiza la población es que el comercio internacional favorece a los extranjeros que son más eficientes y que eso se va a traducir en un empobrecimiento interno y un aumento de impuestos para ayudas sociales.

Parece como si todo el cálculo de aumento de riqueza esgrimido por David Ricardo se viese anulado por tales pérdidas. En realidad, no es así. Lo cierto es que esos impuestos adicionales para prestaciones de desempleo los estaríamos pagando en forma de productos más caros. O pagamos los barcos portugueses más caros, o compramos barcos más baratos a los ingleses y dedicamos la diferencia a pagar prestaciones de desempleo.

Los enemigos del comercio internacional esgrimen que, puestos a pagar ese dinero de una u otra forma, mejor hacerlo a través de precios más elevados de los productores nacionales y que así hay más paz social, trabajo para todos e incentivamos con nuestra renta la producción de bienes nacionales.

Esto es una falacia en toda regla porque las prestaciones de desempleo están sujetas a un horizonte temporal, mientras que la compra de barcos de armadores nacionales en lugar de extranjeros va a suponer estar pagando un sobreprecio de forma crónica, limitando así la posibilidad de aumentar la riqueza común. Es decir, la prestación de desempleo obligaría a los armadores portugueses a tener que despabilar y ser tan eficientes como los ingleses o bien dedicarse a otro sector de actividad donde sean competitivos. El proteccionismo perpetúa el sobreprecio, mientras que las compensaciones sociales debidas al desplazamiento de los productos extranjeros suponen una aportación suplementaria limitada en el tiempo.

Una vez comprendida la falacia de las políticas proteccionistas, el único argumento que resta a los enemigos del comercio internacional y defensores de las autarquías es que si los portugueses hacen vinos y los ingleses arman barcos, los lusitanos van a depender de los británicos en un sector de cierto peso. Y depender de un país extranjero es poner en riesgo la independencia nacional y, por ende, al país. De tal forma, acabamos por concluir que el comercio internacional es una forma encubierta de ser colonizados o conquistados.

Comprendido todo lo anterior, ahora ya podemos desvelar los instintos y conductas humanas que subyacen tras una autarquía o política proteccionista: la reticencia a depender de otros países y la pereza a tener que mejorar o, si no es posible ser más eficiente que el extranjero, a tener que aprender otro oficio. Pereza y reticencia son, en el trasfondo, los enemigos del comercio internacional.

En ambos casos, surgen dos cuestiones éticas.

La losa del proteccionismo
La defensa de la tribu

La primera de tales cuestiones es si resulta ético o justo que unos ciudadanos tengamos que pagar las ineficiencias de otros por el mero hecho de vivir en nuestro país. Es decir, por el hecho de que los productos de electrónica asiáticos sean más económicos, ¿es justo que los europeos que no nos dedicamos a la electrónica tengamos que pagar un sobreprecio a los productores europeos de dichos productos? El único argumento para responder que sí es puramente nacionalista o territorial. El argumento de la nacionalidad, en este caso la europea, es el único que queda.

Fijémonos en que la supuestamente defendible prohibición al comercio internacional se evita cuando entre regiones de un mismo país surge el mismo dilema. Si los fabricantes de electrodomésticos del norte de España son más eficientes que los del sur, por poner un ejemplo, nos parece del todo legítimo que los del sur aprendan a ser más eficientes o que bajen sus precios o que se dediquen a otra cosa.

Nosotros, como consumidores españoles, tenemos derecho a adquirirlos al fabricante español que más baratos los venda, pero no tenemos derecho a comprarlos a un fabricante taiwanés porque perjudico la industria española. Como puede comprobarse, este argumento que sirve para competir dentro de un país no se considera legítimo cuando la cuestión se plantea con fronteras de por medio. La única diferencia entre tales posiciones es la existencia de una frontera. Por tanto, la cuestión de fondo es en realidad excluyente. Excluyo al otro porque no forma parte de mi país, e incluyo al otro en esta regla de juego cuando sí forma parte de mi país. Es el rechazo al extranjero.

Eso nos sitúa en la segunda cuestión ética. El proteccionismo nacional es en realidad un proteccionismo sectorial. Se protege a determinados sectores, los más afectados por la competitividad extranjera. Pero ese proteccionismo, prolongado en el tiempo, va contra la sociedad porque a mayor eficiencia, mayor riqueza y a mayor riqueza mayor salud, longevidad y aumento de la esperanza de vida. Una economía saneada produce calidad de vida. Y la calidad de vida es buena para las personas.

Desde luego que da pereza que la presión internacional nos obligue a trabajar de manera más eficiente, a reducir los precios o a cambiar de oficio. Mucha. Supone esfuerzo, riesgo, volver a invertir, entraña trabajo, dedicar tiempo a aprender y mejorar. Es mucho más fácil y cómodo votar a un político que promete un arancel para proteger a nuestro sector, pero nuestra comodidad y nuestra protección van en detrimento de la mejora social de otros. Así que la auténtica cuestión ética en lo que a comercio internacional se refiere es: ¿cuál es la sociedad a la que debemos proteger?

¿La tribu? ¿La región? ¿La nación? ¿La raza? ¿La humanidad?

El comercio internacional es un barómetro del espectro o dimensión del marco al cual se aplica la conservación de la especie.

Es una cuestión de marco. Me hace mucha gracia cuando alguien me habla de criterios adecuados o inadecuados de comercio. Cuando me habla de lo justo o injusto de la competencia internacional. Porque todo argumento esconde una cuestión patriótica. Es una cuestión de marco.

¿Cuál es su patria?, ¿su ciudad, su región, su país, su continente o el mundo?

La respuesta a esa pregunta es la que explica y determina la postura de cualquier persona. En cuanto rascas un poco es fácil llevarle a una tesitura en la que se contradice a sí mismo y en la que los argumentos que sirven para abnegar del comercio internacional no se aplican en cuanto cambia el marco o el contexto territorial.

El comercio internacional no es algo discutible porque renunciar al mismo debería suponer abnegar de toda forma de comercio o de competencia. Insisto. La cuestión real es: ¿cuál es su patria?

Desde tal perspectiva, déjeme decirle que un contrabandista no es un delincuente, sino que es el Robin Hood y máximo exponente de la igualdad en el mundo. El contrabandista que introduce de estraperlo productos en un país, evitando así los impuestos aduaneros que distorsionan los precios, es un defensor de los derechos de los trabajadores o productores que mayor eficiencia han alcanzado.

Está violando unas leyes arbitrarias e injustas, y si no hubiese aranceles, no tendrían actividad alguna. Desde luego que el beneficio del contrabandista surge de la evitación de impuestos, el resultado del impuesto exigido. No añade valor y es una forma como otra cualquiera de ser parásito de una sociedad. Su figura es deplorable, y su beneficio también lo es, que nadie me malinterprete. Pero su actividad —es decir, el transporte de mercancías no sujetas a tasas locales—, en tanto que exenta de distorsiones arbitrarias del precio, no es deplorable. Un contrabandista es un ladrón de impuestos cuya apropiación indebida surge de una actividad totalmente legítima. Es la paradoja de las paradojas. Por eso a los contrabandistas nunca hay quien los entienda. Son una contradicción absoluta. Legalmente deplorables y económicamente loables.

LAS SOCIEDADES Y LA ECONOMÍA SON VASOS COMUNICANTES
La equidad como valor

Llegados a este punto, me gustaría esgrimir un argumento importantísimo que condiciona todo lo anteriormente expuesto, aunque ni mucho menos lo invalida. Mi convicción sobre la conveniencia y bonanzas del comercio internacional es absoluta. Ahora bien, una cosa es que los armadores portugueses sean menos eficientes que los ingleses y otra distinta es que en Inglaterra —por poner un ejemplo ilustrativo que no es real— se permitiese a los armadores no tener que asumir la seguridad social de sus trabajadores y esa injusticia social fuese la fuente de su ventaja comparativa frente a los armadores portugueses.

En este caso, perfectamente podría argüirse un arancel o impuesto aduanero o restricción a las importaciones de barcos ingleses. Porque de no hacerse, se estaría arruinando a la industria portuguesa de construcción de barcos a través de la aceptación encubierta de una ausencia de derechos sociales o laborales de la que son víctima los trabajadores ingleses.

Introduzco así dos conceptos fundamentales en relaciones internacionales: la competencia desleal y los vasos comunicantes, que someramente he mencionado.

Vamos con el primero.

Cuando, siguiendo el ejemplo anterior, la fuente de la ventaja comparativa internacional se basa en la ausencia de derechos sociales o la explotación laboral, todo lo esgrimido en páginas anteriores no puede aplicarse... todavía. Es decir, es válido y es vigente, pero no puede perjudicarse a una industria de un país con las injusticias sectoriales de otro.

Cuando esto se produce, hablamos de una competencia desleal, y la competencia desleal no puede en ningún caso esgrimirse como argumento que obligue a un país a bajar sus precios. Esa bajada de precios estaría fundamentada en un perjuicio enorme a los derechos laborales de los trabajadores del otro país.

El ejemplo ficticio de los armadores portugueses y británicos no arroja lugar a dudas, pero las fuentes de competencia desleal no son siempre tan claras. ¿Qué sucede si, por ejemplo, en un país sí hay derechos sociales, pero sencillamente las cotizaciones a la seguridad social son menores debido a motivos históricos o de dimensión de la Administración pública? En ese país quizá las cotizaciones son del 10 % y en otro son del 30 %, como de hecho ocurre. Al poner ambos países a comerciar entre sí, a niveles idénticos de productividad y eficiencia, resultaría que la diferencia de precios vendría determinada por las necesidades de sus Administraciones públicas, y no debido a factores que dependan de ellos.

Y no solo eso. Las fuentes de una competencia desleal pueden ser múltiples. Por ejemplo, legislaciones distintas; por poner un caso, la producción de tabaco registra diversos niveles de presión impositiva según el país, lo que hace que productores de marcas nacionales de un país determinado estén en desventaja respecto a otras marcas extranjeras.

Los niveles de renta dispares según países también son una fuente de competencia que nada tiene que ver con la eficiencia o la productividad, sino con la estructura salarial de una nación. Durante el siglo XX y lo que llevamos del XXI, este hecho ha originado una gran cantidad de conflictos. Trabajadores polacos dispuestos a cruzar cada mañana la frontera para trabajar en Alemania a mitad de salario que un alemán y al final del día regresar a sus casas en Polonia para repetir la misma rutina el día siguiente. Y no es necesario regresar al país de origen a diario. Los movimientos migratorios de los últimos cien años, si no han sido para huir de una guerra, vienen principalmente explicados por cuestiones laborales. El sur de Europa lleva décadas recibiendo la migración de países del norte de África y caucásicos. Estados Unidos, de México y países del Caribe, así como Estados centroamericanos. Es decir, la competencia internacional ya no opera solo en el nivel de las mercancías, sino de empleo.

Sin embargo, el episodio más trascendental de competencia desleal de este siglo es, sin duda, el de China. China entró en 2001 en la Organización Mundial del Comercio y, desde entonces, ha multiplicado su peso en el PIB mundial. Se convirtió en la fábrica del mundo y en determinadas industrias tales como juguetes, paraguas, botones, por poner algunos ejemplos, concentra ya más del 80 % de toda la producción mundial. Han sido veinte años de ver desaparecer a las empresas occidentales que producían estos productos. China ha ido poco a poco mejorando sus condiciones sociales y laborales, pero siguen distando mucho de las europeas. Los fabricantes europeos, sujetos a elevados seguros sociales y fuertes exigencias sindicales, no podían competir contra las fábricas chinas. No porque fuesen peores o menos eficientes, sino porque el nivel de salarios y costes sociales de las fábricas chinas suponían una competencia desleal con las europeas.

La propia fuerza de una divisa respecto a otra o una devaluación puede también constituir una fuente de ventaja comparativa. Si un país devalúa su moneda, automáticamente abarata sus productos a los compradores extranjeros. ¿Qué responsabilidad tiene un fabricante de ese país extranjero? De pronto verá abaratarse los productos de la competencia por una decisión de las autoridades económicas y monetarias de un país lejano.

En todos estos casos, ¿tendría sentido un arancel o una aduana?

Depende de cuál sea el objetivo. Toda injusticia o perjuicio sobrevenidos a una industria nacional deben ser evitados. Pero ¿no es también injusto para un trabajador polaco no tener acceso a un mejor nivel de vida? ¿No es también injusto para un fabricante chino no poder participar del comercio internacional para, poco a poco, instaurar derechos sociales en su país?

Vemos que la cuestión de los aranceles es más ética que económica. Se pueden utilizar aranceles temporalmente y que vayan declinando en el tiempo para dar margen a que las industrias de diferentes países igualen sus factores de competencia. Pero ¿se pueden fijar *sine die* para proteger la industria interior?

Así que en realidad la respuesta a si el comercio internacional debería ser favorecido o no responde a conductas más relacionadas con cómo queremos que el mundo vaya desarrollándose, a qué ritmo, en qué geografías y a razón de qué sacrificios. Responde a cómo queremos que sea el mundo en cuanto a equidad, oportunidades y en cuando a un diseño homogéneo. Y hablo de homogeneidad porque lo que sí está claro es que el comercio internacional es el mecanismo por el cual las sociedades de los distintos países se acabarán equiparando.

Las economías son vasos comunicantes. Comerciar con China no solo supuso el final de algunas industrias europeas. La propia relación de los europeos con los derechos de propiedad intelectual e industrial se vieron alterados. Las falsificaciones de productos, las marcas de imitación o la descarga de software, películas, libros o contenidos pirata se han convertido en algo socialmente aceptado en Europa. Esa permisividad es fruto de llevar veinte años comerciando con un país —como es el caso de China y algunos países asiáticos— donde la laxitud con la propiedad intelectual e industrial es máxima.

Comerciar con otro país no es solo enviar productos. Nos traemos, y enviamos, la forma de pensar, de actuar, de concebir los derechos, de entender las relaciones laborales, industriales o productivas. Esos son los vasos comunicantes.

De modo que la historia del comercio internacional ha sido en verdad la historia de un tira y afloja entre intereses nacionales y de la adecuación y nivelación entre países. La geopolítica ha sido fruto de la economía, así como del humano deseo de ampliar progresivamente el mundo. Se avanzaba, se retrocedía, se comerciaba, luego se cerraban fronteras, a veces explotaba una guerra, más tarde llegaba la paz, y al poco se volvía a comerciar. Así llevamos siglos. Pero cada vez el mundo está más conectado y globalizado.

Proximidad psicológica antes que geográfica
La creencia en la semejanza

En comercio internacional hay un factor actitudinal al que se ha brindado poca atención y que es tanto o más explicativo de la intensidad de la relación comercial entre países que la distancia o proximidad geográfica. Me refiero a la proximidad psicológica. España está más cerca de Marruecos que de Italia. Sin embargo, nuestra proximidad psicológica con un italiano es muy superior a la que tenemos con un marroquí. La cultura, la religión, la historia, el origen latino de la lengua... Todo ello configura una serie de actitudes, creencias y valores que hacen que nos sintamos más cómodos comerciando con un italiano que con un marroquí.

La proximidad geográfica es un factor más, pero la psicológica puede llegar a pesar más que los kilómetros. Los estadounidenses están más cómodos comerciando con británicos, con un océano de por medio, que no con mexicanos, a los cuales tienen al ladito mismo. Los portugueses y los ingleses siempre han tenido una gran proximidad psicológica, muy superior a la que estos últimos han sentido con los franceses, a pesar de que los separaba solo el Canal de la Mancha. Europeos y chinos nos sentimos marcianos, pero no así españoles y latinoamericanos.

La proximidad psicológica determina las formas de negociación. Un acto de comercio es un acto de negociación. Los tiempos, las formas, la flexibilidad o rigidez en los acuerdos, las garantías, la posibilidad o imposibilidad de desdecirse, el valor de la palabra dada, los cumplimientos o incumplimientos... Todo ello surge de la cultura de un país. Se le llama su «buen hacer». Los usos y costumbres del comercio de las naciones son tanto o más determinantes que los costes y las distancias. La internacionalización del mundo es, después de todo, la interconexión de un cómo. De cómo concebimos la relación y el intercambio.

Así que, a pesar de que David Ricardo demostró que el comercio internacional nos hace a la postre más ricos a todos, el miedo al extranjero, el deseo de no depender de nadie, las diferencias estructurales de competencia y la lejanía psicológica son los verdaderos factores que explican por qué el comercio internacional ha tardado tantos siglos en desarrollarse. Un político contrario al comercio internacional y defensor de las industrias nacionales tiene muchas más probabilidades de salir elegido presidente en una democracia que otro que piense y defienda lo contrario.

Si esto es así, ¿por qué entonces hemos alcanzado finalmente un grado tan elevado de globalización? ¿Por qué las naciones aceptaron al fin la eliminación progresiva de aranceles, aduanas y barreras al comercio entre países?

La respuesta es simple: por el movimiento de capitales.

NI DIOS NI FAMILIA NI PATRIA
La uniformidad del individuo

El mundo no se hizo global a partir del transporte de mercancías o del libre movimiento de personas. Eso llegaría más tarde. Y llegó gracias a que nos concedimos el permiso y la libertad de mover capitales entre países. Dinero.

Ese dinero inventado a lo largo de los siglos. Ese dinero que primero fue mercancía, después metal, luego papel respaldado por oro y finalmente dinero fiduciario, basado en la nada, con el único respaldo de las naciones que emitían cada moneda. Ese dinero fue el causante original de la globalización.

Las finanzas internacionales crearon los mercados internacionales, pero sucedió a través de un mecanismo que, como tantas veces ha ocurrido en la historia, no podíamos prever. Fue a través de las empresas.

Cuando los países abogaron por internacionalizar sus mercados financieros, lo hicieron por facilitar que los inversores de un país pudieran comprar y vender acciones en las bolsas internacionales, para que los países con superávit comercial pudieran otorgar préstamos internacionales no solo a través de los Estados, sino también a través de la banca privada. Los bancos se internacionalizaron antes que las naciones donde residían porque, si algo creo que ha quedado claro a lo largo de este libro, es que la economía va detrás del dinero, y no al revés. Los inventos relacionados con el dinero son los grandes movilizadores y detonantes de los cambios observados luego en la actividad humana, en lo que llamamos la economía real. La fascinación secular por el dinero no solo emana de ese gran truco que supone atribuirle valor a una pieza de metal o de papel, sino de que la convención se traduce en acción. Los acuerdos del dinero promueven cambios reales en el mundo.

Al permitir que el dinero pudiese moverse entre países, grupos de inversores y grandes conglomerados de empresas se convirtieron en posibles dos cosas que antes no lo eran: una, ubicarse físicamente en otros países; y dos, adquirir participación, primero minoritaria y más tarde mayoritaria, en empresas de otras naciones. Así, una empresa de energía española puede tener, y de hecho así es, propiedad italiana. Una empresa de construcción de ferrocarriles argentina puede tener, y de hecho así es, propiedad china. Una empresa china de fabricación de coches puede tener propiedad alemana, y así sucesivamente.

Esto lo cambió todo, porque en el momento en que la propiedad y la actividad ya no tienen por qué estar vinculadas a una misma nacionalidad, el sentido de un arancel desaparece por completo. Cuando eso ocurre con una o dos empresas, no; pero cuando se expande y generaliza, sí.

La globalización no es la caída de las fronteras. Es la caída de la nacionalidad de las empresas. Las empresas ya no tienen nacionalidad porque sus propietarios son inversores de cualquier parte del planeta.

El fenómeno de la globalización siguió, pues, este orden: dinero, empresas, productos y personas. Los movimientos migratorios son ya generalizados y, si bien los distintos Gobiernos tratan de controlar o delimitar el número de extranjeros que pueden obtener un permiso de trabajo o residencia en otro país, la tendencia va en aumento. En estos procesos se producen las típicas reacciones contrarias. Cuando sobrevienen crisis, surgen los partidos políticos nacionalistas, defensores de la patria y de los auténticos «propietarios» del país. Se producen limitaciones al movimiento de trabajadores, expulsiones o se endurecen las medidas y criterios para renovar o conceder permisos, pero son episodios coyunturales de una tendencia que es ya imparable en el mundo. La globalización significa que en pocas décadas este mundo va a ser un solo mundo.

Las previsiones indican que, durante este siglo, en el mundo irá desapareciendo una lengua cada doce días. Ha leído bien: en total, tres mil de las seis mil lenguas que actualmente se hablan dejarán de existir. Expresiones, dichos, poemas, canciones... serán olvidados para siempre. Se calcula que, pasados otros nueve siglos, quedarán solo seiscientos idiomas y, a la larga, predominarán cinco: chino, hindi, español, inglés y ruso.

El cine primero, luego la televisión y más tarde las plataformas de contenidos audiovisuales a la carta aumentan la proximidad psicológica. Esa forma distinta de ver a un hindú, alemán, chino o árabe es inexistente si se pasea por la sede de una empresa global multinacional. Personas de distintas nacionalidades se expresan y comunican en un mismo idioma, visten de forma cada vez más similar y acaban compartiendo, poco a poco, criterios económicos que, en unos años, se trasladarán también a lo social. En los aeropuertos cada vez se aprecia menos heterogeneidad entre los pasajeros de distintas culturas y nacionalidades.

Por supuesto que este no es un recorrido completado. Queda mucho camino por delante. Pero es un trayecto iniciado y sin vuelta atrás. La homogeneización de las marcas, el trabajo y la cultura, la uniformización del mundo han surgido de la homogeneización e internacionalización del dinero.

El dinero conectó al mundo.

El dinero globalizó al planeta.

Visitas una gran ciudad de un país y las calles más comerciales presentan un aspecto similar en todas partes; las mismas enseñas, marcas y franquicias globales ofreciendo los mismos productos en Tokio que en París, Madrid o San Francisco. Y aquí se produjo una grandísima paradoja: el comercio internacional, que tenía que servir para aumentar la especialización de las naciones lo que hizo fue homogeneizarlas. Resulta que, intentando distinguirnos de otros a través de lo que sabíamos hacer mejor, en realidad lo que hacemos es asemejarnos a otros y, poco a poco, a medida que las diferencias entre clases sociales se han ido limando y desdibujando, hemos ido asistiendo a una formidable uniformización del individuo.

Nos traspasamos personas, conocimiento, técnicas, propiedad de empresas, tecnología... Y en última instancia pudimos comprobar que no había nacionalidades ni etnias superiores o inferiores. Cualquier ciudadano del mundo, convenientemente formado, es capaz de realizar lo que en otra parte del planeta realiza otro. Y poco a poco lo hemos ido aceptando. Cuando una multinacional decide ubicar su departamento de compras en Polonia, por ejemplo, y desde España una pyme licita a un concurso para un pedido o encargo a través de un comprador polaco, nos parece legítimo y respetable porque cualquier día esa misma empresa decidirá que el departamento de compras se traslade a Madrid o Barcelona o Bilbao. O a otro país. Y así se amplía nuestra mirada sobre los extranjeros y nuestra perspectiva del mundo.

Las reglas de juego se expanden con el capital, las empresas, los contenidos y las mercancías. Ya no hay patria económica, no hay Dios único y la familia ha dejado de ser el motor del consumo.

Todo ello desembocará en el final de la historia, tal y como la entendimos siempre. Porque acudimos al final de las culturas y de la historia de los pueblos. Para culminarse, necesitábamos, sin embargo, eliminar las barreras de la distancia y el tiempo. Si la inmediatez y la distancia desaparecían, entonces la unificación del mundo sería un hecho innegable.

Supusimos que eso sería imposible. La inmediatez y eliminación de distancias eran cuestiones físicas insoslayables.

Y entonces llegó internet.

15
MILLONES DE CEROS Y UNOS

UN HECHO SIN PRECEDENTES EN LA TECNOLOGÍA
La búsqueda de la simplicidad revisitada siglos después

Internet ha modificado a la sociedad más que cualquier otro invento de la humanidad. Consideramos una nueva tecnología como relevante cuando es capaz de modificar al mismo tiempo, con una única solución, tanto la forma de supervivencia como la forma de producción. Es decir, inventos que tanto nos sirven para aumentar la esperanza de vida como para fabricar o producir mejor o más eficientemente.

En la historia de la humanidad tenemos algunos ejemplos: la Edad de Bronce nos llevó a inventar lanzas arrojadizas que nos permitían matar a unos diez metros de distancia, limitando el riesgo vital de enfrentarnos a animales salvajes de los que necesitábamos alimentarnos, y al mismo tiempo la transformación y el uso de metales favoreció la creación de herramientas para el trabajo y la producción. Un solo descubrimiento, el bronce, aumentó la supervivencia y la forma de trabajar. Lo mismo sucedió con los primeros asentamientos: trajeron la propiedad privada y la posibilidad de almacenamiento. Es decir, elementos que mejoran la vida y que, a la vez y en paralelo, modifican el cómo producimos y trabajamos. La industrialización y la electricidad son dos ejemplos más. Y eso es lo que está pasando ahora con la digitalización.

La tecnología digital ha afectado drásticamente a los modelos de producción y distribución, así como a las vidas de las personas, por eso consideramos lo digital una tecnología relevante. Porque, como sucedió con el bronce o la electricidad, modifican tanto el cómo vivimos y nuestra calidad de vida como la forma en que producimos o comerciamos.

Hay, sin embargo, otra naturaleza distinta de invenciones: las que atañen a la transmisión del conocimiento. Los jeroglíficos primero, la escritura después y, siglos más tarde, grandes invenciones como la imprenta, la posibilidad de almacenar sonidos y luego imágenes fueron inventos que modificaron la forma en que los seres humanos transmitimos el hecho diferencial de nuestra especie: el conocimiento.

Estas dos dimensiones —la transmisión del conocimiento y la tecnología relevante— constituyen las principales cadenas de valor de la raza humana.

Pues bien, es la primera vez en la historia de nuestra especie en que un mismo invento modifica las dos cadenas de valor fundamentales del ser humano: el sistema productivo y la transmisión del conocimiento.[23]

Es un hecho evolutivo sin precedentes, y eso explica el impresionante impacto que la revolución digital, solo a través de millones de ceros y unos concatenados, ha supuesto en nuestras vidas.

Ceros y unos.

El código binario es la forma más simple de representar cualquier número empleando como cifras únicamente el 1 y el 0.

Decimal	Binario
0	0000
1	0001
2	0010
3	0011
4	0100
5	0101
6	0110
7	0111
8	1000

---

[23] Debo este magnífico análisis sobre la cadena de valor al experto en economía digital Genis Roca.

Decimal	Binario
9	1001
10	1010
11	1011
12	1100
13	1101
14	1110
15	1111

¿Y por qué en tecnología digital se utilizan ceros y unos? ¿Y qué tiene que ver con la sociedad y la economía?

Respondiendo a la primera pregunta, en tecnología digital se utilizan ceros y unos porque es lo que nos permitió convertir a una fuerza natural en una forma de escritura. La electricidad es un idioma de dos letras. No tiene más. Sus dos letras son corriente y no corriente. Es decir, hay impulso eléctrico o no lo hay. La gran idea fue discurrir que la electricidad o la electromagnética podían considerarse idiomas de dos letras. O, más bien dicho, de dos números. Esa fue la genial idea.

En realidad, ese invento ya existía con el código morse o con el telégrafo. Pero en esos casos se utilizaron combinaciones de dos elementos (pitido largo y pitido corto, o luz breve y luz larga) para codificar letras y números, lo que es muy distinto. El código binario es mucho más poderoso porque permite operar con los dígitos.

¿Y cómo representar letras en binario? Muy sencillo. Se creó el código ASCII, que consistió en asignar un número a cada letra.[24]

La transmisión de imágenes es más de lo mismo. Píxeles de un determinado color en una determinada posición de la pantalla corresponden a un número concreto. Una fotografía es un conjunto de ceros y unos, y una película es una sucesión de fotogramas, por lo que son más ceros y unos. Lo mismo que los sonidos.

---

[24] Por ejemplo, la letra erre recibe el código ASCII 114. Si la erre es un 114, para tener una erre en binario ya solo tenemos que escribir el 114 con ceros y unos. Así, la letra erre en binario es 01110010. Para saber que no se trata de un número, se coloca delante un 010 o 011, que es la forma de indicar que el número que viene a continuación es una letra. Así, por ejemplo, *perro* en código binario sería: 01110000 01100101 01110010 01110010 01101111.

Eso sí, millones y transmitidos a una velocidad asombrosa.

En esto consiste esencialmente la tecnología digital. Se llama digital porque utiliza dígitos. Y he querido detenerme en ello un momento porque lo más asombroso es que un idioma de dos signos, un 0 y un 1, es la mayor de las simplicidades de todo lo que había realizado el ser humano en su historia. Nos hemos pasado la existencia creando idiomas con declinaciones o tiempos verbales para desembocar al cabo de los siglos en la mínima expresión del lenguaje. Blanco, negro. Sí, no. Luz, oscuridad. Cero, uno. Y con esa mínima expresión, con lo más minimalista que en lenguaje puede existir, se creó el sistema de información, producción, distribución y transmisión del conocimiento más revolucionario de nuestra historia. La posibilidad de cambiarlo todo solo basándose en ceros y unos.

La tecnología digital es el mayor logro de la humanidad porque hizo de lo más simple lo más poderoso.

La disrupción disruptiva
La fe en lo mayoritario

Cuando se habla de una innovación disruptiva en ciencias sociales nos referimos a un descubrimiento o evento no solo imprevisible en su aparición, sino con capacidad para derrumbar de un plumazo o convertir en obsoletas las estructuras existentes. Pues bien, la tecnología digital tiene un elemento adicional que se suma al disruptivo: nos inhabilitó por completo para predecir no solo cómo evolucionaría, sino cómo las personas la utilizaríamos, qué salidas o aplicaciones le daríamos.

Lo digital es una continua caja de sorpresas que durante casi treinta años todavía no hemos aprendido a interpretar.

Cuando en 1993 el CERN liberó el código fuente y la WorldWideWeb se hizo de dominio público, las empresas y organizaciones, públicas o privadas, interpretaron que sería una especie de páginas amarillas, un listín o directorio como tantos otros, solo que a través de la pantalla de los ordenadores. La consecuencia era que había que tener una página web. Eso era todo, no había de qué preocuparse. Pero lo que acabó pasando es que las empresas perdieron el control de los medios de comunicación masivos. El esquema de comunicación de emisor, receptor, medio y mensaje tradicional quedó obsoleto porque todas las personas, los consumidores, se convirtieron en emisores, con lo que el emisor y el receptor se unificaban.

Hoy reservamos una habitación de hotel en función de los comentarios de personas cuyos gustos ignoramos, a las que no conocemos y cuya credibilidad, sin embargo, no cuestionamos. Si cientos de huéspedes han puntuado bajo a ese hotel, lo damos por bueno. Lo llamamos *the wisdom of crowds*, «la sabiduría de las masas», y detrás de ello subyace la creencia de que una opinión mayoritaria tiene más probabilidad de ser cierta. La realidad es que no tiene por qué ser así. El que miles de personas piensen algo no significa que estén en lo cierto, pero elegimos lo que el resto prefiere porque eso nos da seguridad, la seguridad del rebaño. Si me equivoco, al menos no me equivoco a solas. De nuevo un impulso instintivo que condiciona nuestra economía.

La publicidad cambió para siempre, y la comunicación. La capacidad de influir sobre las decisiones de los demás estaba al alcance de cualquiera.

Nadie lo supo prever.

Cuando en el 2000 los métodos de pago fueron lo bastante seguros, las empresas consideraron que el naciente comercio electrónico era simplemente un canal más de venta que se unía a los ya existentes y que competía con ellos. Recuerdo conversaciones de directivos de cadenas de supermercados que se negaban a vender por internet por considerar que los precios no podían ser distintos en el punto de venta y en la web de su enseña. Hoy en día a esto se le considera una estupidez. Todo el mundo entiende que esquemas distintos de distribución llevan aparejados precios distintos, aunque el distribuidor sea el mismo. El comercio electrónico sube y sube, y en algunos sectores ha desbancado por completo a formas de distribución física. Las agencias de viajes presenciales, por ejemplo, casi han desaparecido, solo quedan las muy especializadas. El comercio electrónico hizo innecesarios a los distribuidores intermediarios. No era un canal más, era un sustitutivo con capacidad para desbancar a todo tipo de intermediación. El esquema clásico de distribución de productos y servicios quedó obsoleto en multitud de sectores.

Nadie lo supo prever.

Cuando aparecieron las redes sociales, las empresas interpretaron que simplemente debían tener una página en Facebook o una cuenta de Twitter o de Instagram. Es decir, que debían incorporarse como un perfil más, junto al de los ciudadanos, en tales redes sociales. Solo que, a diferencia de estos, las marcas, en tanto que masivas, conocidas y globales, tendrían millones de seguidores. La realidad fue bien distinta. A través de las redes sociales, las personas se agruparon y se siguen agrupando en comunidades para compartir todo tipo de información, experiencias, conocimiento, relaciones... De las marcas interesa poco lo que tengan que aportar si van a transmitir en la red social lo que nos cuentan en la publicidad convencional. Pocas marcas han entendido esto. Las redes sociales se convirtieron en uno de los más poderosos modos de adoctrinamiento o persuasión, pero las habilidades y herramientas para persuadir eran distintas y desconocidas para las empresas y las marcas. Poco a poco, las redes sociales fueron convirtiéndose en una forma de capital, en un activo desde el que construir identidad, valor, negocio o influencia.

Nadie lo supo prever.

Cuando en 2009 aparecieron los dispositivos móviles inteligentes, de la mano de Apple, desbancando a gigantes de las telecomunicaciones como BlackBerry o Motorola, las empresas interpretaron que los smartphones eran lo mismo que un ordenador personal, solo que más pequeño y que incorporaba el teléfono. No había mucho de lo que preocuparse.

La realidad fue que desaparecieron industrias enteras. Ya no sus distribuidores intermediarios, sino todos: productores, vendedores, fabricantes, proveedores de industrias tales como juegos electrónicos, agendas, despertadores, cámaras de fotografías, calculadoras... Industrias enteras redujeron su volumen entre un 60 y un 80 %, cierres innumerables de empresas; solo quedaron aquellas de mayor valor o que supieron encontrar un nicho de especialización.

Nadie lo supo prever.

Cuando apareció internet 2.0 o web 2.0, que iba a permitir a los usuarios participar de forma activa en compartir información, en interactuar, en la interoperabilidad y ser creadores de contenido, las empresas dedujeron que simplemente tenían que abrir sus espacios web para que los internautas pudieran expresarse o dejar algún comentario. Estaban equivocadas de parte a parte. Internet se convirtió en una plataforma de trabajo colaborativo, y aparecieron todo tipo de propuestas tales como Airbnb, Uber o similares. Su impacto económico superó cualquier previsión. La demanda se convertía (también) en oferta. Usted puede ser cliente o huésped de un hotel en París, pero si posee un apartamento, por ejemplo, en la Costa Brava, y lo ofrece a través de Airbnb para turistas es, al mismo tiempo, un competidor hotelero. En París usted es cliente y en la Costa Brava es usted competencia. Las personas somos a la vez demanda y oferta.

Las relaciones, la capacidad de atraer a un elevado número de usuarios, se convierten de pronto en una forma de capital, en un activo desde el cual crear negocios que desbanquen a otros. Y, además, con bajas inversiones y sin la obligación de contratar a demasiadas personas. Airbnb supera en número de habitaciones a cualquier cadena hotelera del mundo y puede hacerlo con una plantilla de personal cincuenta veces inferior.

Nadie lo supo prever.

Airbnb es el típico ejemplo de la economía colaborativa, pero hay cientos de negocios similares, incipientes y que no sabemos si serán el disruptor de su sector de actividad. El problema con la tecnología digital es que resulta muy fácil sacar a relucir al triunfador de la batalla, al gran disruptor, pero nadie explica que hubo miles de *startups* que no prosperaron y que fenecieron por el camino. El éxito en internet se parece al de los espermatozoides en la gestación de mamíferos. Millones salen, pero solo vence uno. Y, además...

Nadie lo sabrá prever.

El asunto sigue y no se detiene.

Entra en escena el Internet de las Cosas. Las empresas dedujeron y muchas siguen deduciendo que es simplemente electrónica insertada en el producto. La realidad es que se van a fusionar los productos con los servicios. Las neveras y frigoríficos de los hogares podrán identificar lo que se consume y realizar, e incluso ordenar, la reposición de forma automática. Los fabricantes de neveras podrán influir sobre la marca de leche que usted va a consumir en caso de optar por su electrodoméstico. La irrupción de Internet de las Cosas en la domótica hará que ya no compremos bombillas, por ejemplo: estas serán un servicio adicional de los sistemas de control de la electrónica del hogar a través de las compañías eléctricas o de servicios. Los ejemplos son innumerables. Es casi imposible prever qué se impondrá y qué seguirá igual.

Debemos reconocerlo: la tecnología digital es tan disruptiva que no hemos sabido interpretar lo que ha ido sucediendo y seguimos sin saber interpretar o adivinar lo que va a pasar.

El impacto sobre la sociedad ha sido y es fortísimo. La cadena de valor tradicional se ha visto completamente alterada. La gente ya solo paga por valor añadido o por lo más barato: la ubicación, el conocimiento del producto, la experiencia, incluso las marcas se tambalean como argumentos para justificar un precio adicional. Cuando hablo de cadena de valor, me refiero no solo a la de las empresas, sino también a la de las personas. El valor que añadía un contable, un traductor, un corrector de estilo, un matemático, un delineante... se ve eliminado o alterado por completo. Y no todos tenemos tiempo ni posibilidades de una reconversión.

LAS ARQUITECTURAS HUMANAS DE LA TECNOLOGÍA DIGITAL
La búsqueda de relaciones de poder equilibradas

He tratado de resumir en poco espacio lo esencial de la revolución digital, pero todo esto el lector ya lo conoce, es parte de la historia. Así que vayamos a lo que no se ha dicho. La gran pregunta es: ¿por qué no hemos podido prever todo esto? La respuesta, bajo mi punto de vista, es otra pregunta: ¿qué comportamiento humano subyace en la tecnología digital?

No hemos predicho bien porque hemos venido realizando una interpretación lineal de los hechos. Internet es una web, una web es un directorio. Internet es electrónica, ergo Internet de las Cosas es electrónica incorporada al producto. Internet permite a los usuarios colaborar, pues entonces web 2.0 consiste en añadir espacios de opinión. Obviando toda la economía colaborativa como fenómeno transformador.

La respuesta a cuál ha sido el comportamiento subyacente explicativo del devenir digital es tremendamente simple, pero invisible. La guía, el hilo conductor, la motivación principal del usuario ha sido una y solo una: el poder.

El ciudadano, el consumidor, el internauta o el usuario, llámelo como quiera, ha actuado movido por el deseo de poder. Esa es la única explicación posible. Cierto que es más cómodo comprar con un solo clic desde casa que emplear dinero y tiempo en desplazarse para comprar un jersey, pero el riesgo de error y el grado de incertidumbre de la compra de una pieza de ropa en internet es incomparablemente mayor. Lo que pasa es que comprar por internet permite al consumidor comparar precios, cotejar opiniones de otros compradores del jersey, dirigirse al distribuidor que más tallas, colores o surtido ofrece, al que posee más *stock*. Le permite controlar mucho mejor su compra y prefiere sacrificar riesgo a cambio de control. Internet es una compra donde el poder del consumidor excede al del distribuidor. Ese es el quid de la cuestión.

Tómese cualquier otro ejemplo de la tecnología digital que haya sorprendido al mundo y llegará a la misma conclusión. ¿A santo de qué la gente dedica horas de su vida a alimentar una enciclopedia colaborativa como Wikipedia? Solo hay una explicación posible: porque otorga poder a quien opina. Si la entrada de la enciclopedia contiene parte de mi punto de vista sobre una determinada cuestión, estoy influyendo en el mundo. No sé cómo ni cuánto, y eso ni siquiera va a producirme un rédito, porque las contribuciones de contenidos son anónimas. Pero quien dedica tiempo a producir contenidos o compartir conocimiento está movido por un deseo de poder.

Lo mismo en las opiniones sobre productos o servicios. No queremos ayudar a otros compradores; sencillamente premiamos o castigamos con nuestros comentarios a ese fabricante, a ese director de cine, a esa productora, a esa editorial, a ese autor, a esa marca de zapatillas, a ese destino turístico. No lo hacemos por ayudar a un desconocido, sino porque premiar o penalizar es una forma de poder.

Piense el lector por unos instantes si reducir el mundo a una pantalla es tan estimulante y, sin embargo, el número de horas que dedicamos al móvil ya sea para leer noticias, navegar, chatear, enviar mensajes, consultar nuestras redes sociales o jugar es increíble y aumenta en cada nueva medición. Los españoles dedican una media de 3 horas y 51 minutos al día al teléfono móvil, según un estudio de Rastreator de julio de 2018. Más de siete millones de españoles se consideran adictos a su smartphone. Y a buen seguro que durante la pandemia este tiempo se vio incrementado. Pero covid-19 y confinamiento aparte, ¿no es mejor, más natural, más estimulante para nuestros sentidos el contacto directo con otras personas? ¿No es mejor una conversación cara a cara, un abrazo, un apretón de manos, un beso o una caricia que relacionarse con alguien a través de una pantalla de píxeles? ¿No es mejor el contacto con la naturaleza que con la electrónica? Sí lo es. La gente lo prefiere seguro.

Pero realizar todo ello a través del móvil concede mucho más poder a cada una de las acciones o ejemplos que he puesto. Te da más poder conversar a través de un chat porque puedes escabullirte, puedes seguir, puedes desaparecer, puedes cambiar de interlocutor, puedes hablar con diez personas a la vez, chillando todas al mismo tiempo y tener todas las frases ordenadas y separadas. Poder, poder y más poder. De ahí el triunfo de lo digital.

Si cada vez que apareciese una innovación adicional la pusiéramos bajo este prisma, nos daríamos cuenta de que todo lo sucedido no era tan imprevisible. Pero requiere grandes dosis de humildad y, sobre todo, de comprender qué es el poder para las personas. El poder de la ciudadanía es de una naturaleza distinta al poder político o económico. Es un poder psicológico e incluso existencial. Es saberse poseedor de un control, de unas capacidades, de un rol. Nosotros comunicamos, no las marcas. Nosotros alimentamos el conocimiento y la historia, y no una editorial. Nosotros decimos qué hotel vale la pena, y no la publicidad. Nosotros decimos qué libro merece la pena leer, y no el crítico literario. Nosotros administramos los parámetros de una compra, y no el distribuidor.

Y si todo eso ha de suponer tiempo, dedicación o riesgo, aunque no nos reporte dinero, lo haremos. Y lo hemos hecho.

La revolución digital no solo transformó sistemas de transmisión de información o de producción, sino que modificó las relaciones de poder y, en especial, abrió puertas de empoderamiento que estaban cerradas o que no existían.

Sin embargo, esa ganancia de poder supuso un sacrificio que los ciudadanos hicieron sin saberlo ni tampoco preverlo. Y se produjo una grandísima paradoja. Internet había de traer la democratización de las oportunidades. Cualquiera, desde su casa, con una conexión, con una buena idea y una mínima inversión, podría crear un negocio digital. Y era cierto. Otra cosa era que la probabilidad de que un emprendimiento fructificase fuera mayor en la economía digital que en la anterior economía puramente física, sin internet. Y la respuesta fue negativa. Es mucho más posible emprender, mucho más fácil, pero es mucho más difícil que salga bien. En la sociedad tradicional, uno abría un pequeño comercio en un barrio de una ciudad y si hacía medianamente bien las cosas, salía adelante. Hoy en día, uno abre un *e-commerce* y es complicado que prospere, porque el negocio digital está basado en el tráfico. En el volumen. Es una dinámica muy parecida a la ley d'Hondt de los repartos de escaños en plebiscitos: favorece a quien mejor le va. Y no solo le favorece, sino que a medida que le va bien, cada vez le resulta más barato, sencillo y rápido que le vaya mejor. Y eso le permite construir una barrera competitiva no solo duradera, sino indestructible.

Tomemos el caso de Amazon. Sin duda lo ha hecho muy bien, pero está donde está porque fue pionera y porque su éxito inicial fue produciendo cada vez una mayor concentración de clientes.

Internet es un fenómeno de masas. Está sujeto a una especie de ley de atracción gravitatoria. Cuanta más masa atrae, más fuerza tiene para atraer aún más masa, y los planetas menores colindantes tienen menos fuerza y cada vez menos materia que atraer hacia sí mismos. Como resultado, los grandes se hacen muy grandes y los pequeños se quedan siempre en su enanismo. Internet es un sistema estelar de poquísimos planetas gigantes y miles de planetas minúsculos, supervivientes. En términos empresariales, se llama oligopolios o monopolios, rodeados de especialistas en competencia perfecta, luchando por el resto del mercado que busca algo más que un buen precio.

Así que la supuesta democratización fue un fiasco. Hemos ganado en posibilidades, pero hemos perdido probabilidades en la misma medida. Y ha sido el mismo factor generador de poder el que nos ha quitado ese otro poder. Para influir, escoger, controlar, debemos acudir ahí donde está la mayoría. Nadie gana unas elecciones predicando en la plaza de un pueblo abandonado. Igual que el político organiza un mitin en una gran ciudad, los usuarios no perdemos el tiempo en sitios web sin audiencia. Ejerciendo el poder, favorecemos la aparición de gigantes globales ya de por sí poderosos, como Google, Amazon, Facebook, Netflix, Airbnb, WhatsApp, Instagram, Twitter o similares, y contribuimos a la formación de monopolios. Cuanto más poder ejercita el ciudadano, más monopolios digitales.

La paradoja es tremenda porque, además, los modelos de negocio de estos gigantes están a la vista de todos. Esta es otra de las características de la tecnología digital. En la industrial, salvo que uno accediera al interior de una planta de producción, era imposible reproducir lo que ahí se fabricaba; por el contrario, en internet todos los modelos de negocio son perfectamente visibles. No tendría ningún secreto replicar los negocios digitales de los mayores líderes del mundo, está todo a la vista. La barrera es otra: la concentración de tráfico que habría que robarles y que no tenemos su curva de experiencia.

La economía digital no está basada en la tecnología, que nadie se equivoque. Está basada en el volumen y en la curva de experiencia para adquirir la destreza de hacer dinero y negocios en un esquema perfectamente visible. Esa curva de experiencia no sería un problema si la tecnología fuera más estática, pero lo digital evoluciona tanto y tan aprisa que, a pesar de que la tecnología puede copiarse, imitarse u obtenerse sin mayores dificultades, toda experiencia adquirida queda obsoleta enseguida.

La concentración de volumen de tráfico y la rápida obsolescencia son las dos formas principales de competencia en la economía digital. Y eso deja fuera de juego al ciudadano individual en cuanto a probabilidades de éxito. Internet y lo digital han sido, bajo mi punto de vista, los grandes otorgantes de poder a la sociedad y, al mismo tiempo, los grandes limitadores de posibilidades a esa misma sociedad.

El fin de las distancias
La impaciencia del aquí y el ahora

Sea por más poder o no, la realidad es que la Revolución Digital ha cambiado el aspecto económico del mundo. En internet no es preciso un desplazamiento para hablar con un ruso o un japonés en tiempo real desde Europa. No hay que viajar para comprarse *souvenirs* de otros países que llegarán antes de lo que tardaríamos nosotros en llegar a tal destino.

¿Resultado? Desde un punto de vista económico y social, ya no hay distancias.

En internet, el idioma se unifica. El inglés concentra una de cada cuatro páginas web del mundo y solo con diez idiomas podríamos leer tres de cuatro sitios digitales de los miles de millones que existen. Además, traductores simultáneos que utilizan inteligencia artificial nos traducirán aquella que no entendamos. Eso desemboca en que no hay incertidumbre cultural o esta se minimiza. La distancia psicológica de la que hablábamos en el capítulo anterior está desapareciendo.

Como tampoco hay presencia física, no hay identidad. La identidad ha pasado a ser otra cosa: el número de su dispositivo u ordenador. Eso le identifica más que su propio nombre y apellidos. Para la sociedad digital, las identidades son las pantallas, no las personas que hay detrás.

No hay esperas y, por tanto, hay aceleración e inmediatez. Cada vez menos personas entienden que haya que esperar unos minutos y menos aún unas horas para una respuesta. Un correo electrónico no respondido al día siguiente suele ser un correo del cual probablemente ya no se recibirá respuesta y que hay que reclamar.

No hay barreras y por tanto hay comparabilidad de precios, productos y condiciones inmediata e instantánea.

Ponga ahora todo esto junto y agítelo como si de un cóctel se tratase. La sociedad, que llevaba cuarenta siglos de evolución pausada, se ha visto sacudida en todos sus fundamentos en solo veinte años, de los cuales, los últimos diez se han llevado la palma. Piense ahora en todo lo que ha leído en estas páginas acerca del trueque, del nacimiento de las sociedades anónimas, de la propiedad privada, del dinero. Todo ello iba sucediendo bajo un contexto que, si bien evolucionaba, mantenía constantes ciertos elementos de base como distancia, tiempo, lenguaje, identidad o diferencia. El mundo de internet es un mundo enrasado, homogeneizado, peinado por la uniformidad. Internet es la nueva torre de Babel de la humanidad. Y esa torre no va a venirse abajo de golpe porque no está hecha de ladrillo, sino de miles de millones de conexiones independientes. La red.

De todo lo anteriormente explicado es fácil deducir que la capacidad de destrucción creativa de la Revolución Digital convierte en un chiste a la Revolución Industrial.

Pero la historia a veces sí que sirve de algo.

Los Gobiernos han aprendido que las sociedades deben disponer de tiempo para absorber los grandes e imprevisibles cambios tecnológicos, climáticos o sociales. En caso contrario, el número de damnificados es tan grande que la gente acabará alzándose, rebelándose, protestando y recurriendo a la violencia, si es necesario. La obsolescencia de los medios tradicionales de distribución, producción y difusión del conocimiento debe ser ralentizada, porque la sociedad no dispone ni de los medios ni de las posibilidades para reconvertirse.

El liberalismo concede la libertad a la sociedad para evolucionar, pero también la somete a la crudeza del darwinismo: sobrevive el más fuerte y el que mejor se adapta. Si la ley de la selva es demasiado dura, la sociedad se pone en pie.

La gestión económica y monetaria de estas dos últimas décadas no ha ido únicamente encaminada a amortiguar la crisis financiera de 2008 y la burbuja inmobiliaria. La expansión cuantitativa de dinero efectuada en el mundo, que nadie sabe cómo va a acabar, ha tenido, entre otras, la función de amortiguar el impacto de la Revolución Digital, de conceder tiempo a ciertas capas de la sociedad para reconvertirse o, simplemente, para desaparecer del panorama profesional sin dejarlo caer de golpe.

El aumento de la presión fiscal y la expansión monetaria ha sido la forma de sostener el mundo —lo hemos abordado en el capítulo 11, donde explicaba el rol más reciente de los bancos centrales—. El dinero legal empieza a ser un problema porque va perdiendo su valor. Los tipos de interés negativos hacen que el dinero se deprecie incluso invertido. Hay que especular para ganar, pero especulando puedes registrar importantes pérdidas, y si mantienes patrimonio, los Estados depredadores van poco a poco esquilmando al ahorrador.

De pronto, en medio de todo este panorama, comenzaron a surgir voces de que las personas tenían derecho a defenderse de las políticas ruinosas de los bancos centrales, pero como todas las divisas del mundo dependen de algún banco central, era imposible tener dinero al margen de un país. Entonces alguien pensó que internet era un país sin fronteras, sin distancias, sin idiomas, sin identidades y que, por tanto, podía y debía tener su propia moneda. Una moneda digital basada única y exclusivamente en el poder de la propia red.

Y nacieron las criptomonedas.

CRIPTOMONEDAS: EL GOLPE DE ESTADO DEL SIGLO XXI
La rebeldía en un nuevo mundo

Haber vivido el nacimiento de las criptomonedas es un auténtico privilegio. Pocas generaciones han tenido la oportunidad de ser los testigos de cambios e hitos tan trascendentales en la historia de la humanidad.

En el año 2009, Satoshi Nakamoto lanzó la primera moneda digital completamente descentralizada, creada junto con el software de un sistema de pagos P2P del mismo nombre que la sustenta: Bitcoin. Nadie sabe quién es Nakamoto, nadie sabe si es japonés, estadounidense, finés o británico. Nadie sabe tampoco si es una persona o si son varios. Hay un misterio detrás.

Las criptomonedas son monedas digitales, no son físicas, funcionan única y exclusivamente a través de internet, sin fronteras y no hay ninguna entidad o país que las apoye. No están basadas en ningún patrón oro o similar a los que respaldaron el valor del dinero.

El funcionamiento de Bitcoin es alucinante. Los bitcoins no los emite un banco, ni siquiera una empresa u organización. Se producen a medida que se utilizan. La tecnología *blockchain* o «cadena de bloques» —que garantiza la veracidad de las operaciones por internet— es un sistema que precisa mucha capacidad de procesamiento informático para certificar las transacciones realizadas en bitcoins. En internet, todo es colaborativo, y las criptomonedas también lo son. Dado que Nakamoto o quienquiera que haya detrás de Bitcoin no dispone de la capacidad de procesamiento necesaria, cualquier persona puede poner a disposición de la red su equipo informático (se requiere un hardware y software específicos), su conexión a internet y el consumo eléctrico correspondiente para contribuir a la certificación electrónica que se precisa cada vez que se produce un pago o movimiento de bitcoins en el mundo. A cambio de ese tiempo y consumo de electricidad, la persona en cuestión recibe bitcoins. Se les llama «mineros de bitcoins» y hay gente que almacena ordenadores en paralelo, en marcha las veinticuatro horas del día para «minar» bitcoins. Reciben el nombre de «granjas de bitcoins» y constituye para muchos un modo de vida.

Desde un inicio Nakamoto se comprometió a que se emitirían bitcoins hasta alcanzar los veintiún millones. Ni uno más. Fue la forma de comprometerse con el mundo a que la creación de dinero digital no sería infinita. Sin embargo, como la moneda digital no precisa monedas físicas, se llegan a transaccionar 0,00001 bitcoins, que son al tipo de cambio, en el momento en que escribo estas líneas, 0,40 euros. Si el bitcoin aumenta su cotización de forma exponencial, podríamos acabar utilizando muchísimos decimales y esos veintiún millones representarían mucho más de lo que el misterioso Nakamoto imaginó.

En cualquier caso, resulta increíble situar esto en una moneda tradicional. Imagine una moneda creada por una sola persona y cuya creación y emisión de nueva moneda se fundamenta en pagar a los que la acuñan o la imprimen. Esto supera todo lo que se había podido imaginar en economía. Una moneda que se crea a sí misma, que crece a medida que se usa y cuyas emisiones las reciben quienes trabajan en certificar pagos. Hay una secuencia en el Episodio III de *La guerra de las galaxias* en la que el androide de protocolo C3PO se cuela en la fábrica donde se fabrican ejércitos de robots para el Imperio y el inmortal personaje dorado exclama: «¡Robots fabricando robots!». Pues eso. Bitcoins fabricando bitcoins.

Las criptomonedas son un episodio más en la aparición de un nuevo instrumento humano como tantos otros que hemos visto en este libro. Es muy difícil saber en qué desembocarán y puedo equivocarme, pero doy aquí mi punto de vista sobre el desenlace de las monedas digitales.

Una moneda digital es, de todas las formas de dinero que hemos visto, dinero fiduciario. Su único respaldo es la confianza y la voluntad del público de poseerla o utilizarla. Si se pierde la confianza o el público opta por otras monedas, las criptomonedas perderán todo su valor. ¿Puede suceder? No solo puede suceder, sino que sucederá a todas aquellas sin el respaldo de una autoridad.

Afirmo esto por una simple razón. La historia demuestra que ninguna entidad privada ha sido capaz de sostener el valor de un dinero fiduciario en el tiempo. Como hemos visto, los primeros billetes no los crearon los Estados, sino bancos privados, y todos esos billetes desaparecieron. Ningún banco de la historia pudo conservar la confianza en su propia moneda. Los bancos centrales actuales provienen en su inmensa mayoría de nacionalizaciones de bancos privados.

El dinero fiduciario depende de la confianza en la entidad emisora y de su perdurabilidad. Imagine comprar divisas de un país imaginario; eso es una criptomoneda. Las instituciones privadas están sujetas a la ley de la destrucción creativa y ninguna aguanta los embates del tiempo. Los países, en cambio, sí pueden. Las criptomonedas que perdurarán y acabarán imponiéndose serán las que tengan respaldos de Estados, pues sin patrón oro, la única confianza equiparable es la que podemos depositar en un Estado. Ser un Estado no te otorga la virtud de ser confiable, pero sí la de ser perdurable.

Cuando digo que las criptomonedas privadas desaparecerán todas, no significa que no haya algunas vivas en cada momento. Creada la tecnología, tenemos un esquema viable para monedas privadas. Aparte de bitcoin, hay miles de criptomonedas distintas: ethereum, dogecoin, ripple, cardano… Todas irán naciendo y muriendo, y todas servirán para fabricar burbujas. Ninguna logrará perdurar. No hago de adivino, me remito a la historia. Esta nunca es diferente.

Hace poco, tanto el Banco Central Europeo como la Reserva Federal anunciaron que disponer de un euro y dólar digitales debía ser una prioridad. El proyecto del euro digital está mucho más avanzado. El motivo es bien simple: las criptomonedas escapan al control fiscal de los Estados, y eso es algo que las autoridades quieren evitar. No solo por razones impositivas, sino también de orden público: evitar contrabando de armas, drogas o sustancias ilegales o cualquier otro tipo de delito en que el blanqueo de dinero pueda realizarse a través de criptomonedas cualesquiera.

Pero el motivo de que las autoridades de los principales bancos centrales del mundo vayan a lanzar sus criptomonedas es en realidad más profundo. Una criptomoneda es un golpe de Estado encubierto. Recuerde. Los bancos centrales sostienen las democracias. Si estos pierden su autoridad, las democracias se tambalearán.

El mundo no está preparado para una moneda únicamente basada en la confianza entre personas. Eso sería como aspirar a que en la francesa isla de Ré con la que amanecía este libro nadie robase nunca nada de las mesas al aire libre con la cesta de dinero para el cambio y los productos expuestos sin vigilancia ni vendedores.

Es algo que algún día llegará.

Pero ese día aún no ha llegado.

En la isla de Ré, de vez en cuando, algunos turistas roban.

Por fortuna, cada vez son menos.

Epílogo
Adivina, adivinanza

La célula que paralizó a la humanidad

A finales de 2019, el planeta Tierra tuvo conocimiento de una nueva variante de coronavirus con una asombrosa capacidad de transmisibilidad y una tasa de mortalidad muy elevada.

No voy a relatar lo que todos sabemos. Escribo las líneas finales de esta *Historia diferente del mundo* en abril de 2021 y sigo en mi domicilio, parcialmente confinado, con toque de queda a las diez de la noche, ataviado de mascarilla cada vez que salgo a la calle.

Un minúsculo e inesperado virus detuvo el planeta y lo sumió en un parón de actividad nunca visto en cuanto a dos dimensiones: alcance y rapidez. En todos los países se hundió la actividad y todo cambió de la noche a la mañana: cómo trabajábamos, cómo nos reuníamos, dónde y cómo comprábamos, a quiénes veíamos... Nuestras prioridades a la hora de invertir y consumir se vieron completamente alteradas y lo que nos parecía que nunca podía cambiar se vio de pronto modificado.

Infinidad de analistas sociales están tratando de predecir cómo va a cambiar el mundo, tras un fenómeno global como es esta pandemia.

Vano intento.

Nadie sabe qué va a pasar. De esta forma de vida temporal, de teletrabajo y comercio *online*, de la cancelación de viajes y las restricciones a la movilidad nadie sabe lo que quedará. Lo que sí es seguro es que, algún día en el futuro, tal vez un humilde escritor como el que les ha narrado esta historia explique que el teletrabajo se asentó en la humanidad debido a que un virus nos obligó a permanecer encerrados, y que tal anecdótica cuestión nada tiene que ver con la forma en que finalmente los humanos adoptemos respecto a la cuestión. Si algo ha quedado claro a lo largo de estas páginas es que la aparición de todos los instrumentos y formas de funcionamiento sociales surgen en la historia debido a razones puntuales, peregrinas, coyunturales. Pero luego los seres humanos tomamos lo mejor de cada innovación social y lo convertimos en uso o costumbre con una intencionalidad y objetivos bien distintos.

En este libro he tratado de explicar la historia a través de los instintos, conductas y emociones, y a eso me voy a ceñir en este corolario.

El derrumbe económico y de actividad que la humanidad experimentó durante el año 2020 no vino exclusivamente motivado por el obligado confinamiento y las limitaciones a la movilidad impuestas por los distintos Estados. Lo que ha detenido el mundo ha sido un instinto.

Durante un año, la humanidad entera ha sentido miedo.

Miedo a enfermar, a ser ingresado en la UCI, a morir.

Miedo al contagio, al contacto social, al contacto físico.

Miedo e incertidumbre van siempre de la mano: el miedo es un instinto animal, pero la incertidumbre es humana.

El primero, el miedo, produce reacciones totalmente previsibles porque son las mismas que observamos en los animales cuando sienten la misma emoción: huida, sumisión, parálisis o lucha. Así reaccionan animales y seres humanos cuando tenemos miedo.

Sin embargo, la incertidumbre produce algo distinto. Produce duda y, ante la duda, el ser humano espera. Se detiene. Estábamos acostumbrados a un mundo cada vez más predecible, más estable; un mundo en el que cada vez se amplía más la sensación de poder en la raza humana, de que todo podemos controlarlo. Como he contado, nos estábamos planteando cuándo llegará la vida eterna en el momento en que una célula produce millones de muertos y detiene la actividad a escala global. ¿Dónde estaba nuestra inminente inmortalidad? ¿Dónde nuestro control?

El covid-19 está siendo una lección de humildad para la humanidad entera. Nos ha recordado que somos vulnerables y que todo puede cambiar en un instante.

De aquí podemos extraer dos conclusiones. La primera, que pequeños eventos pueden tener consecuencias devastadoras. Y esto deriva en el segundo mensaje: somos vulnerables. No solo es imposible prever el futuro, sino que, además, sucederán cosas totalmente inesperadas, de impacto global y originadas por acontecimientos sin relevancia. Que les cuenten a los dinosaurios cómo un meteorito que se desvió unos kilómetros acabó provocando su extinción hace millones de años.

Un chino se come un pangolín[25] y, unos meses más tarde, el mundo queda paralizado. Millones de muertos y una modificación alucinante de la forma de vida de todo un planeta.

En el mes de marzo de 2021, un barco que viró un metro más hacia estribor de la cuenta se quedó cruzado en el canal de Suez y no solo paralizó un tercio del comercio mundial, sino que disparó el precio de las materias primas y el petróleo. Solo había espacio para que una excavadora se pudiese acercar a la popa del barco a desencallarla. ¡Tuvimos un tercio del comercio mundial en manos de un egipcio a los mandos de una excavadora![26]

Todo depende de todo, todo está relacionado y, además, una fisura en uno de los engranajes del sistema se traslada imprevisiblemente en todo el funcionamiento de la humanidad. La historia de la especie humana es una lucha sin fin entre nuestra voluntad de comprender, controlar y dominar la naturaleza, y la continuada demostración de esta última de que, hagamos lo que hagamos, las cosas no siempre serán como esperamos.

Las mariposas viven solo unos días y sus alas pueden provocar huracanes. La humanidad vivirá millones de años y nunca controlaremos los designios caprichosos del destino.

No podemos perder de vista la fragilidad del ser humano.

Nada —ni siquiera las matemáticas, la inteligencia artificial o los algoritmos estadísticos— puede domeñar el futuro.

---

[25] No se sabe a ciencia cierta el origen de la pandemia, pero todo apunta a un traslado del virus desde ciertos animales al ser humano a través de la alimentación. Una de las tesis que, de momento, se dan por buenas es que el virus pasó del pangolín al hombre a través de su consumo en China.

[26] Por cierto, que ese barco atrapado en Egipto navegaba bajo bandera panameña, era propiedad de un holding japonés, estaba operado por una empresa alemana, y llevaba tripulación india. La globalización está en cada esquina.

La bola de cristal de la vida

Quiero recordar que la estadística fue la madre de la escritura. Los pueblos egipcios y más tarde las civilizaciones clásicas, Grecia y Roma, ya llevaban estadísticas sobre impuestos, y luego sobre población, cosechas, nacimientos o muertes... De hecho, un siglo antes de Adam Smith, el filósofo, médico, economista y estadístico inglés William Petty ya investigó y teorizó sobre la aplicación práctica de la estadística a la hora de cuantificar variables que perfectamente hoy consideramos sociales.

Nos encantaría hacer de las ciencias sociales una materia que pudiera enmarcarse dentro de las ciencias puras: la física, química o ciencias exactas donde, de forma constante y sistemática, las leyes se cumplen una y otra vez. La fuerza de la gravedad puede ser medida y predicha. La aceleración dispone de su fórmula matemática. Un espejo reflejará la luz de acuerdo con unas leyes inmutables, las leyes de la física. El ser humano siempre ha gozado jugando a ser Dios. Y ya que no podemos crear el universo, predecir el comportamiento de las fuerzas que lo rigen constituye una alternativa nada desdeñable o, cuando menos, balsámica. No soy Dios, pero puedo calcular lo que Él inventó.

Todos los que investigamos soñamos con la exactitud de la física o las matemáticas. Y durante el siglo XIX, sumidos en tal quimera, muchos se embarcaron en el imposible proyecto de convertir las ciencias sociales en una ciencia exacta que permitiese predecir el futuro.

Dado que por entonces las matemáticas daban para lo que daban y el análisis estadístico multivariante, las regresiones múltiples, el cálculo matricial y, por supuesto, la inteligencia artificial eran cosa del futuro y no habían visto la luz, se echó mano de los gráficos XY de dos ejes. Y, así, por ejemplo, dentro del campo de la economía, se creó el primer gran modelo económico que había de predecir los movimientos de los ciudadanos: las curvas de oferta y demanda. El punto donde ambas curvas se encuentran determina el nivel de equilibrio.

¡Bendito concepto el de equilibrio! Una economía en equilibrio es el mantra desde entonces. Un milagro que jamás se ha producido porque una economía en equilibrio solo existe como concepto, jamás en la práctica.

Los investigadores de entonces ya sabían perfectamente que cualquier curva o gráfica constituía una burda reducción de la realidad, mucho más compleja. Hay en toda sociedad numerosos, demasiados factores, que intervienen en la configuración de algo tan complejo como es su actividad, sus relaciones o su intercambio. Las modas, las preferencias, los miedos, las ambiciones... todo ello entra en juego a la hora de comprar, consumir, viajar, relacionarse o, sencillamente, elegir.

Con tal de modelizar la realidad, los economistas inventaron un concepto fantástico. Lo llamaron *Ceteris paribus*. Significa «resto de los factores constantes». Es decir, que todo lo que se escapa a mi control voy a considerar que no varía. De esta forma, la curva que dibujo es válida. El papel lo aguanta todo. Sin embargo, el *Ceteris paribus* es una convención, una concesión inasumible. De manera coloquial la empleamos cuando decimos algo como: «Si el viernes hace bueno, vamos a la piscina»; ahí estamos dando por hecho que el resto de las condiciones que se dan hoy (que tengamos tiempo, ganas, salud, que abra la piscina) se seguirán cumpliendo. El problema es que nuestros condicionantes varían, de la misma forma que un sinfín de variables que afectan a la sociedad se mueven continuamente, a la vez, de forma imprevisible y a menudo irracional.

Hordas de investigadores han dedicado su vida a medir y predecir con éxitos tan desiguales como la predicción meteorológica en alta montaña. A veces funcionaba y el éxito se atribuía a sus formidables curvas. Pero muchas otras veces se fracasaba y se atribuían a fallos en los registros históricos o a ecuaciones incompletas. Había que seguir investigando, añadiendo complejidad a los modelos predictivos.

Llevamos siglos tratando de predecir el futuro. ¿Se ha logrado? ¿Se ha conseguido eliminar la aleatoriedad y convertir las ciencias sociales en una fuerza física, predecible?

La respuesta es doble. Sí y no. Mucho ha llovido desde las primeras gráficas y ecuaciones. Las matemáticas, la estadística y los ordenadores han permitido incorporar una ingente cantidad de información en el cálculo de los algoritmos predictivos y, por supuesto, la capacidad de predecir el futuro ha mejorado. Sin embargo, eso no ha cambiado la auténtica naturaleza de cualquier ciencia social, donde la psicología, la sociología y la antropología tienen tanto o más que ver que las matemáticas o la estadística.

Los modelos, en efecto, utilizan información del pasado para predecir el futuro. Uno puede conducir mirando por el retrovisor cuando el trazado de carretera ya recorrido se corresponde con el que tiene por delante. Pero cuando viene una curva repentina, el modelo falla. Y ese es el motivo por el cual los modelos funcionan a veces y otras veces no lo hacen. Digamos que los modelos pueden predecirlo todo... excepto la aleatoriedad.

La aleatoriedad en ciencias sociales trae a menudo disrupciones. En palabras de Nassim Taleb, tomando el título de su gran libro: la aparición de cisnes negros. Un cisne suele ser blanco. Un cisne negro es algo que aparece de repente y sin saber por qué ni cómo ni cuándo. La pandemia de covid-19 fue un cisne negro que derrumbó, contra todo pronóstico, las economías del mundo. ¿Qué modelo predictivo hubiera podido adivinar eso? La aparición de internet también fue un cisne negro. Las principales disrupciones sociales o tecnológicas de la historia son cisnes negros. Son repentinas, imprevisibles y constituyen verdaderos tsunamis sociales.

Digamos que el futuro es predecible mientras las aguas estén tranquilas, e impredecible cuando ocurren eventos nuevos o cuando la población se sume en fenómenos gregarios y sociales de locura colectiva, que es mucho más a menudo de lo que imaginamos.

Y ese es el motivo único y universal de que la humanidad nunca logrará reducir la aleatoriedad del todo.

El ser humano puede predecirlo todo, excepto la aleatoriedad, las locuras colectivas o los cisnes negros.

Bendita incapacidad, porque significa que la humanidad sigue sujeta a lo impredecible de la vida, cualidad que, a la postre, es lo que la hace hermosa.

LA EROSIÓN DE LAS RIQUEZAS

Hemos llegado al final de nuestro viaje.

Hemos visto en estas páginas inventos increíbles, inesperados, surgidos de la propia naturaleza humana, impensables en una bestia o en un animal: el excedente, el trueque, la propiedad privada, el dinero mercancía, la limitación de responsabilidades, la dilución de riesgos, el dinero digital, el consumo de emociones... El ser humano ha conectado emociones e instintos con necesidades sociales.

Las conductas, emociones e instintos humanos han sido el motor de todos los inventos sociales y económicos. Son los que condicionan, como reza el título, el funcionamiento y devenir de la humanidad.

Y la primera de las necesidades sociales, el primero de los deseos del ser humano, es la supervivencia. Ese es nuestro eterno deseo. No morir nunca.

En el plano individual, la misión de no morir, de perpetuarnos, se la hemos encomendado a la medicina, por un lado, y por otro a las artes en sus diversas formas. Pero si hablamos de perpetuar la especie, esa responsabilidad recae en gran medida en las ciencias sociales y, dentro de estas, especialmente en la economía. O por lo menos, le hemos encomendado que alivie el sacrificio que entraña perpetuarnos en esta pequeña bola de tierra, agua y aire que vaga por el universo. Y que, sobre todo, nos obligue a funcionar de acuerdo con tal cometido.

La economía es la ciencia que trata de minimizar el esfuerzo personal y social de preservar la especie a la vez que lo promueve. Ese es nuestro eterno deseo. Que permanecer en el mundo no nos cueste tanto y que, de cuando en cuando, nos permita incluso disfrutar de la vida.

A través de las convenciones sociales, los seres humanos hemos inventado cosas rarísimas, como las empresas, las sociedades anónimas, el dinero, la inflación, los tipos de interés, los préstamos bancarios, las bancarrotas, las cotizaciones bursátiles, la productividad y tantas otras.

Son mecanismos inventados para erosionar las riquezas.

¿Erosionar riquezas?

Sí, al igual que el viento erosiona las rocas o las olas del mar erosionan los acantilados y van poco a poco disminuyendo su masa, las riquezas se erosionan.

A ningún ahorrador le interesa que el dinero pierda valor.

Pero a la raza humana sí.

A ningún empresario le interesa que su negocio quede obsoleto.

Pero a la raza humana sí.

A ningún Gobierno le interesa que otro país le adelante en competitividad.

Pero a la raza humana sí.

Y, así, sucesivamente.

Erosionamos las riquezas para que, dominados por la dictadura de la productividad, sigamos dándole a la manivela del gran engranaje social y económico y cumplamos el eterno deseo de no morir nunca.

Para que, así, perpetuar la especie sea lo más fácil y placentero posible, y demostrar que, con cada paso que damos, ese anhelado mundo feliz está un poquito más cerca.

La historia de la humanidad es un arte.

El arte de convertir emociones, instintos y conductas en inventos sociales.

Guía de instintos, conductas y emociones

A continuación, el lector encontrará una guía de los instintos, conductas y emociones que cabe identificar como causas o trasfondos de hechos sociales y económicos y de los que, cual colores de una paleta de pintor, he ido echando mano a lo largo de estas páginas.

Los reúno en torno a los siguientes grupos de conductas: en relación al querer más, el deseo material, la maldad o violencia, justicia, compasión, seguridad, razón o raciocinio, argucia o mentira, rasgos positivos o negativos de la persona, las que están en relación con el tiempo o con el futuro, las que hacen mención a la naturaleza de las relaciones y, por último, las reacciones o sentimientos puros.

De todas las que a continuación enumero, tal vez tenga curiosidad el lector por saber qué emociones, conductas o instintos se han empleado con mayor frecuencia en esta revisión de la historia del mundo desde la mirada de un economista. Las diez principales emociones, conductas e instintos que subyacen, explican y determinan nuestro funcionamiento y devenir son las siguientes:

1. Ansia de poder
2. Libertad
3. Corrupción
4. Miedo a perder
5. Confianza
6. Guerra
7. Seguridad
8. Especulación
9. Afán de control
10. Respuesta a incentivos

Esta es la lista completa de instintos, conductas y emociones con las que podemos explicar la inmensa mayoría de fenómenos sociales y económicos:

En relación a la naturaleza de las relaciones

Afán de control
Ansia de poder
Convención
Cooperación o colaboración
Dependencia mutua
Disputa o pelea
Escarnio
Filiación, pertenencia
Honor
Insolidaridad
Lealtad y obediencia
Obligación de trabajar
Protesta o reivindicación
Reacción anticipada
Relaciones conflictivas
Sanción o castigo
Sentimiento de proximidad

En relación a rasgos humanos negativos

Adicción
Comodidad

Corrupción
Dejadez
Derroche o dilapidación
Desmotivación
Imprudencia
Incapacidad
Ineficacia
Ley del mínimo esfuerzo
Mediocridad
Memoria limitada
Pereza

En relación a las reacciones y sentimientos

Alegría
Búsqueda de identidad
Culpa
Deseo de modernidad
Dolor
Insaciabilidad
Insatisfacción
Fascinación
Felicidad
Histeria
Locura
Necesidad de afecto
Necesidad de significación
Pánico
Paranoia
Problema existencial
Respuesta a incentivos
Sufrimiento
Visceralidad

En relación al querer más

Afán de conservar el valor
Afán de enriquecimiento
Afán de posesión

Ambición
Atesoramiento
Atracción por lo escaso
Avaricia
Codicia
Deseo de experiencias
Egoísmo
Miedo a perder

En relación a la maldad o violencia

Asesinatos
Crueldad
Explotación de personas
Falta de escrúpulos
Guerra
Miedo a la represalia
Saqueos
Sometimiento
Terror y represión
Venganza
Violencia
Xenofobia

En relación al tiempo o al futuro

Anticipación
Apuesta
Aspiraciones
Asunción de riesgos
Catastrofismo
Compromiso
Desconfianza o reticencia
Especulación
Esperanza
Expectativa
Inmediatez
Miedo al futuro
Noción de tiempo

Planificación
Previsión
Promesa

En relación a la justicia

Equidad
Igualdad
Injusticia
Justicia
Libertad

En relación a la necesidad de seguridad

Confianza, fe
Inquietud o incertidumbre
Instinto de supervivencia
Seguridad
Subsistencia
Tranquilidad
Vulnerabilidad

En relación a la argucia o la mentira

Desfalco
Engaño
Falsificación
Magia
Milagro
Robo
Seducción
Timo
Traición

En relación a las cualidades humanas positivas

Adaptabilidad
Afán de superación
Creatividad

Deseo de paz
Eficiencia
Esfuerzo
Especialización
Experiencia
Humildad
Moral
Prudencia
Responsabilidad

En relación al deseo material

Afán de glamur o moda
Envidia
Preferencia
Satisfacción de necesidades
Tentación

En relación a la compasión

Caridad
Compasión
Misericordia
Pacifismo
Solidaridad

En relación a la razón

Inteligencia
Irracionalidad
Racionalidad

BIBLIOGRAFÍA

ACEMOGLU, Daron y ROBINSON, James A.: *Por qué fracasan los países.* Booket, Barcelona, 2014.
AKERLOFF, George y SHILLER, Robert: *Animal Spirits.* Ediciones Gestión 2000, Barcelona, 2009.
ANISI, David: *Creadores de escasez.* Alianza Editorial, Madrid, 1995.
BARBER, Willliam J.: *Historia del pensamiento económico.* Alianza Universidad, Madrid, 1998.
BLAUG, Mark: *Great economists before Keynes.* Cambridge University Press, Cambridge, 1988.
CASALS, Joan: *El socialisme sòlid.* Editorial Nova Terra, Barcelona, 1977.
CIMORRA, Boris: *La caída del imperio soviético.* Actas, Madrid, 2021.
COMÍN COMÍN, Francisco: *Historia económica mundial.* Alianza Editorial, Madrid, 2014.
GALBRAITH, John Kenneth: *El crac de 1929.* Alianza Editorial, Madrid, 1980.
— *Historia de la economía.* Ariel, Barcelona, 2011.
GALINDO, Miguel Ángel: *Keynes y el nacimiento de la macroeconomía.* Editorial Síntesis, Madrid, 2003.
GLADWELL, Malcolm: *El punto clave.* Penguin Random House, Barcelona, 2007.
GRANT, John: *After Image.* Harper Collins Business, Londres, 2001.
HARARI, Yuval Noah: *Sapiens, de animales a dioses.* Debate, Madrid, 2015.
HERÓDOTO: *Los nueve libros de la Historia* (P. Bartolomé Pou, trad.). Editorial Edaf, Madrid, 1989.
KAHNEMAN, Daniel: *Pensar rápido, pensar despacio.* Penguin Random House, Barcelona, 2018.
KEYNES, John Maynard: *Teoría general de la ocupación, el interés y el dinero.* Fondo de Cultura Económica de España, Madrid, 2006.
— *Las consecuencias económicas de la paz.* Crítica, Barcelona, 2002.

KISHTAINY, Niall: *Breve historia de la economía.* Biblioteca Nueva, Madrid, 2019.

KLEIN, Naomi: *No logo, el poder de las marcas.* Ediciones Paidós, Barcelona, 1999.

KOTLER, Philip: *Los 80 conceptos esenciales de marketing.* Pearson Educación, Madrid, 2003.

— *Fundamentos de marketing.* Pearson, Madrid, 2017.

— *Chaotics.* Junto a CASLIONE, John A. AMACOM, Nueva York, 2009.

KRUGMAN, Paul: *El retorno de la economía de la depresión.* Editorial Crítica, Barcelona, 2009.

— *¡Acabad ya con esta crisis!* Editorial Crítica, Barcelona, 2012.

— *Economía internacional.* Pearson Educación, Madrid, 2016.

MACKAY, Charles: *Delirios multitudinarios.* Editorial Milrazones, Barcelona, 2008.

MALTHUS, Thomas: *Ensayo sobre el principio de la población.* Fondo de Cultura Económica de España, Madrid, 2012.

MANKIEWICZ, Richard: *Historia de las matemáticas.* Ediciones Paidós Ibérica, Barcelona, 2005.

MARINA, José Antonio y RAMBAUD, Javier: *Biografía de la Humanidad.* Editorial Planeta, Barcelona, 2018.

MARX, Karl: *El capital.* Alianza Editorial, Madrid, 2010.

MAY, Rollo: *La necesidad del mito.* Ediciones Paidós Ibérica, Barcelona, 1991.

REINHART, Carmen y ROGOFF, Kenneth: *Esta vez es distinto: ocho siglos de necedad financiera.* Fondo de Cultura Económica, Madrid, 2009.

RICARDO, David: *Critical Response.* 4 vol. (Terry Peach, ed.). Routledge, Londres, 2003.

SCHUMPETER, Joseph Alois: *Teoría del desenvolvimiento económico.* Fondo de Cultura Económica de España, Madrid, 2014.

SHILLER, Robert J.: *El estallido de la burbuja.* Ediciones Gestión 2000, Barcelona, 2008.

SMITH, Adam: *La riqueza de las naciones.* Editorial Verbum, Madrid, 2020.

SKIDELSKY, Ribert: *Keynes.* Alianza Editorial, Madrid, 1998.

STIGLITZ, Joseph E.: *La gran brecha.* Taurus, Madrid, 2015.

— *Cómo hacer que funcione la globalización.* Debolsillo, Madrid, 2016.

— *El euro.* Taurus, Madrid, 2016.

THE ECONOMIST, Varios autores: *El mundo en 2050, todas las tendencias que cambiarán el planeta.* Gestión 2000, Barcelona, 2013.

TOURAINE, Allan: *¿Cómo salir del liberalismo?* Ediciones Paidós Ibérica, Barcelona, 1999.

TRÍAS DE BES, Fernando: *El vendedor de tiempo.* Empresa Activa, Madrid, 2005.

BIBLIOGRAFÍA

— *Relatos absurdos*. Urano, Madrid, 2006.
— *El hombre que cambió su casa por un tulipán*. Espasa, Madrid, 2009.
— *Mil millones de mejillones* (Toni Batllori, ilust.). Ediciones Martínez Roca, Madrid, 2010.
— *El libro prohibido de la economía*. Espasa, Madrid, 2015.
WHEELAN, Charles: *La economía al desnudo*. Ediciones Gestión 2000, Barcelona, 2002.